汉语言文学的发展和教学研究

佟 玮 ■ 著

中国原子能出版社
China Atomic Energy Press

图书在版编目（CIP）数据

汉语言文学的发展和教学研究 / 佟玮著 . -- 北京：
中国原子能出版社 , 2022.12

ISBN 978-7-5221-2561-9

Ⅰ . ①汉… Ⅱ . ①佟… Ⅲ . ①汉语—教学研究 Ⅳ .
① H19

中国版本图书馆 CIP 数据核字 (2022) 第 241804 号

汉语言文学的发展和教学研究

出版发行　中国原子能出版社（北京市海淀区阜成路 43 号 100048）

责任编辑　马世玉

责任印制　赵　明

印　　刷　北京天恒嘉业印刷有限公司

经　　销　全国新华书店

开　　本　787mm×1092mm　1/16

印　　张　9.375

字　　数　201 千字

版　　次　2022 年 12 月第 1 版　　2022 年 12 月第 1 次印刷

书　　号　ISBN 978-7-5221-2561-9　　　定　价　76.00 元

前　言

中华文化源远流长、博大精深，经历了数千年的历史发展，汉语言文学已经成为我国五千年历史长河的文化结晶，体现出深刻的文学内涵与艺术价值。汉语言文学在历史发展中独具民族特色，对中华文明的形成和发展具有重要意义，对我国传统文化的继承和发扬也具有重要贡献。

自改革开放以来，我国经济得到了极其迅猛的发展。随着经济的快速发展，我国在汉语言文学发展方面也取得了比较显著的成就。众所周知，汉语言文学是我国文学的重要组成部分，对于我国文学的发展起着至关重要的作用。同时，汉语言文学也是我国优秀的传统文化，如何不断地发展、创新我国汉语言文学是目前我们所面临的主要问题之一。

汉语言文学是我国重要的精神财富，在我国不同历史时期都发挥着非常重要的作用。现如今，随着我国经济的快速发展，文化水平也有了显著的提高，在我国各大高校，汉语言文学专业很早便作为重要的专业开展起来，并为我国的文学事业输出了大量的人才。近年来，随着市场经济的不断调整，经济发展状况和教育理念也有了不同程度的改变，传统形式的汉语言文学人才培养方式已远不能满足现代教育的现状，在新的语言文学专业人才培养的新形势下应该如何培养出新时代文学人才，更好地传播我国传统文化及推动我国汉语言文学的发展已经成为各大高校面临的共同问题。

本书主要对汉语言的基础知识进行了简单的介绍，并对汉语言文学发展的状况以及相关理论进行了分析，进一步研究了汉语言文学教学存在的问题以及发展方向，然后重点围绕新媒体背景下的汉语言文学发展问题进行了探究，随着数字化与信息化的发展程度越来越深，新媒体对于当前高校汉语言文学教学的影响也愈加明显。因此，作者认为这方面的研究是极为重要的，而新媒体对古代文学与现代文学的影响也有所不同，本书最后一章分为两个部分论述了新媒体对古代汉语言文学和现代汉语言文学的影响问题。

因作者水平所限，本书中不妥之处在所难免，敬请学界同人和读者朋友批评指正。

目 录

第一章 汉语言概述

我们每个人都离不开群体和社会，必须在群体中生活，而我们在日常的生活、学习、工作中，必然要进行人际沟通和社会交往，那么我们就必须要使用语言与他人沟通。语言是人类交际沟通必不可少的工具。但一个民族的内部，由于方言的存在，其成员要想顺利地交际沟通、传递思想，必须要有一个标准统一的交际工具。本章将对语言、汉语和汉语言的发展等进行简要介绍。

第一节 语言概述

一、语言

要想学习现代汉语，首先应了解什么是语言。

有人认为，语言就是我们说的话。这个观点虽然有一定的道理，但是并不准确。这个观点只考虑了语言在日常生活、工作中的运用，以及语言与人类千丝万缕的联系，但并没有从根本上回答"什么是语言"这个关键问题。

我们应从社会功能和内部结构这两个不同的角度来观察、认识语言的概念。

从社会功能的角度来看，语言是人类最重要的交际工具。人类是高度社会化的动物，在社会生活中需要相互沟通、交流思想。因此，人类在劳动过程中创造了语言，并将语言作为表达和接受思想的工具。语言是人类相互联系的桥梁，没有语言，人与人之间就无法沟通，人类社会就如同一盘散沙。

语言还是人类思维存在的物质形式。思维不可能离开语言而独立存在。虽然人类的语言多种多样，但是人类的思维形式一定会与某种语言形式相联系。这是因为，思维离不开具体的概念，思维必须要在概念的基础上进行判断、推理以及综合分析，必然会运用与概念相联系的语言。由此可见，思维活动及其成果的传递和表达都离不开语言；哪里有思维活动，哪里就有语言。社会是由经济基础和上层建筑构成的整体；语言是社会的产物，是社会特有的一种现象。语言的发展受到社会制约，随着社会的产生而产生，随着社会的发展而发展，随着社会的消亡而消亡。总之，语言自始至终都与人类社会紧密相连，社会中的任何风吹草动都会反映在语言中。可以说，语言的本质特性就是社会性。语言的社会性体现在以下四个方面。

第一，不同的民族有不同的语言。语言是区分不同民族的重要标志，不同的语言是各个民族选择不同的语音形式来表达某种意义的结果。语言是由一个民族的成员集体创造的，该民族的全体成员在人际交往的过程中应共同遵守其使用规范。

第二，同一个民族的语言具有不同的地方色彩。现代汉语中的湘方言、粤方言、闽方言、吴方言等的不同特点，尤其是语音的差别，只能从社会角度加以解释。

第三，语言随社会的变化而变化，随社会的发展而发展。不具有社会性的事物不可能对社会的变化与发展变得敏感。例如，随着电视、电影、电脑、光盘等事物的出现，语言中也相应地增加了"电视""电影""电脑""光盘"这些新词以适应社会需求；而山峦、河流、植物等事物则不会因社会发展而主动做出改变。

第四，虽然人类具有使用语言的能力，但是人类必须经过学习才能掌握某种语言。语言的习得与社会密切相关，如一个在美国长大的中国人能熟练地运用英语，以及一个在中国长大的非洲孩子能熟练地运用汉语就是由社会环境造成的。

从构成特点来看，语言是一套音义结合的符号系统。符号是指代某种事物的标记、记号；语言符号则是指由一个社会的全体成员共同约定的，用来表示某种意义的标记和记号。

符号必须具备三个条件：一是具有外在的形式。符号只有具有外在的形式才能让人感知到它的存在，如声音、色彩、线条等。二是代表一定的意义。符号只有在代表了一定的意义时才具有存在价值。三是得到社会成员的认可接受。符号只有在得到所有社会成员认可的情况下才能传播开来，才能在全社会中广泛使用。例如，教师在学生的作业本上打一个"√"表示正确，打一个"×"表示错误，此时的"√""×"具备符号的三个构成条件，是真正意义上的符号；学生在教科书上随意画的"√""×"，由于不具备符号的三个构成条件，不属于符号。

语言符号与一般符号之间存在很多区别。第一，语言符号是声音和意义的结合体。语言符号的形式是声音，即语音，而不是色彩、线条等形式。第二，一般符号的构成比较简单，而语言符号的构成非常复杂，可以分为音位层和符号层，每一个层次都包括相当数量的符号单位。第三，一般符号构造简单，因而只能表达有限的内容，而且这种内容是简单而固定的。例如，交通信号灯，红灯亮表示停止前进，绿灯亮表示可以通行；古代战场上，击鼓表示进攻，鸣金表示收兵，在烽火台上放火表示敌人正在靠近；现代军营还用号声表示起床、休息等。语言符号则可以表达丰富多彩的意义，人类的种种复杂思想都可以通过语言表达出来。例如，可以用"死亡""逝世""殉职""就义""牺牲""停止呼吸""心脏停止跳动""驾鹤西归"等词语表示不同身份的人死亡。第四，语言符号具有以少驭多的生成机制以及生成新结构的能力，具有生成性和开放性的特点，可以由较少的单位组合成较多的，甚至无穷的单位，还可以由一个句型类推出无数的句子，这也是我们能够通过学习来掌握一门语言的原因。可以说，以少驭多是语言符号的核心。

根据上述内容，我们可以总结出：语言是人类最重要的交际工具和思维工具，是社会成员共同约定创造的、音义结合的符号系统，是人类社会特有的现象，是高度社会化的产物。

人类可以通过两种方式运用语言，一是声音形式，二是书面形式。口语和书面语都是语言存在的具体形式。

二、共同语

同一个事物在不同地区有不同的名称，如土豆又叫"马铃薯""山药蛋"，玉米又叫"苞谷""棒子""珍珠米"，卷心菜又叫"圆白菜""莲花白"，等等。职业的分工也会形成一些特殊的词语，如军事中的"战争""战役"，体育中的"扣篮""灌篮"，等等。

共同语是一种在方言的基础上建立起来的一个民族或一个国家通用的语言。共同语是在社会打破地域隔阂、走向统一时出现的，是一种语言的高级形式，具有人们共同遵循的标准和规范。我们现在使用的普通话就属于共同语。

人类社会在不断地发展，当社会发生分化，语言也会发生分化；当社会高度统一，语言也会统一。在一个统一的社会，地域方言或语言间的分歧会妨碍人们在全社会范围内进行交际。例如，一个说粤方言的人和一个说闽方言的人，彼此都完全听不懂对方说的话。这种状况不仅不利于巩固社会统一，也不利于经济文化建设。因此，人们需要以共同语作为交际的中介语。共同语是为了顺应社会需求而出现的，是一个国家或民族发展到一定阶段的必然产物。

共同语作为语言的一种高级形式，具有特殊的地位。推广民族共同语是为了消除方言之间的隔窗，而不是为了禁止和消灭方言。因此，方言和共同语会在较长一段时期内共存。方言是地域文化的载体，在一定的地域范围内具有较大的影响。方言不能采用人为的力量消灭，但随着社会政治、经济、文化的发展，其影响会逐步减弱，使用范围会逐步缩小。

第二节 汉语概述

一、汉语的历史

关于汉语的"年龄"，早期的观点认为汉语有 3400 多岁，这种观点的依据是甲骨文。甲骨文是中国商代后期（公元前 14—公元前 11 世纪）王室刻（或写）在龟甲和兽骨上用于占卜或记事的文字，是中国已发现的古代文字中时代最早、体系最完整的文字。语言的出现肯定先于文字，最新的观点认为汉语有 5000~6000 岁了，这种观点的依据是河南郑州小双桥遗址、西安半坡遗址、潼姜寨遗址、大汶口遗址等出土的陶器上刻有一些数字和单字。国家重点研究课题"夏商周断代工程"公布的一些研究成果也说明中华文明已经有 5000 多年的历史。著名语言学家王力先生甚至提出"汉语有 10000 年以上的历史"。

将汉语与世界上的其他语言做一番比较，我们更能感受到汉语的伟大。联合国有 6 种工作语言，分别是英语、法语、俄语、汉语、西班牙语和阿拉伯语。大约在公元 5 世纪中叶，有 3 个日耳曼部族入侵英格兰，这 3 个部族的方言逐渐融合在一起，形成了古英语。这样算来，英语的历史大约有 1500 年。法国曾受罗马帝国统治，当时的法国人说凯尔特语，而罗马人说拉丁语，在长期的交往过程中，两种语言逐渐融合，形成一种混合性语言。公元 939 年，这种混合语言成为法国唯一的官方语言。这样算来，法语的历史大约有 1100 年。公元 9—13 世纪，摩尔人侵略并占领了西班牙，当时居住于西班牙东北地区的人开始使用一种平民间沟通的方言，这就是现代西班牙语的源头。西班牙复国后，由于居民人种复杂，需要一种所有居民都能够使用的语言，于是西班牙语最终成为全民通用的交际语言。这样算来，西班牙语的历史大约有 1000 年。阿拉伯语的历史相对来说较长久，有 2500 年。俄语属于东斯拉夫语言家族，公元 15—16 世纪，古俄语分裂成俄语、乌克兰语和白俄罗斯语。这样算来，俄语的历史只有 500 年左右。经过上述比较可以看出，在如今世界范围内的几种主要语言中，汉语的历史最为悠久。

在世界语言的历史中，曾经存在过同汉语一样古老甚至比汉语更古老的语言，但它们最终都消失在历史洪流中。5000 多年前，古埃及象形文字出现，但是到公元纪年之后古埃及语就不再通行了。公元前 4000 年左右，苏美尔人创造了楔形文字，但公元前 1763 年，苏美尔人被古巴比伦王朝消灭，楔形文字也随之消亡。由此可见，汉语不仅历史悠久，而且久经考验，并始终保持着本色。因此，我们可以说汉语是世界语言之林中唯一还"活着"（始终在使用）的最古老的语言。

二、汉语的地位

有这样一种说法"学好数理化，走遍天下都不怕"，意思是数理化这几门学科很重要。不过现在另一种说法也在悄然兴起，叫作"学好普通话，走遍世界都不怕"。这种说法并非夸大其词，事实上，目前"汉语热"已经席卷全球。

在 2015 年羊年春节期间，英国威廉王子通过视频发表春节贺词，他先用中文问候"大家好"，最后又用中文说"祝你们春节快乐，羊年大吉"。另有报道称，近年来，日本商场为招揽中国顾客，专门设置了中文导购，并将这些中文导购称为"中文女孩"。还有媒体报道，目前已经有 250 个汉语词被《牛津词典》收录，如 Hutong（胡同）、Hukou（户口）、Gojiberry（枸杞）、Wuxa（武侠）等。

此外，一些中文式的表达也进入了英语的词汇系统。例如，"Long time no see"（好久不见）采用了汉语直译的方式，如今这句话在英国和美国已经成为不少人打招呼的常用语言。据不完全统计，在影响世界的国际组织、国际公司、国际媒体和世界知名大学中，有上百家拥有中文网站。

虽然全球学习英语的人数最多，但汉语学习者的增速却排在第一位。有数据显示，2003 年全球共有 2000 万汉语学习者，而 2017 年全球的汉语学习者数量已超过 1 亿，汉语学习者正在以每年 500 多万的速度增长，欧美国家学习汉语人数的增幅更是保持在每年 40% 左右。

在日本，懂汉语已经成为日本人找工作的一个筹码，在大学学习汉语的学生人数已超过学习法语、德语、韩语等语种的人数。日本的汉语培训班甚至因需求太大而报不上名。日本媒体甚至评价说"在连丰田都亏损的日本，与汉字相关的产业几乎成为唯一赚钱的地方"。

在韩国，官方文件和出版物采用谚文和汉字混合书写。韩国文教部曾经颁布供大中学校使用的"新订通用汉字"1800 个，供一般生活使用的"常用汉字"1300 个。目前，在韩国还可以看到汉字的踪影。

还有一些数据也能够说明汉语的地位和影响力。有数据显示，作为母语使用的人口数量排名前十位的语言分别是汉语普通话、英语、西班牙语、印地语、阿拉伯语、葡萄牙语、俄语、孟加拉语、日语和德语；作为网络语言使用的人口数量排名前十位的语言则是英语、汉语普通话、西班牙语、日语、葡萄牙语、德语、阿拉伯语、法语、俄语和韩语。具体数据见表 1-1。

表 1-1　世界语言排名

作为母语使用人口数量排名			作为网络语言使用人口数量排名		
位次	语言	使用人数（亿）	位次	语言	使用人数（亿）
1	汉语普通话	8.85	1	英语	5.56
2	英语	4.00	2	汉语普通话	5.10
3	西班牙语	3.32	3	西班牙语	1.65
4	印地语	2.36	4	日语	0.99
5	阿拉伯语	2.00	5	葡萄牙语	0.83
6	葡萄牙语	1.75	6	德语	0.75
7	俄语	1.70	7	阿拉伯语	0.65
8	孟加拉语	1.68	8	法语	0.60
9	日语	1.25	9	俄语	0.60
10	德语	1.00	10	韩语	0.39

上述数据只统计了汉语普通话，没有统计汉语方言。如果算上汉语方言，汉语的使用人口超过 13 亿，即世界上每 5 个人中就有一个人说汉语。另据报道，在新加坡，汉语是该国的第一大语言，使用人口数量占全国人口的 80%。在澳大利亚、马来西亚、柬埔寨和文莱，汉语都是其第二大语言。在俄罗斯，汉语使用人口总数接近 400 万，已成为其第四大语言。在美国，有近 290 万人使用汉语，成为继英语和西班牙语之后美国的第三大语言。在加拿大，使用汉语的人口总数已达 100 万，排在英语和法语之后，是加拿大的第三大语言。

汉语是联合国的 6 种工作语言之一，是上海合作组织（Shanghai Cooperation Organization，SCO）的两种工作语言之一。有越来越多的国际会议，如亚洲博鳌论坛（Boao Forum for Asia，BFA）、中非合作论坛（Forum on China-Africa Cooperation，FOCAC）、环北部湾经济合作论坛、中国 - 加勒比经贸合作论坛等，也都把汉语列为会议正式语言。以上证据表明，汉语毫无疑问是世界上使用人口最多的语言，并且汉语在国际上的影响力在逐步扩大。

第三节　汉语言的发展

现代汉语和古代汉语是汉语在不同时间阶段的名称。那么现代汉语是怎样从古代汉语发展而来的？汉语在发展过程中又发生了怎样的变化？

吕叔湘先生在《语文常谈》中举过一个例子："宋朝的朱熹曾经给《论语》做过注解，可是假如朱熹在孔子与颜回、子路谈话的时候闯了进去，不管他们在讲什么，朱熹一句也听不懂。"为什么朱熹听不懂孔子说的话呢？这是因为孔子和朱熹虽然都说汉语，但他们生活在不同的时代。孔子生活在春秋时代，而朱熹则生活在南宋，两者相差约 1700 年，因此两人说的是不同时期的汉语。不同时期的汉语虽然都是汉语，但二者之间存在许多不同之处。

目前，学界将汉语的发展大致分为四个阶段。

第一阶段是史前汉语，主要指殷商甲骨文时期及其之前的汉语。这一时期的汉语称作"夏语"，也称"夏言"，是先秦时期黄河流域中游一带华夏族的语言。

第二阶段是古代汉语，主要指公元前 2 世纪或更早（西周和秦汉）至 9 世纪前后（隋唐）这 1000 多年间的汉语。在中国历史上，说"夏语"的华夏族与周围的夷、羌、苗、黎诸部族不断融合，直到秦始皇统一六国，要求全国使用统一的文字。在融合和统一的历史潮流的推动下，古代汉语基本定型。

第三阶段是近代汉语，主要是指公元 9 世纪（晚唐）至 17 世纪（清初）近 1000 年间的汉语。汉语发展到隋唐时代，语音、语汇和语法开始系统性地偏离古代汉语，逐渐形成了近代汉语的雏形，其与古代汉语相比有较大改变。在口语方面，近代汉语的语音系统要比古代汉语简单很多，其中韵母的简化程度最大。在语汇方面，近代汉语中出现了一大批新词，词语的音节构成由单音节为主变为以双音节为主。在语法方面，近代汉语中出现了新的代词、助词和语气词系统，还产生了动补式、处置式（"把"字句）等新句式。在书面语方面，近代汉语有两个不同的系统：一个是以先秦口语为基础的书面语，即"文言文"；另一个是六朝以后以北方口语为基础的书面语，即"古白话"。

第四阶段是现代汉语。顾名思义，现代汉语就是现代汉族人所使用的语言。关于现代汉语形成的时间，目前存在几种不同的观点。一种观点认为现代汉语是指 17 世纪（清中期）以来的汉语，理由是白话长篇小说《儒林外史》和《红楼梦》的语言，其语汇和语法与今天的汉语基本相同。王力先生的《中国现代语法》就是依据《红楼梦》的语料写的。另一种观点认为现代汉语是指 20 世纪初期"五四运动"以后的汉语，因为白话文完全取代文言文成为汉语的书面共同语是在"白话文运动"之后，"国语运动"之后才确立了在全国通行的口语共同语。我们一般按照后一种观点来定义"现代汉语"，但其中还存在广义的现代汉语和狭义的现代汉语两种不同的说法。狭义的现代汉语只包括现代汉民族的共同语普通话，广义的现代汉语还包括普通话和现代汉语的各种方言。我们一般提到的现代汉语是指狭义的现代汉语。

第四节　汉语语音

一、语音及其性质

我们在和别人交往的时候，不可避免要使用语言来交流。人与人之间能够在口头上交流都是语音的功劳。语音是什么？它有哪些特点？如何学习普通话语音？本节将主要解答这三个问题。

语音串按照一定的规律组合排列，并且代表着一定的意义内容。我们的听觉会感知到语音声波，然后大脑会翻译这些语音，将感知到的语音还原为语句，使我们能够理解别人说话的内容。在这个过程中，语音起到了至关重要的联系作用。

语音是由人的发音器官发出的声音，代表一定的意义，是语言得以存在的物质形式。也就是说，语音是语言的寄托，是语言的外表。世界上的任何事物都是由形式和内容两个方面构成的。内容是事物存在的依据，形式是事物的外在显示。物质世界千姿百态，每种事物都有自己的形式。通过各样多姿多彩的形式，我们才能感知事物的存在，才能区分不同的事物。

需要注意的是，不同的语音所表达的意义也不相同。因此，我们在说话时要正确地使用语音，否则就不能正确地表达我们的思想，还会引起他人的误解。

认识语音，首先要认识语音的基本特点。语音具有物理性质、生理性质和社会性质三种属性。

（一）语音的物理性质

自然界的各种声音是由物体产生振动而形成的，这个产生振动的物体就是发声体。发声体振动会带动物体周围的传声介质发生振动，从而形成声波传入我们的耳朵，引起听觉神经的反应。我们可以用水波来比喻声波，当我们向平静的水面投掷一块石头时，水面会出现一圈圈的波纹，并迅速向四周扩散，离中心越远的波纹越弱。声音也是如此，我们听到的声音大小同我们与发声体的距离有很大关系。

每种声音都有长短、强弱、高低、品质。我们可以通过音调、音强、音色三个要素来具体认识语音的物理特点。

1. 音调

音调指声音的高低，由发声体振动的频率决定。发声体振动的频率越高，音调就越高。例如，在相同的时间内，一个物体的振动频率是 100 次，另一个物体的振动频率是 60 次，那么振动 100 次的物体就比振动 60 次的音调高。汉语的声调就是由音调变化形成的，由此可见，音调具有区别意义的作用。语音的音调不同于音乐的音调，语音的音调是指相对音调，是一个人的发声体在特定频率范围内的音调；音乐的音调是指绝对音调，如在合唱时，无论男女老幼，所有人的音调必须一致。

2. 音强

音强是指声音的强弱，由发声体振动的幅度（振幅）和离声源的距离决定。音强与发音的振幅有关，振幅越大，声音就越强；振幅越小，声音就越弱。人和声源的距离越小，音强越大。在声音嘈杂的场所，我们需要用力说话才能使他人听到说话的内容；在不想让除听话人以外的人听到说话内容时，则会对听话人耳语。词语和语句中的轻重音就是由音强决定的。

我们要注意区分音调和音强。音调取决于物体的振动频率，即在单位时间内物体振动的次数。音强取决于声波振动的幅度和距离，振幅越大、距离越近，声音就越强。例如，音乐中的中音 5 和中音 1，由于它们发音时的振动频率不同，不会因为发音振幅而改变音调。

3. 音色

音色是指声音的个性特色，也称"音质"。声音的特色是由声波振动的形式决定的，不同的发声体、发声方法、发声时共鸣器的形状会形成不同的音色。例如，琵琶和二胡的音色不同，是因为它们的发音方法不同，琵琶是手指弹拨，二胡是使用弓摩擦弦发声。语音中的音素 i 和 a 都是口腔发音，但是不同的人的声带、口腔的开口度不同，共鸣器的形状不同，于是就发出了不同音色的声音。正是因为音色不同，我们才能根据声音判断出是谁在说话。

声纹学就是在语音物理属性的基础上建立起来的，其成果已经在现实生活中得到应用。由于人体结构的差异，每个人的音色不同，就像人的指纹，具有独特性。通过一个人的音色，甚至可以判断出他的高矮、胖瘦、年龄、居住地域以及职业等。因此，机器可以通过比较声纹，从数以百万计的人群中找出一个人，这对刑事案件的侦破工作具有非常重大的意义。

（二）语音的生理性质

我们可以通过人体的发音器官来具体认识语音的生理性质。人体的发音器官根据发音功能，可以分为动力部分、发声部分和调节部分。

动力部分主要由肺和气管等呼吸器官构成。肺是发音的动力站，气管是输送气流的通道。我们在发音时，肺部的活动使气流经气管呼出，再经喉头、声带、口腔和鼻腔的调节，发出各种不同的声音。

发声部分指喉头以及内部的声带。喉头由几块可以活动的软骨构成，声带由两片富有弹性的薄膜构成。发音时，喉头的软骨会牵引声带，使声带或松或紧，或开或闭，从而发出不同的声音。

调节部分主要指口腔和鼻腔，是发音的共鸣器。口腔中的舌头非常灵活，能够前伸或后缩、平放或上翘，通过改变共鸣器的形状来调节气流，从而形成不同的音素。例如，口腔微开并保持开口度不变，舌头自然平放，发出的音素是 i；舌头略微后缩，双唇拢圆，发出的音素则是 u；口腔大开，发出的音素则是 a。

语音的物理性质和生理性质，合称为语音的自然属性。

（三）语音的社会属性

语音的社会属性可以从两个方面来认识。第一，语音具有民族特征，不同民族的语言具有不同的特点。例如，汉语普通话中的 b 和 p 具有不同的作用，如果将 b 读成 p，表达的意思就会完全不同；而在英语中，将 b 读成 p 并不影响语意的表达。由此可见，同样的音素，在不同语言中的作用并不相同。第二，语音具有地方特征。同一种语言，在不同地域中的语音也会存在差异。例如，普通话中有舌尖后音 zh、ch、sh、r，而我国南方地区的诸多方言则没有这些音素。

二、语音单位

音素是从自然角度划分的最小语音单位，没有辨义作用；音位是从社会性质角度划分的具有区别意义作用的最小语音单位。音素和音位既有区别又有联系。从不同的角度来看，同一个语音单位，既可以是音素，也可以是音位。音位的划分必须以音素为基础，因为在一定的语境中，每个音位必须通过具体的音素形式才能表现出来。例如，普通话中的声母 b、p、m，从自然属性角度看是音素，从社会属性角度看是音位。

音位是对音素的概括和归纳。例如，普通话音节 ya、dai、jian、hao、hua 中的 a，从自然属性角度来看，由于受前后音素的影响，它实际上是五个不同的音素，在国际音标中需要用五个不同的符号来记录。

音节是语音的基本结构单位。在汉语中，我们可以非常容易地通过听觉分辩语音单位。例如，我们通过听觉能够非常自然地划分"学好普通话"这句话的五个音节。

音节是音素按照一定方式构成的，有些音节由一个音素构成，有些音节由元音和辅音构成。音素组合成音节在不同的语言中有不同的方式，这正是语音社会属性的反映。例如，现代汉语普通话的音节中，只有鼻辅音 n 和 ng 可以出现在音节末尾，其他辅音只能出现在音节前面，更没有几个辅音连续出现的情况。而在英语中，辅音可以出现在音节前后，如 hat（帽子）、map（地图），几个辅音也可以连续出现，如 stand（站立）、best（最好）。

（一）元音、辅音

根据音素的特点可以将音素分为元音和辅音两大类，我们可以从以下四个方面来具体认识元音和辅音的区别。

第一，受阻情况不同。元音是发音时呼出的气流不受口腔任何部位阻碍而形成的音素，如 a、e、i、o 等。辅音是发音时呼出的气流受口腔某个部位阻碍而形成的音素，如 b、p、d、t 等。

第二，声带振动情况不同。我们在发元音时，声带一定振动，声音响亮；在发辅音时，声带大多不振动，声音一般不响亮。

第三，气流强弱不同。我们一般在发元音时气流较弱，在发辅音时气流较强。

第四，发音器官状态不同。我们在发元音时，发音器官的各个部位都会保持紧张状态；在发辅音时，只有形成阻碍的部位会保持紧张状态。

（二）声母、韵母、声调

汉语音节根据其结构特点，一般分为声母、韵母和声调三个部分。

声母是一个音节最前面的辅音音素。例如，音节 kuai le（快乐）的辅音音素 k、l 就是声母。

韵母是指音节中除声母以外的其他音素，也就是位于声母后面的音素。韵母可以是一个音素，也可以由几个音素组成。例如，音节 kuai le（快乐）中的 uai 和 e 就是韵母。

声调是表示一个音节高低升降的调子。例如，在 tian shang（天上）这两个音节中，第一个音节的声调是比较平的平声，第二个音节是从高到低的降调。

在汉语音节中，充当声母和韵母的音素由音质变化形成，是音质成分；声调由音调变化形成，是非音质成分。例如，音节 zhang，其声母是 zh，韵母是 ang，声调是阴平调。

普通话中有 21 个辅音声母、39 个韵母、4 个声调。在普通话语音系统中，声母和韵母可以构成 400 余个基本音节，还可以与 4 个声调构成 1300 多个音节，这反映了普通话语音单位组合众多的特点。同一类中的各个单位具有相同的组合功能。例如，舌面前辅音声母只能与齐齿呼、撮口呼韵母组合，不能与开口呼、合口呼韵母组合；舌根音声母则相反，它只能同开口呼、合口呼韵母组合，不能同齐齿呼、撮口呼韵母组合。语音单位与语音单位的组合构成了语音系统。

第二章 汉语言文学发展研究

第一节 汉语言文学的特征及表现形式

文字作为人类文明传承的载体，对人类社会的发展具有极其重要的意义。目前，世界上发现的四种古文字分别为汉字、楔形文字、象形文字、玛雅文字，其中只有汉字仍在使用，其余三种文字均已销声匿迹。

汉字从甲骨文发展至今，经历了数千年的历史。在甲骨文时代，民间的占卜、传说即是汉语言文学的雏形，其中大量地使用了比喻、排比等句式。

一、汉语言文学的特征

文化是国家、民族、社会有序可持续发展的根本动力，脱离文化规范的任何发展形势都是危险的。汉语言文学作为中华传统文化的重要载体，承担着重要的历史使命。纵观汉语言文学的发展历程，其主要特征为以下三点。

（一）丰富的体裁

汉语言文学历经千年的发展，涌现出丰富多样的体裁。古代的汉语言文学主要包含诗歌、楚辞、乐府、词、赋、散文。在近代出现了更多的文学体裁，其与古代文学体裁相比更加多样化、内涵化以及贴近社会，主要包括新型诗歌、小说、戏剧、散文诗、电影文学。中国出现最早的诗歌集为《诗经》，其内容丰富，反映了周朝初期至周朝晚期之间的社会生活风貌。《诗经》的句式主要为四言，其修辞方法主要为重叠反复，反映了周朝诗歌的特色。在《诗经》之后兴起的诗体为楚辞和乐府。楚辞是在楚地民歌的基础上发展起来的，反映了楚地的风土人情，其典型代表人物为屈原。乐府作为叙事诗歌，具有强烈的现实感，通过描述社会现实展现了当时的社会生活。随着朝代的更迭，诗歌的体裁也在不断丰富。唐朝的诗、宋朝的词、元朝的曲都丰富了汉语言文学的体裁。

（二）显著的阶段性

中国历史悠久，朝代更迭纷繁复杂。汉语言文学随着朝代变换也经历了起伏。不同的朝代发展出不同的文学内容，突出反映了当时的社会风貌和文风。古代诗歌的发展有两个最兴盛的时期，分别是周朝和唐朝。《诗经》主要成书于西周初年至春秋中叶，共收录了 311 篇诗歌，反映了爱情、战争、生活习俗等内容。唐诗的表现形式比《诗经》更加多样化，主要为五言和七言。唐诗作为中华民族的宝贵遗产，对世人研究唐代的经济、生活具有重要的参考价值。唐诗在发展中也涌现出多种派别，主要为山水田园诗派、边塞诗派、浪漫诗派、现实诗派。每种诗派侧重描写不同的内容，表达了作者不同的思想感情。随着唐朝的衰败，汉语言文学的体裁逐渐变化。到宋朝时，宋词开始兴起，其是宋代文学的最高成就。宋词是汉语言文学中璀璨的明珠，其代表人物有苏轼、辛弃疾、柳永、李清照。宋词之后，汉语言文学中相继出现了元朝的戏曲以及明清时代的小说。唐诗、宋词、元曲、明清小说均与朝代的更迭有着莫大的关联，同时也反映了汉语言文学发展的阶段性。随着朝代的起起落落，汉语言文学的体裁也在逐渐发生改变。

（三）独特的文学流派

文学作品寄托了作者丰富的思想感情，反映了作者内心的思绪。在唐诗兴盛的年代，王维、孟浩然的诗作主要描写绿水、青山、隐士，风格恬静淡雅，表现出向往田园诗意般的生活，被称为山水田园诗派。高适、岑参、王昌龄等主要描写边塞生活、风景、战争，被称为边塞诗派。在宋朝，柳永、李清照等创作的词主要侧重描写儿女情长，表现诗人的柔婉之美，被称为婉约派。苏轼、辛弃疾的作品用词宏博、气势恢宏，被称为豪放派。在古代文学的发展中，文学流派引领了时代的潮流，进一步推动了汉语言文学的发展。由此可见，在每个时代，文学流派均对当时的汉语言文学发展起到了极大的推动作用，为汉语言文学的繁荣做出了巨大贡献。

二、汉语言文学的表现形式

汉语言文学博大精深，是中华传统文化的瑰宝。在数千年的发展历程中，汉语言文学发展出了多种风格迥异的表现形式，其主要为诗歌、散文、小说、戏剧、报告文学等。诗歌朗朗上口，饱含真情，立意新颖，易于传唱；散文形散神聚，语言优美，富含情感，易引起读者共鸣；小说叙事紧凑，情节完整，构思精巧，引人入胜；戏剧贴近生活，空间和时间高度集中；报告文学具有新闻性、真实性，能够通过艺术的手法展现最真实的新闻。

汉语言文学博大精深，记载着悠久的历史，传递着千年的文化。以上简述了汉语言文学的三个主要特征及其多种表现形式的特点。

第二节　网络语言对汉语言文学的影响

汉语这门语言经过长期的发展，已经达到了一个比较成熟、完善的阶段。祖先给我们创造了一个丰富多彩、无与伦比的汉语言文学。汉语言文学是我们中华民族文明发展的基础，在 21 世纪，信息的发展迅速，快节奏的社会生活在一定程度上影响着文学的发展。网络的出现，更是给文学带来了巨大的变化，汉语言文学在新世纪如何发展，成为我们必须要思考的问题。如今已是信息化的时代，人们在科学探索领域投入了更多的精力，而文字在一定程度上更多的是使用它的基本功能。出现网络以后，文字作为信息交流、思想交流的工具，为人们的生活提供了便利，也为继承和提升汉语言文学创造了更加有利的条件。但是，比起一些发达国家，我国人民的阅读时间和欣赏文学的积极性等方面与之有较大的差距。人类社会的文明是物质的文明、科技的文明，更加离不开精神的文明。汉语言文学在新时代、新背景下面临着一系列问题，我们要珍惜优秀灿烂的中华文化，对文学保持热情，提高自身文学修养，在延续中华文明的同时，让汉语言文学能够向产业化、国际化发展。随着网络的迅速发展，一种新的语言形式也随之而来，那就是"网络语言"。在很多人的眼中，网络语言其实是传统语言的一种变体，它丰富了传统语言，也是传统语言的发展。网络语言为古老的汉语言带来了新的活力，大部分的网络语言已经被人们熟悉并接受，但是总体来说，这种新的语言形式还是缺少统一的标准，给人们生活带来的影响也有利有弊。

一、什么是网络语言

百度百科解释："网络语言是伴随着网络的发展而新兴的一种有别于传统平面媒介的语言形式。主要是网友们为了提高网上聊天的效率或某种特定的需要而采取的方式。它形式简洁，易于交流，便于理解。"其实，网络语言是在虚拟空间的一种表达形式，它的类型有如下几类：数字型，88（拜拜）；谐音型，荡 =download（下载）；字母型，MM= 妹妹；符号型，"0.0"表示"惊讶"的表情；同音型，围脖 = 微博；新造类，如"神马（什么）都是浮云"。

二、网络语言对语言文学的影响

对于网民来说，网络语言有着独特的魅力，对于专家来说，也由原来的不认同到逐渐重视。网络语言以及网络文化的迅速发展受到了教育界、语言学界的广泛关注，伴随着对网络语言的深入研究，产生了一门新的语言学科——网络语言学。由此可见，网络语言是有一定的社会意义的。语言和社会文化之间的关系是非常密切的，两者互相影响又互相包容，对于网络语言而言，虽然它的理论体系以及研究方法还不够完善，但是，在虚拟网络以及网络外部环境的双重磨合下，现在的网络语言已经与前几年的杂乱无章大不相同了。

网络语言在逐渐地形成一种语言系统，其传播媒介是网络，网民是语言社团的主体，在网络语言系统里，没有人是权威专家，任何人都可以畅所欲言，任何人都可以表达创新的想法，任何人都可以创造新的词汇、新的语言，而且一旦被大家认可了，就会很快地在网上传播，当流行起来后又会从网络进入到现实生活。

通过网上搜索，下面选出两个最具特点又有代表性的字来分析、总结一下它们的特点以及为什么受到网民的追捧，进而能够深入研究网民的使用心理，也来分析一下网络语言对现实生活的影响。这两个字就是"囧"和"槑"。

1. 读音：jiong

冏其实是由"囧"衍生而来的，它在现代字典里根本查不到。两个字是相同的读音。冏的意思是"光明、明亮"，也可以解释为"鸟飞的样子"。"囧"在古代较为常用，而在现代则是一个很生的字。囧的网义：悲伤、无奈、悔恨、无力回天，窘迫或者特别尴尬的心情。乍一看到"囧"字，大家先想到的是什么呢？第一感觉是不是像一张方脸，眉毛是"八"字形的，下面是一个张开着的嘴，给人的感觉是悔恨却又无可奈何。再仔细观察，好像还有点搞笑的样子，给了人们想象的空间。网友们单独使用的时候，它表示"无奈、尴尬"等类似的意思，如"期末考试数学得了 59 分，差一分啊，囧！"这个"囧"字代表了伤心或是无奈的意思，却又比单纯的伤心更加形象，就好像是看到了当事人当时的表情似的，这是"囧"字最开始使用时的意思。随着"囧"字使用的范围越来越广泛，一个方面的意思已经满足不了网友们的需要，于是又有了新的含义，即"拜服、钦佩"，如"囧！史上最搞笑图片"，这是网友在 BBS 上发的帖子的标题，根据帖子的内容就能体会到发帖人所要表达的是对图片的拜服。网友们可以根据不同场景判断"囧"字的含义，更加体现了网络语言的魅力。

2. 读音：mei。

原义：同"梅"，是梅的异体字，同样是一个生字。网义：形容一个人很呆，很傻，很天真。其实，"槑"的本义跟"呆"是相差甚远的，因为"囧"的流行启发了很多的网友，使"槑"成了又一个深受网友喜爱的网络新词语，像是两个"呆"，意思便是比呆还要更呆。

网友们丰富的想象力使一些生僻字频繁出现在人们的视线中。对于像"囧"和"槑"这些字在网络上的流行，大家也有不同的看法。有的人认为，这是对汉字的不尊重，属于恶搞，是对中华民族文化的损害；也有的人认为，这样的方式提高了人们对于生僻字的关注，是利于汉字文化传播的。

网络语言的形成和发展是在不断深化的，大致可以分为三个阶段。第一个阶段是因为五笔输入法并没有普及，网友们为了节省时间，网上交流的时候就出现了一些缩略语或者谐音词，比如，88（拜拜）。这样交流起来速度得到了很大提升，这算是网络语言的第一个阶段。第二个阶段是网友为了在保证速度的同时更加体现自身个性，所以出现了很多的表情符号，如"0.0"表示惊讶。网络语言发展的第三个阶段是伴随着网民数量的迅速增加，网络应用更加广泛，人们更加喜欢追求新鲜事物，网络语言得到了丰富。比如，前面提到的"囧"和"槑"。这些网络词语的流行，是一种新文化的诞生——网络文化。就汉字来说，它本身就已经形成了一个文化系统，汉字体现了我们中华民族的悠久历史、审美情趣、价值观念等，而网络文化则是通过文字、图片、声音和视频等表达观点的一种文化成果。以"槑"作为例子，它是网民对文字意义的扩展，因为它的频繁使用，更多的人开始关注古汉字，人们对古汉字的热情被激发了，挖掘出了更多的生字。每次出现一个有趣的汉字，网友们都积极表达自己的创意，与此同时也会感叹先人的伟大，也增加了人们对民族文化的热爱之情。

所以，网友们根据文字的字形创造出新的含义，不但使文字的表达更加生动形象、充满趣味，而且网友之间的交流方式也变得独特，满足了年轻网民追求个性的心理，使网络语言更加有特色。网络语言的这些特征符合了当下网民的心理需求。但是，如果不对这些网络语言进行规范，容易对我们现在的语言文字体系产生消极的影响，甚至造成文字使用上的混乱。比如，一些广告语乱改成语，"一见钟情"被某品牌口香糖改为"一箭钟情"；某品牌的摩托车打出的广告语"骑乐无穷"，等等。这样的改动会对青少年或文字功底并不扎实的人产生一定的误导。人们之所以关注这些网络新词语，一方面是因为新奇有趣；另一方面是因为它们的出现和发展在某种程度上符合网民们的社会文化心理。网络语言的影响具有两面性，下面就以这两点谈谈自己的看法。

（一）网络语言带来的积极影响

世界上每一种语言的更新和发展，都是在使用之中不断进步的。从文字本身来说，网络语言对汉语言的发展起到了一定的推动作用。如英语，每年都有很多的合成词随着科技进步和社会的发展而诞生。网络语言通过缩略、符号、借用一些外来词或者将传统的汉语赋予新的意义等手法来丰富词汇，不但形式多种多样，使用起来更是灵活多变。而且网络语言的语法打破了常规语法的规则，使人们的文字语言表达更丰富，不受传统语言的限制，给人们的生活增添了乐趣、增加了色彩。比如，之前提到的"囧"这个字的流行，给人们的生活增添了很多乐趣，也使语言的表达更加形象。就拿一部非常受欢迎的电影的名字《人在囧途》为例，如果电影的名字改为《旅途的尴尬》，这两者之间的差距是不言而喻的。另外，很多青少年对传统文化的兴趣也是由网络文化带来的乐趣激发的。从另外的角度看，流行起来的网络语言大多数是来自社会的热点人物或者事件，从侧面体现出社会中存在的问题和一部分趋势，人们对某一社会问题的注意可能就是因为某一网络词语的频繁出现。由此看来，网络语言之所以流行，也是因为人们对这些词汇的出处非常关注。如今，网络已经渗透到人们的日常生活，每一个人在网络上都可以畅所欲言，网络不仅成为大众表达看法、参与社会生活最普遍、最便捷的方式，甚至成为信息传播的最主要方式。也正是因为这一现象，网络语言才能如此迅速地发展起来。

（二）网络语言带来的消极影响

首先，一部分网络语言偏离了汉语规范。网络语言普遍是为了追求新奇和方便，在很多方面都没有遵循汉语规范。有些词语的词义被曲解，还有很多刻意的错别字，这些都会在教育方面产生负面的影响。网民的主要群体之一就是青少年，他们喜欢新鲜事物，而且乐于并且善于接受新鲜事物，他们情感非常丰富，却没有很强的辨别是非的能力。青少年正处于语言学习和培养的阶段，大量地使用、接触网络语言，容易养成不规范表达的坏习惯，这对语言学习必将造成不良的影响。其次，大量地接触网络语言会使我们的书写能力、阅读能力，以及对语言的鉴赏能力慢慢下降。网络是虚拟的，它打破了现实生活中的界限，营造的是一个文化交流的大世界。网络语言因为其丰富多样和巨大的张力建造了一种新的语言模式。这种直白的文字和特殊的表达方式，迅速渗透到了传统的语言文化中，使得传统语言的功能变得淡化。

随着全球经济化的到来，国际之间的沟通交流愈加频繁，这不单单是说国际之间的经济贸易，文化产业的交流发展也随之而来。语言作为交流的重要载体，人们也会越来越重视。新的时期，随着中国在国际上的影响力逐渐扩大，人们对汉语也有了更高的关注，汉语言的发展也有了更为广阔的前景。越来越多的国家都在积极倡导学习汉语，外国人感受到了中国古老的文化，体会到了汉语言文学是魅力无穷的，在世界范围内都掀起了学习汉语的热潮。中国是一个语言文字起源大国，汉语经过长期的发展，历史积淀深厚，做好规范的汉语言文化传播是文化的需要，更是搭建国际友好关系的桥梁，规范的汉语言对于国际交流来说意义重大。在新的时期，汉语言迎来了新的发展机遇和挑战，因此，对于汉语言文化的传播要加大力度开展，扩大汉语言的影响力，逐步实现汉语言的产业化和国际化发展。当然，想要实现汉语言文学的产业化和国际化这一目标还要走很长的路，汉语言文学如何发展，怎样实现更大范围的发展，这需要树立一个长期发展的目标。要积极有效地探索实现产业化和国际化的需要。在这一点上，汉语言文学要注重树立本身的特点，与此同时提高自身的影响力，扩大影响范围，实现进一步的突破和提升。

第三节　新媒体对汉语言文学的影响

随着全球化进程，国际间的交流日益频繁，除去政治和经济间的交流，文化间的交流和发展也成为各个国家之间交流的重要方面，文化交流也为各国之间架起了一座友好的桥梁。随着网络的发展，新媒体技术不断更新，文化间的交流更是以不可想象的速度在进行，在促进国际间文化融合交流的同时，也带来了一系列需要思考的现象和问题。

一、新媒体环境下汉语语言存在的困境

新媒体的传播环境为汉语的发展带来了新的环境和机遇，网络语言丰富了现代汉语的词汇以及表现形式，但是同时也为汉语发展带来了新的问题和困境。一些网络流行语作为一种恶搞的形态存在，带来所谓的"娱乐狂欢"的同时，也对社会意识形态造成一定的冲击，包括对传统的道德观念、历史观念、群体观念、社会家庭等带来冲击，更是对大众文化的消融、消解和异化。

进入新媒体时代，纸媒受到了很大的冲击。受众更多的是使用网络平台了解咨询、接收信息、进行交流，而对于纸质媒介的使用越来越少，同时，对于用纸质媒介进行信息传递也越发减少。从早期的网络邮件、手机短信再到 SNS 社区网站的交流，到目前火热的微博、微信等，进入网络时代，人们的交流方式越发多样化，逐步地进入了多屏时代。网络平台因其及时性、互动性以及传播速度等一系列优势，逐渐改变着人们的生活方式和生活习惯。与此同时，人们

的用语习惯和书写习惯也发生了很大的改变，人们越来越多地使用电子方式进行交流互动，而在纸质媒介上的书写习惯逐渐淡化，以至于很多人出现了提笔忘字的现象。人们越来越依赖于电脑打字，忽略了汉字书写的魅力和汉字字形的美感。

网络传播日益自媒体化，人人都可以发声发言，都有表达的权利，网络流行语的出现和火热正是这种草根声音的爆发。但是这种自媒体式的表达缺乏把关，使得网络传播言语内容碎片化、谣言化。碎片化、谣言化的传播短时间的影响是给受众带来了信息传播环境的污染，带来的是信息垃圾，长久的影响是养成碎片化信息接收习惯，带来的却是碎片式的思维方式，缺乏深入的逻辑思维和思考，极不利于现代汉语思维方式的发展。网络媒体的主要受众以年轻人为主，他们是社会的中坚力量，这种碎片式的思维方式和习惯不利于年轻人形成正确的价值观和社会责任感。

二、汉语言如何应对现代网络语言的冲击

以网络为特征的信息时代使得网络语言的地位尤其突出，因此，人们对于网络语言不能一味地拒绝，应该把好网络语言进入全民交际语的关口，认真研究相关内容以及现象，处理相关问题，规范网络秩序，对网络语言的吸取做出正确的引导，并加以规范。单纯地禁止往往只能带来负面的影响，反而会刺激人们的叛逆心理。我们主张的应对措施需以疏导为主，对生动有趣、意味新奇的符合汉语字词规范的网络语言尽可接受进入主流语言规范中。对于不合规范又缺乏实际语言价值的各种网络语言符号加以治理。

三、解决新媒体下汉语言发展问题的对策

（一）规范汉语言文学教学，引导学生客观地看待网络流行语

在新媒体环境下，网络流行语言的大量涌现在一定程度上对汉语言文学形成了冲击。此时，教师应该发挥指引作用，指导学生恰当地对待网络用语，同时，也不能一味地对网络语言进行否定，而要客观地看待，取其精华，去其糟粕。网络流行语虽然为汉语发展带来了新鲜，但是网络流行语水平参差不齐，有的符合汉语的发展规律，有的则完全相反。因此，教师在教学中要适当地加强汉语规范化知识的教学，引导学生正确地认识网络流行语。帮助学生，尤其是初、高中生，正确、理性地认识网络流行语，让学生学会适度地、有选择地吸收并使用网络语言，并且让学生自觉地维护语言的纯洁与规范。在规范网络流行语使用的同时，还要注意对传统规范汉语的教学，培养学生的汉语审美能力，让学生明白传统语言凝重、精练，恰当地使用传统语言能够体现一个人语言的素养与学识。

（二）加强受众网络媒介素养

网络媒介的主导是受众。受众不仅仅是网络媒体内容的接收者，同时也是信息内容的创造

者，具有双重身份。网络受众不仅对内容信息进行浏览、复制和评价，同时还发布信息，上传图片，创造网络信息。网络是现实社会的一个缩影，网络信息在一定程度上是社会价值观的一种呈现，因此，从某种意上讲，网络媒介的环境取决于受众的媒介素养。网络流行语是草根网民集体智慧的结晶，网络流行语质量的高低好坏，以及它所反映出的文化的价值取向，都与网民的素养有着直接的联系。加强网络受众的媒介素养培养对于营造健康的网络环境有着密不可分的关系。培养良好的上网习惯，养成良好的网络用语习惯，做一个合格的网民具有十分重要的现实意义。在当今网络把关人不足之时，应进一步强化媒体的规范与自律，这也是营造良好的网络用语环境的必要途径之一。网络给受众提供了一个公开自由的话语空间和平台，加强网络平台的信息把关，对避免网络信息的低俗化和非主流化，以及遏制不良信息起着十分重要的作用；对网络舆论进行必要的引导，加强媒体的行业规范和自律，是对培育健康、绿色的网络传播环境应有的行业责任。

汉语的发展是不断变化的，新媒体阶段也是汉语发展的一个阶段，网络流行语的出现是汉语进化过程中不可避免的趋势。究其本质，网络流行语的出现，正是基于广大群众对自我表达的一种意愿，是草根文化的一种凸显，每一条网络流行语展现的都是一种社会文化。对于网络流行语，我们应该抱以正确的态度对待，吸取精华，剔除糟粕，正确地加以规范。

第四节　全球化对汉语言文学的影响

汉语言文学是我国文学领域的一个文化瑰宝，对汉语言文学进行系统、全面的学习才能够了解我国的诗词歌赋及文学著作。随着经济全球化的发展，全球化不仅仅表现在经济方面，还表现在文化和其他领域。全球化的风潮席卷而来，一方面促进了各国的经济交流，另一方面实现了国家之间不同文化的交流，当然也包括语言的渗透。那么，汉语言在全球化背景下，会遇到怎样的发展境遇是现在大家关注的焦点。事实上，全球化为不同国家的发展都带来了机遇和挑战。在整个世界文化繁荣发展的当代，文学的发展空间还是很大的，我国汉语言文学的发展走向也是不错的，汉语言文学正好可以借助经济全球化这个机会走向国际化，让更多的人了解中国的汉语言文学，同时，全球化也将推进汉语言文学的进一步发展。

一、汉语言文学发展的背景

随着经济全球化的到来，国际间的交流和沟通也越来越频繁，这不仅仅体现在国际间的经济贸易上，在文化产业的发展上也是如此。作为重要的交流媒介——语言，也越来越受到人们的重视。对于中国来说，汉语言的发展经历了较为长期的发展和变迁。在新的时期，中国在国际舞台上的影响力在逐渐地扩大，这样一来，人们对于汉语的关注程度也越来越高，很多外国人士都在积极地学习汉语，开始接触古老的中国文化，感受魅力无穷的汉语言文学，在世界广泛的范围内出现了学习汉语的热潮。当然，汉语言文学要实现产业化和国际化的发展目标还需有很长的路要走。对于汉语言文学的发展来说，实现更大范围内的发展需要树立长远的发展目标。

二、汉语言文学发展面临的问题

（一）国际化背景下的冲击和挑战

在西方文化的强烈攻势下，尤其是在英语国家的语言冲击下，现在的人们学习英语的时间远远超过了学习中文的时间。在中学期间，升学的压力是最重要的，但是到了大学，就业的压力恐怕是最重要的。一方面是求职，大多数公司都要求职员通过 CET4 或者 CET6。另外一方面是出国的需要，这对英语的要求更高，TOEFL 和 GRE 占用了人们较多的时间和精力。国际化理念的深入给汉语言文学带来了新的发展机遇，但是我们同时看到，大量的国外作品也趁着国际化的契机不断地涌入我国市场，这种现象导致汉语言文学在我国的文学市场中受到了巨大的冲击和影响，从这一角度来看，我国的汉语言文学发展面临着前所未有的挑战，我们必须采取相应的措施和策略来抵御外文给汉语言文学市场造成的这种冲击，必须严格要求作品的质量，不能片面地认为国外的作品就是好作品，必须在这些作品中进行严格的筛选，选取其精华的部分。

（二）古代汉语发展受到严重冲击

近年来，古汉语发展陷入了一种困境，一些文史类的高校在古汉语文学专业方面的招生难度在不断增大，高层次人才更是难以培养。现代很多人将主要的精力放在了追求物质主义、实用主义方面，应用性的专业受到了极大的推崇，金融、信息技术等专业成为现代社会学生报考的重点，因为这些专业毕业之后相对来说更容易找到工作，今后的生活也将有更好的发展。但是古汉语专业的发展空间比较有限，毕业生就业难度较大，一旦进不了与其对应的相关部门，在社会中就很难找到合适的岗位

（三）现代汉语言文学受到严重冲击

纵观我国中小学、高等教育的发展，在中学阶段，学生必须将其主要精力运用在数理化和外语的学习之中，对于语文的学习也只是集中在应试教学的模式之中，这时候的学生在正常的学习之外没有更多的时间去阅读现代汉语文学作品，很多学生在这个方面的阅读量少得可怜。有时到了初三、高三之后，需要应对考试中的作文，一些语文教师开始要求学生大量阅读期刊上的短篇文学，但是这些杂志上的一些文章属于一种快餐文化，从表面上看具有一定的哲理，但是没有什么实际内涵。当学生进入大学之后，他们开始将自己的主要精力运用在社会实践之中，不断锻炼自己的专业技能，为今后的就业打基础，他们同样很难有时间去阅读一些现代汉语言文学作品。就业之后，人们开始把自己的主要精力放在工作之中，现实社会快节奏的工作和学习方式，使得人们更没有时间阅读这些与工作和学习"无关"的汉语言文学作品。

（四）外语的学习热度在不断提升

由于全球一体化的发展趋势，很多人基于实用主义的思想，开始用外语武装自己，利用业余时间学习更多的外语，前几年英语专业的报考热潮使得近年来英语专业的毕业生急剧增多，导致一些毕业生难以找到合适的工作。这两年人们将主要精力又投入到小语种的学习之中，阿拉伯语、西班牙语、法语等这一类外语又成为人们学习的热点。对外语的热衷是有着内在推手的，在中学阶段，中考、高考中英语的分值是和语文、数学一样的，到了大学之后，还有英语的四六级考试，虽然近年来教育部取消了四六级合格证书，但还是保留了四六级考试，并发给学生成绩单，这种成绩单便成为用人单位招聘过程中四六级证书的取代品，另外出国深造还需要考英语。这一系列的要求使得人们不能放弃对于外语学习的热情。这种对于外语学习的热度势必挤压着人们对于自己本国语言文学的关注度。虽然经过多年艰难的发展，我国的文学也有了里程碑式的发展，莫言获得了诺贝尔文学奖就是一个典型代表，然而现在国内又有多少人阅读过莫言的这些作品呢？

三、全球化带来了巨大的外文冲击

全球化虽然给我国汉语言文学带来了一个发展的机遇，但是，外国文学作品也会趁机而入。全球化导致外国文学大量地涌进我国的文学市场，这势必会影响到我国汉语言文学在本国文学的市场。汉语言文学一方面要走向国际文学舞台，另一方面也要拓宽本国的文学市场，外国文学作品的大量涌入给我国汉语言文学的市场地位带来很大的冲击，从这方面来说，全球化背景下，汉语言文学的发展又面临着挑战。面对外国文学作品的冲击，我国应该严把质量关，外国文学不能全盘接受，而要取其精华，弃其糟粕。同时应该加大我国汉语言文学的普及教育工作，从教育工作上，加大对我国汉语言文学的教育力度，特别是对在校生进行汉语言文学的教育显得至关重要。只有不断地提升我国汉语言文学的市场占有率，提升我国汉语言文学的地位，才能够很好地抵抗外文的冲击，促进汉语言文学在我国社会、市场中的发展。汉语言文学具有鲜明的特点，而且与外国文学有很大的差别，汉语言文学种类繁多，内容丰富，符合我国的教育体制，这是汉语言文学在我国发展的优势。在应对全球化热潮时，要更好地发挥汉语言文学的优势，做好汉语言文学的推广普及和教育工作，让更多的人能够接触我国的汉语言文学，全面地推进我国汉语言文学的发展。

四、全球化背景下汉语言文学的发展措施

全球化为汉语言文学的发展创造了良好的平台，但是一些不利因素同样影响着中国的文学市场，所以我们必须着力提升汉语言文学的主体地位，只有这样，才能积极应对外来文化所带来的巨大冲击，保证汉语言文学在市场中的健康发展。

（一）树立起产业化发展的理念

古汉语作为中国传统文化的基础，也是汉语言文学最为丰富的素材宝库，它对于汉语的发展具有重要的意义，同时也是一系列中国传统文化的集成。随着近代历史的发展和变革，白话文开始兴起，汉语言文学也开始了一场变革和发展，而现代青少年对于深入学习、研究古汉语和国学的耐心正逐步减弱。汉语言文学的产业化应该与汉语支撑并由汉语表达的中国的价值观理念结合在一起，而不应该是由汉语描绘出的其他文化的内容，在这方面需要加强注意。

（二）树立起国际化发展理念

对于汉语言文化的全球化发展来说，需要做好全面的规划和详细的分析。对于汉语言的发展来说，要想实现其全球化的发展，重要的一点就是要实现汉语的国际化，让更大范围内的人们接受汉语。这对于汉语言的发展来说是一个重要的前提。中国的文化要想走向世界，语言是较为重要的一个代表，在这方面汉语言的发展就有了很好的平台。

（三）借鉴外文的推广方式

全球化背景下，我们可以很明确地看到外国一些先进的、科学的文学推广方式和手段。外文在我国的发展速度很快，且发展势头很好，那么我们就应该去学习国外这些先进的推广方式。在全球化背景下，各种技术在交流和沟通上都是很方便的，我们可以通过网络或者图书馆等进行相关资料的收集工作，也能够轻易地了解到外国先进的推广理念，我国的汉语言文学在推广方式和措施上，可以借鉴和学习一些国外先进的推广理念，采用科学有效的推广方式，促进我国汉语言文学的发展。我们可以看到，外国在文学的保护工作方面做得很到位，这是值得我们学习的地方。

（四）加大汉语言文学的外语翻译工作

就像国外的一些英文类著作，经过翻译后走进我国文学领域一样，汉语言要走出国门、走向国际化，也必须先做好外语翻译工作。全球化要带动我国汉语言文学的发展，那么汉语言文学首先就必须符合被推广的条件，在推广工作面前，我们不能想着让别人来迎合我们，而是应该主动地采取有效措施来让外国人了解我们的文学作品。我国的汉语言文学可谓博大精深，但是，不懂汉语的外国人不能够看懂这些著作，这样一来，汉语言的国际化发展就会面临重重阻碍。全球化带来了经济、文化等得以交流的机会，我们要把握这些机会，要把汉语言文学推广到国外，就必须做好汉语言文学的翻译工作，将更多优秀的汉语言文学作品翻译成外文，并要提高翻译的质量。一般来说，汉语言文学要翻译成外文是比较有难度的，所以，应该挖掘、选拔一些具有专业知识和擅长外文翻译的人员来进行汉语言文学的翻译工作，只有搞好汉语言文学的翻译工作，提高翻译质量，汉语言文学才能被广泛地推广到全世界。全球化背景下，很多方面都将实现国际化标准，汉语言文学也必须实现国际化标准，只有符合国际文学的鉴赏水平，使得我国汉语言文学得到国际的认可，我们的汉语言文学推广工作才能顺利进行下去。

总的来说，在全球化的大背景下，汉语言文学有了一个很好的发展机遇，也面临着一些冲击和挑战，我们要把握机遇，具体问题具体分析，研究对策和措施，这样才能化解不利因素，把汉语言文学发展壮大。

五、汉语言文学的全球化展望

汉语言文学要想走出具有特色的全球化道路，必须要着手于汉语的全球化。可以说汉语全球化的道路坎坷而又漫长，但是我们相信，只要坚持加强对外汉语的教学，发展我国的综合国力，那么在不久的将来必将达成这一目标。现在一些国外的学校都非常重视汉语教学，孔子学院在很多国家的设立和普及就是最为有力的证明。

2012 年，莫言获得了诺贝尔文学奖，使得我国的文学受到了国际的广泛关注，但是我们应该清楚地认识到，汉语言文学的国际化道路仍然任重而道远，要将汉语言文学推向国际，得到认可，我们依然面临着诸多严峻的挑战。

在国际化进程不断加快的今天，我国的汉语言文学面对着巨大的冲击和挑战，同时也出现了一些机遇，只有在汉语言文学的发展道路上充分把握这些机遇，结合当前的形势，制定切合实际的措施和策略，才能不断解决出现的问题，消除不利因素的影响，让汉语言文学走上一条健康的发展道路。

第三章　汉语言文学创作理论

第一节　中国文学的特质

一、中国文学的特质与中国文论

20 世纪的中国文论完成了由传统到"现代"的转换，我们终于和世界"接轨"了。可欣喜之余却不免有一丝隐忧，感到我们失去了什么。随着时间的推移，这种转换的负面性渐渐地显现出来：那就是自我的消解。那么多的文学理论著作，虽不乏精辟的见解，但就整体而言，是东施效颦——从思路、框架到理论范畴、言说方式都是西式的，难道"现代"的结果就是"西化"？这与我们引进的初衷南辕北辙。也许有人说，意境是中国的。不错，但那是经过今人"西释"后的意境，早已失去了意境的味道。况且这些论著只是把意境作为"有中国特色"的一种点缀。叶朗曾深刻指出：

我们的美学和文艺理论中的概念、范畴、命题，基本上还都是从西方文化中来的（从柏拉图、亚里士多德到车尔尼雪夫斯基），并没有吸收多少中国的东西。偶尔引用几句孔子的话和刘勰的《文心雕龙》中的话，引用几句唐诗宋词，不过作为一种点缀。有时也引进中国传统美学的个别概念，但这些概念的丰富、深刻的内涵并没有得到充分的展示。这是因为整个体系是西方的，这种纯西方式的体系不可能真正包容中国美学（东方美学）。

（一）中国文学的特质与中国文论的人文性

一般的看法是：中国文学是广义文学、杂文学；西方文学是狭义文学、纯文学。现在看来，这是皮相之见，其背后隐含了褒西贬中的西方文学观。中国文学和西方文学是两种不同的文学范型。二者之别不是外延上的"广与狭"和"杂与纯"，而是它们的文学性内涵不同：中国文学的特质是情采——言志缘情的情本体和讲究文采的辞本体：李斯的《谏逐客书》是上行公文，可却被视为秦代文学的代表作，是因其情真意切，文辞排偶，讲究音乐性；诸葛亮的《出师表》千古传诵，是因其忠肝义胆，言辞至诚，有参差错落之美；李密的《陈情表》被奉为佳作，是因其历叙情事，文字婉曲动人，无一字虚言。连讲故事的章回小说也是文辞优美，以情为本：《水浒传》是义士怒书，《金瓶梅》是世情哀书，《西游记》是正心悟书，《三国演义》是群雄悲书，《红楼梦》是诗意泣书。海外汉学家也注意到中国叙事文学有不同于西方的抒情传统。

至于言志缘情、辞采华美的诗词就更不用说了。这就是情辞并茂的中国文学性。故此，国学大师钱穆指出："中国文学必重情"，"中国文学乃重在映内"，其"最高境界，在能表现人之内心情感，更贵能表达到细致深处"；又因"社会某种需要"，中国文学特别注重"文辞"的修饰、润色。而西方的文学性则不然，它是想象性和创造性——重虚拟性的思本体：韦勒克、沃伦明确指出："'文学'一词如果限指文学艺术，即想象性文学，似乎是最恰当的。"（《文学理论》）还有一些西方学者说得更明白：文学是"虚构表述"，所有体裁都是"自然表述方式"的模仿或虚构性的再现。这才是它们质的差异。倘若把西方文学作为"放之四海而皆准"的唯一范型，以此来"套"中国文学，就会责备后者"不纯粹"和"杂"。这种"西冠中戴"的做法，对中国文学来说是不公平的。

中国文论是从宇宙本源角度来考察"文"的。在古人看来，文"本乎道"，是道之文。"道之文"有三种表现：一是"日月叠璧"的"天之象"——天文；二是"山川焕绮"的"地之形"——地文；三是"性灵所钟""实天地之心"的人文。天文、地文是自然之文；人文是包含人世现象的社会之文。就人文而言，也有三种"文"值得注意：一是"五色杂而成黼黻"的形文；二是"五音比而成韶夏"的声文；三是"五性发而为辞章"（"五性"即喜、怒、欲、惧、忧）的情文，即心生→言立→文明。这种情文就是中国文学的本体，也是中国文论的研究对象。

由于中国文学本体是情文，在此基础上形成的中国文论自然是含"情"脉脉，体验感悟的人文性成为中国文论的主要特征，与以理性分析之科学性见长的西方文论呈鲜明对比。

（二）诗性呈现是中国文论的言说方式

一些学者认为，中国文论三言五语，零零碎碎，除《文心雕龙》之外，大都散见于诗话、词话、文谈、小说和戏曲的评点、杂记等文献中，没有"成形"的理论形态；这些经验表述虽生动、形象，可却模糊、不准确。中国文论缺乏严密、清晰、稳定的概念范畴以及科学、理性的分析，处于前科学阶段。不错，如果以"科学"的西方文论"标尺"来衡量，做出上述判断是必然的。这里存在三个问题：理性概括是不是理论陈述的唯一方式？科学性是不是评价理论成熟与否的绝对标准？中西理论之异是前科学与科学的区别，还是两种文化范型的区别？

理性概括固然是理论陈述的常用语言，但它不是唯一的，更不是全知全能的。当理性概括向人们澄明它所揭示的那一面的同时，它也遮蔽了自身无法解释的另一面——而这通常为人们所忽略。而非理性的概括不但可以陈述理论，而且可以澄明被理性概括所忽视的潜理论。中国文论的诗性呈现是非理性的概括，它所展示的恰恰是被理性遮蔽的方面。这些被遮蔽的是对文学创作至关重要而又难以言说（其微矣乎）的部分，像兴会、风骨、气势、滋味、通变、虚静、妙悟、神韵、文脉、雄浑豪放、冲淡清远等。因此，理性概括和诗性呈现可以互补。

应该看到，西方自然科学昌明，极大影响了他们的思维方式。西方文论的建构是以自然科学为蓝本的；他们把文学作为科学研究的对象，用理性的手术刀，客观、冷静地"肢解"它，一层一层地剖析，相当深刻（尽管他们各家的认识也不相同，可其研究的方式、方法却是一样的）。可他们却忽略了文学与自然科学的区别，以物性的态度来对待人性的文学。西方分析思维的局限是明显的。刘熙载说得好："文，心学也。"既然文学是作者主观心灵的物化，不同于自然科学研究的纯客观对象（如动物、植物等），就应该采用适用于文学特殊性的研究方法（如诗性的方法，包括直觉法、体验法、悟性法），不能照搬后者。中国文论可以说基本上没有受到科学的影响（中国古代有"科技"，无科学，一直徘徊在"术"的层面，没有上升到"学"的层次），而更多的是受到古代哲学观点的支配。在《易经》"天人合一"的整体思维作用下，中国文论不是研究对象，而是体验对象——强调感受作品的文心："余每观才士之所作，窃有以得其用心"；"观文者披文以入情，沿波讨源，虽幽必显。世远莫见其面，觇文辄见其心"。观文者的终极目的是体会、玩味潜藏在文辞后面幽微、独特的作者之心——将心比心，这是中国文学研究的心灵体验法！其"剖情析采"也有别于西方的分析，它是在把文学作为一个整体把握（务先大体、务总纲领、圆照、圆鉴、博观）的基础上进行"心"（研究者）与"文"（研究对象）之间的交融、互动，以达到与天地相参的圆融境界。显然，科学性不是评价理论的绝对标准；中西理论之异是两种不同的思维方式造成的（中国的是诗性思维，西方的是科学思维），就其实质而言，是诗性文化和科学文化两种文化范型的区别。

作为中国文论的言说方式，诗性呈现有以下三个特点。

1. 整体性

中国文论注重整体把握，所谓"圆照"和"圆鉴"是也（它突出的是体验的整体，不是西方理性的完形）。这种整体性强调的是流动的整体，不是静态的整体。中国文论家喜欢以水喻文就是一个佐证："韩如海，柳如泉，欧如澜，苏如潮"；"昌黎之文如水"；"大苏文一泻千里，小苏文一波三折"；"韩子之文，如长江大河……"；"吾文如万斛泉源，不择地而出，在平地滔滔汩汩，虽一日千里无难"（苏轼《文说》），讲的都是动态的整体。对结构的描述也是如此；"始→中→终"，"笔法之大者三：曰起，曰行，曰止"。这里视结构为一个自然、动态的过程，有别于西方"首—身—尾"的静态切分。

2. 意象性

中国文论的诗性呈现多表现为意象性。刘熙载就以"鸟飞"来形容庄子文章的风格，生动、别致；小说评点中对技法的表述更是如此：草蛇灰线、绵针泥刺、横云断山、烘云托月、移堂就树、鸾胶续弦、水穷云起、月度回廊、一线穿珠、云散水流、云浓雾雨、奇峰突起、两山对峙、颊上三毫、獭尾法等。这种象的描写与西方理的阐释迥然不同。究其原因，主要是中国人对言、象与意之间关系的认识造成的。"子曰：书不尽言，言不尽意。然则圣人之意，不可见乎？子曰：圣人立象以尽意……"也就是说，"言"是不可能充分表达"意"的——在用"言"表述时，它只能澄明"意"的某些方面，同时又遮蔽了"意"的其他方面。怎么办？"立象以尽意"。"象"是"圣人有以见天下之赜，而拟诸其形容，象其物宜"而产生的，它具有整体的直观性和丰富的意蕴性，较之"言说"更能充分"表意"。故在"表意"时弃"言"取"象"。

3.暗示性

这与意象性有关。中国文论不是直陈式的，它往往借此言彼，用暗示、喻指、联想等方式来言说文学创作现象，需要读者反复涵泳，才能品出其中的"所指"，因之，暗示性是中国文论的一大特色。例如，"风骨"范畴是不能用西方理论解读的；如果这样做，就会越说越糊涂。其实，风是自然界的一种现象，依据"风吹物动"的原理，可以看出，以风喻文是说文学应该有"风以动之，教以化之"（《毛诗序》）的感化作用，所以刘勰说："风冠其首，斯乃化感。"骨是生理学范畴，根据骨的生理特性，可以推断，以骨喻文是指文学应该有刚健的内在之力。故而刘勰指出：骨"如体之树骸"，要"结言端直""析辞必精"，"捶字坚而难移，结响凝而不滞"，"严此骨鲠"——推崇"刚健既实""风骨之力""骨髓峻""风力遒"。合而观之，风骨是指文学要有感染、打动读者的内在力量，这才是风骨的"所指"。

（三）创作论是中国文论的核心

中国文论来源于创作实践，是作家创作经验的"蒸发"。值得注意的是，作为理论形态，中国文论始终没有脱离创作实践，依然保留了创作的鲜活性，而且它还要返回创作实践，验证自身的有效性和指导实践。故此，创作论成为中国文论的核心。请看：陆机的《文赋》是用赋体写成的、以研究"物—意—文"双向转换过程为中心的文学创作论；刘勰的《文心雕龙》是全面研究"为文之用心"、重在讲明创作之术的"笼罩群言"巨制；严羽的《沧浪诗话》以禅喻诗，其中的"妙悟""别材""别趣""兴趣"等重要理论范畴都是在第一部分《诗辨》——诗歌创作理论中提出的；明清小说评点讲究对文本的"细读"，"教人家子弟悟作文法"，刻意强调"作文之法"，探寻"书中秘法"——将创作之法作为"欣赏"的重点；李渔的《闲情偶寄·词曲部》主要论述了戏曲创作中的结构、词采、音律、宾白、科译和格局问题；至于像李扶九《古文笔法百篇》、唐彪《读书作文谱》之类的书就更不用说了，望"名"即可生"义"——研讨古文作法。很明显，中国文论家一直在努力缩短与作品的距离，主张"入乎其内"，揣摩作者的文心，探求作文之法（术）——希冀悟出作文三昧，"怎么写"自然是中国文论阐释的主要问题。西方文论则不然。他们的理论不是源于创作实践，而是依据哲学、心理学、符号学或其他科学的某种学说形成的。即他们根据某种既有的理论建立文学评判的标准，由此出发来研究文学，不论是实证主义批评、心理分析批评、原型批评、现象学批评，还是形式主义批评、新批评、结构主义批评、解构主义批评、阐释—接受—读者反映批评、文化批评（包括女权主义批评、新历史主义批评、后殖民主义批评），尽管他们观点各异，可却都有各自的理论背景。他们"出乎其外"，都与作品保持一定的距离，其阐释的重点不是怎么写，而是"为什么"（作品成因）、"我怎么认识的"（批评者）——重在理性的研究。在某种意义上可以说，中国文论是创作的理论，西方文论是批评的理论；中国文论是内体验式的（以情感体验见长），西方文论是外解读式的（以理性分析见长）。

（四）西方文艺学在中国的演进

如开篇所言，20 世纪的中国文论完成了由传统到"现代"的转换。不过，这种转换不是中国文论的"涅槃"，而是西方文艺学得到了长足的发展。君不见：尼采、叔本华、柏格森、克罗齐、弗洛伊德、荣格、雅克布森、什克洛夫斯基、茵加登、杜夫海纳、胡塞尔、海德格尔、萨特、索绪尔、罗兰·巴尔特、拉康、福柯、巴赫金、德里达等人的论著，像走马灯似的，"你方唱罢我登场"。我们这个有着悠久而深厚文化传统的国家，成了西方文艺学的"批发点"和"零售站"。不错，引进、借鉴是非常必要的，我们应该放弃"老子天下第一"的文化中心意识及其优越感，因为自我封闭是没有出路的。但也不能低声下气、自轻自贱，总觉得自己什么也不行，这种心态对重构中国文化及其文论是有害的。我们引进的目的是什么？是为了充实、发展西方文艺学，给人家理论找寻中国的例证，作注脚，还是发展我们自己的文艺学？答案当然是后者。可我们在路径的选择上却陷入西方的理论迷宫中不能自拔。以至于越来越疏离我们自己的传统。事实表明，那种通过横向移植构建起来的文艺学永远不是中国的文艺学。

1949 年至 1979 年，我们以俄为师，搞出来的是苏式文艺学。这个时期的文学理论著作大都强调"文学是社会生活的反映"和"文学的阶级性、人民性、党性"，指出"文学事业是党的事业的一部分"（"齿轮""螺丝钉"），宣扬的是"文学依附于政治"的工具论。这种庸俗社会学的观念至今阴魂不散（如《文学理论基础》）。

1980 年至 2000 年，国门打开，西学再次东渐，我们以西为师，建构的是西式文艺学。该时期的一些代表性论著摆脱了工具论的桎梏，回归文学本体（审美自律论），较之过去有了很大的进步。不过，其理论框架基本是依据美国当代文艺学家 M. H.艾布拉姆斯的艺术四要素说（作品、艺术家、宇宙和观众）建构的。它们看似全面、折中，其实就整体而言，采纳的是西方思路，并没有跳出人家画的"圈子"，为"西方话语"所笼罩。

一些学者也意识到了这个问题。葛红兵指出："20 世纪中国文艺理论史基本上是一部外国文艺理论的引进史。而不是一部文艺理论的创造史。我的意思是说，中国 20 世纪文艺理论史缺乏理论上的原创性，因而缺乏独立的理论品格。""20 世纪中国文艺理论史上太多对于欧美文艺思潮的模仿、移植、嫁接，而缺乏独特创造。"蒋寅认为："从'五四'新文化运动以来，传统文化与现代思潮之间出现了断裂的鸿沟，从马克思到德里达，我们一直都是在"拿来，各种范畴、概念被剥离其语境，不加细致的消化吸收就取来拼合、堆积成理论体系，而没有建立一套属于自己的、稳定而可操作的范畴、概念系统。"美籍华裔学者刘若愚在《中国的文学理论·导论》中也谈到了 20 世纪中国文学理论的异质性："我将不涉及 20 世纪中国文学理论，因为这些理论或多或少地受到了西方或其他影响的支配……因此其价值和趣味，已与形成了一条基本独立的批评观念源流的中国传统文学理论，不可同日而语。"此外，有的学者惊呼："在当今世界文论中，中国没有自己的声音！"还有的学者指出了当今中国文论的"失语症"。甚至一些西方学者也对我们的"理论"提出了质疑：你们谈的都是西方学者谈过的，不是中国的原命题，是美学在中国，还是中国的美学？综上所述，20 世纪中国文论实质是西方文艺学在中国的当代演进。我们"拿来"了形形色色的西方理论，结果并没有建立起中国的文艺学，反而成了西方的传声筒。

（五）中国文论未来重构的猜想

关于中国文论未来重构，众说纷纭。其关键是如何处理古与今、中与外的问题（在某种意义上可以说，古与今的问题就是中与外的问题。反之亦然）。我们当然不能移植西方文论（可以借鉴，作为中国文论未来重构的参照系），那是鹦鹉学舌——没有出息的表现，更是没有出路的："像插在瓶里的花一样，是折来的，而不是根深蒂固地自本土的丰富的营养的。"同时也要注意另一种倾向——不考虑中西之异，有意识或无意识地把中国文论"置于西方文论的框架中进行重新定位和剖析"，这不仅难以对中国文论进行有效的阐释，"而且有可能割裂中国文学及文论内在整体性和固有的生命力"（如用西方典型说来解读中国小说评点中叙事—写人理论）。我赞同其中的一种观点：由于20世纪"本土文论的理论与方法，多半是充当西方文论理论本体的佐证或材料。因此，新世纪中国文论的建设，根本性任务是理论体系的本体性回归或还原"。

鉴于此，我想对中国文论的未来重构进行猜想。我以为，大凡一门成熟的学科，都由三个层次的理论组成，即道、学和术。"道"是学科的基础理论，是学科得以成立的根基；"学"是学科的分支理论，是基础理论的应用形态；"术"是学科的操作理论，是基础理论的技术形态。以此推论，未来的中国文论理应由三块组成：一曰文道论。即刘勰说的"文之枢纽"。它是中国文论的基础理论，主要从学理上回答中国文学的来源、特质、功用等"道"的问题；二曰文体论。即刘勰说的"论文叙笔"。它是中国文论的分支理论，重点研究中国文体的要素、变、分类等"学"的问题；三曰文术论。即刘勰说的"剖情析采"。它包括创作论和批评论，着重探讨创作的修养、动机、状态、原则、构思、表达，以及批评的素养、尺度、程序、方法等"术"的问题。这就是我的中国文论学科观。

二、中国古代"性情论"

（一）从"性情"到"情性"

"性情"本是一个哲学概念。《白虎通·性情》云："性者，阳之施；情者，阴之化也。人禀阴阳气而生，故内怀五性六情。情者，静也；性者，生也。"又云："五性者何？谓仁、义、礼、智、信也……六情者何谓也？喜、怒、哀、乐、爱、恶谓六情，所以扶成五性。夫人性内函，而外著为情。其同焉者，性也；其不同焉者，情也。惟情有不同，斯感物而动。性亦不能不各有所偏。"这表明了三点：一是"性情"源于阴阳。古人认为，天地万物，本于阴阳："立天之道曰阴曰阳"，"一阴一阳之谓道"。"性情"也不例外，故曰："性者，阳之施；情者，阴之化也"，点出了"性情"的本原。至于阴阳之说是否正确，此处姑且不论，但其中闪烁的"对立相生"的辩证观念还是可取的。二是人"怀五性六情"。这是讲"性"与"情"各自的范围："五性者何，谓仁、义、礼、智、信也……六情者何谓也？喜、怒、哀、乐、爱、恶谓六情。"

显然，"性"指人的本性；"情"指情感和情绪。三是"性"内"情"外，"性"同"情"异。这是讲二者的联系和区别。尤其值得注意的是，这里指出"情"之所以不同，是因为"感物而动"，继承了《礼记·乐记》的"六者非性也，感于物而后动"的朴素观点，并且涉及了"情"的反作用：因"情有不同"，"性"亦"各有所偏"，难能可贵。

写作之"性情"重在"情"字。如："吟咏情性，以讽其上"；"诗以言情，情者，性之符也"；"故诗之为学，情性而已"。"情"与"性"二字易位，显露"重情"的端倪，尽管此"情"受"独尊儒术"的局限，"止乎礼义"，个性色彩远不及魏晋南北朝之"性情"，但毕竟强调了写作的情感性，为后者张扬个体情感做了必要的铺垫。

到了魏晋南北朝，"性情"得到了充分肯定。陆机在《文赋》中指出："诗缘情而绮靡"，表明诗是抒发个体之"情"的，与"诗言志"唱了"反调"。刘勰的《文心雕龙》对"性情"做了进一步阐发："情者，文之经"，点出了"情"在写作中的"主宰"位置；"为情而造文"，指出了"情"是写作的目的；"辩丽本于情性"，"吐纳英华，莫非情性"，阐述了"情性"是"立文之本源"；"诗者，持也，持人情性"，概括了诗的特征，同时也反映刘勰对写作的认识——写作是表现个体情感的。刘勰的"性情观"较之前人进了一大步：他的"情"不同于汉代文家的"情"。汉代之"情"伦理色彩浓，归根结底是为了"经夫妇，成孝敬，厚人伦，美教化，移风俗"；刘勰的"情"是"登山则情满于山"的个体之"情"。与陆机的"情"相比，二人所言大体相同，但又略有差异：陆机的"情"是"悲落叶于劲秋，喜柔条于芳春"的"情"，不含"理""志"；刘勰的"情"则宽泛一些，以"情"为主，兼包"理""志"。刘勰重情的"性情观"反映在表述上，就是言"情""情性"多，道"性情"少。

可见，这个时期个体情感得到了张扬，完成了"性情"到"情性"的转变。

转变的背后隐藏着深刻的原因。魏晋南北朝是一个动荡时期，现实的纷乱，使文家感到"对酒当歌，人生几何？"这种人生苦短的忧患意识，使他们追求"名逾金石之坚"，可"岁月飘忽，性灵不居"，要"腾声飞实"，只能靠"制作"，故曰："盖文章者……不行之盛事。"而"立言"是"情文"，"五性是也"。只有抒写与众不同的"情性"，才能"拔萃出类"，流传后世，因此，"志思蓄愤，吟咏情性"，"为情而造文"，"情性"是"立文之本源"。

唐宋时期，文家对"性情"的认识，远不及魏晋南北朝。他们重"道""理"，言"性情"，也是讲儒家的"修身养性"。

而明人对"性情"的认识有了新的进展，最有代表性的是李贽的"性情自然说"、汤显祖的"唯情论"和公安三袁的"性灵说"。

李贽的"情性自然说"是由他著名的"童心说"发展而来的。他认为："盖声色之来，发乎情性，由乎自然，是可以牵合矫强而致乎……故性格清彻者音调自然宣畅，性格野徐者音调自然疏缓，旷达者自然浩荡，雄迈者自然壮烈，沉郁者自然悲酸，古怪者自然奇绝。有是格，便有是调，皆情性自然之谓也。"在他看来，情性是声调的本原，而声调自然"发乎情性"，不能"牵合矫强"，这种"性情观"承继了魏晋南北朝"人当道情"的思想，直接导引了公安三袁的"性灵说"。

汤显祖的"唯情论"，独道"情"字："世总为情，情生诗歌。"他把情感视为写作的根本，并以戏剧写作实践贯彻之，具有鲜明的反礼教色彩。

公安三袁的"性灵说"，提倡"独抒性灵，不拘格套，非从自己胸臆流出，不肯下笔"。他们讲的"性灵"即作者的"个性"，是"情性"的发展和扩大。他们视"性灵"为写作之本，打破了拟古的格套，进步意义是不言而喻的。

（二）文章必根乎性情

桐城派的"性情论"正是在上述历史基础上形成的。

姚鼐在《复鲁絜非书》中提出的"阴阳刚柔说"，是从文章本原角度谈"性情"："藕闻天地之道，阴阳刚柔而已。文者，天地之精英，而阴阳刚柔之发也。惟圣人之言，统二气之会而弗偏……"乍观之，似乎倒退了，回到了《白虎通》的观点上，其实不然，《白虎通》是从哲学角度谈人"性情"的来源，姚鼐则是从写作角度谈写作者具备的先天条件，是《白虎通》观点在写作研究中的发展、延伸。姚鼐还指出："其得于阳与刚之美者，则其文如霆，如电，如长风之出谷，如崇山峻崖，如决大川，如奔骐骥；其光也，如杲日，如火，如金镠铁；其于人也，如凭高视远，如君而朝万众，如鼓万勇士而战之。其得于阴与柔之美者，则其文如升初日，如清风，如云，如霞，如烟，如幽林曲涧，如沦，如漾，如珠玉之辉，如鸿鹄之鸣而入寥廓；其于人也，漻乎其如叹，邈乎其如有思，暖乎其如喜，愀乎其如悲。"这段文字生动、形象，文采斐然。姚氏对"性情"表现的"审美描述"，是他对"性情论"的独特贡献。

与方、刘"二祖"相比，姚鼐的理论更为系统。他把刘氏的"神气—音节—字句"发展为"神理气味格律声色"之"文形论"；将方氏的"义法说"提升为"义理、考据、辞章"之"作者—修养论"；同时还直陈己见，提出以"阴阳刚柔"为中心的"作者—性情论"，补方、刘之不足，从而确立了桐城派文论体系，功不可没。

姚鼐之后，"姚门四弟子"又给予"性情"以新的内涵。值得注意的是方东树的"有我说"和梅曾亮的"肖我说"，方氏认为："诗中须有我。"梅氏说："古人之作肖我。"他们推崇写作者的个性，构筑了独具特色的"性情论"。一是"因时""立吾言"。梅氏指出："文章之事，莫大乎因时。立吾言于此，虽其事之至微，物之甚小，而一时朝野之风俗好尚，皆可因吾言而见之。"即作者应以"小我"见时代之"大我"，"吾言"要具有时代性。因为"文不能经世者，皆无用之言，大雅君子所弗为也"。二是文如其人。在梅氏看来，"见其人而知其心，人之真者也；见其文而知其人，文之真者也"，而"真也，古人之作肖我"，他强调"我"的真实性。由此可知，方、梅"性情论"的核心是时代性与真实性统一的"我"。

方、梅之论不同于魏晋南北朝的"性情论"。前者指作者感受社会时的"性情"，即能见"一时朝野之风俗好尚"的"社会之情"；后者指作者感受自然时的"性情"，即"遵四时以叹逝，瞻万物而思纷"的"自然之情"。

方、梅之论又有别于李贽、公安三袁的"性情论"，前者讲"真我"与"时我"（时代之"大我"的统一，后者则只讲"独抒性灵"的"真我"。

方、梅之论与姚鼐的"性情论"不同，前者从后天（时代）角度谈"性情"，后者从先天（阴阳刚柔）角度论"性情"，前者是对后者的发展、补充。

方、梅之论与众不同，是有其时代原因的。1840年的鸦片战争，使中国沦为半殖民地半封建社会。古老帝国的衰落，重创了国人的民族自尊心，痛惜、绝望，表露了他们复杂的心境。面对"国破家亡"的现状，一些有识之士，如龚自珍、魏源"力矫时弊，砥砺才志，留心实务"，以此"经世"。道光初年，魏源代替贺长龄编纂《皇朝经世文编》，其书名就反映了这一点。"经世"成为知识界的时尚，从这个角度看，方、梅应变，尚实，乃时代使然。

方、梅之论分明也承袭了桐城二祖方苞、刘大櫆的观点。

如前文所言，方苞之所以"学行继程朱之后"，是因为他认为"程朱之学""讲世务，以备天下国家之用"。刘大櫆也认为："作文本以明义理，适世用……"方东树指出："夫文亦第期各适一世之用而已。"梅曾亮说："文章之事，莫大乎因时。"不难看出，方、梅之论继承了二祖的观点。

因此，方、梅所言的"性情"，不是洒脱的自然"性情"，不是率真的"性灵"，不是本于天地的"阴阳刚柔"之"性情"，而是关乎时世的"一己之性情"。

至桐城派后期，"性情论"日臻完善。其标志是姚永朴的《文学研究法》专设"性情"一章，明确提出了"文章必根乎性情"。其主要观点有二，具体如下。

1. "性情乃可著之天下后世"

他说："苟不能见其性情，虽有文章，伪焉而已，奚望不朽哉！"而"自成一家"，"能自树立"，不"依傍他人之辞"，"足传于后"。在他看来，文章能否传世，关键是"性情"。姚氏之论，顾有见地。文章的价值主要在于独特性——阐先哲之未发，道时贤之未语；如果人云亦云，"依傍他人之辞"，文章也就失去了独立存在的必要性。而他说的"性情"，就是指作者"自成一家"，"能自树立"不"依傍他人之辞"个性。姚永朴的"各肖其人之性情"、林舒的"为文当肖自己"亦是姚氏"个性说"的佐证。显然，"性情即个性"是桐城派后期文家的共识，它较之"性情即个体情感"更为宽泛。

2. "性情""彼此不必不能相似"，"必独有资禀、独有遭际，独有时世"

他一方面继承了姚鼐的"先天性情论"与方、梅的"后天性情论"，指出了"性情"形成的先天因素（资禀）和后天时代因素（时世）；另一方面又独抒己见，点明了"性情"形成的后天个人因素——独有的遭际，这一点对"独有""性情"的形成至关重要。忽略了它，就无法解释为什么处于同一时世、资禀相近的两个人却有不同的"性情"，足见姚氏立论公允、周全。

袁枚云："诗者，人之性情也。""诗言志"是"言诗之必本乎性情也"，初观之，似与姚氏的"文章必根乎性情"相同，其实相去甚远。

从特征上看，袁氏的"性情"是指人的自然"性灵"。用他的话说："诗人者，不失其赤子之心者也。"即这种"性情"天真烂漫，脱俗不凡。姚氏的"性情"是"成一家之言"的性情，旨在扬名天下，传之后世；务实，功利性强。

从内容上看，袁氏的"性情"是一种闲适之情，即"好味，好色，好葺屋，好游，好友，好花竹泉石，好珪璋彝尊、名人字画，又好书"。姚氏的"性情"则是"时世"之性情，他说："至于时世所值，与文章更有莫大之关系。凡切于时世者，其文乃为不可少之文；若不切者，虽工亦可不作。"可见，这与袁氏不关"时世"的"闲适"性情大相径庭。

（三）即古人之法度，以写一己之性情

至于如何表现"性情"，桐城派文家也做了扎实的探讨。他们认为，表现"性情"的步骤有二：一是"摹拟"；二是"脱化"。"夫摹拟者，所以求古人之法度也"，"乃初学不可不历之阶级也"。对此姚鼐讲得更为透彻："近人每云作诗不可摹拟，此似高而实欺人之言也，学诗文不摹拟，何由得人？……若初学不能逼似，先求脱化，必全无成就，譬如学字而不临帖，可乎？"这为初学者昭示了"学文之门径"，至今仍有指导作用。它对那些"莫肯研术"的"趋新"者来说，无疑是"当头棒喝"，真可谓"论文之要言"！因此，姚永朴深有感触地说："有志学文者，其始必求与古人相似，而不能不从事于摹仿。"

曾国藩说："作文宜摹仿古人间架。……扬子云为汉代文宗，而其《太玄》摹《易》，《法言》摹《论语》，《方言》摹《尔雅》，十二箴摹虞箴，《长杨赋》摹《难蜀父老》，《解嘲》摹《客难》，《甘泉赋》摹《大人赋》，《剧秦美新》摹《封禅文》，《谏不许单于朝书》摹《国策·信陵君伐韩》，几于无篇不摹。……作文作诗赋，均宜心有摹仿，而后间架可立，其收效较速，其取径较便。"他说的"古人间架"即写作基本格式，是"古人之法度"的具体化。今天我们为了使写作者写什么像什么，强调要掌握常用体式的"基本型"，而"基本型"就是曾氏的"间架"。从这个意义上讲，曾氏之见，皆中肯綮，他点明了"写作之要诀"，十分可贵。

然"其继又必与古人不相似，而不可但以摹拟为工"，因为"摹拟而与古人太相似，究不可谓非文章之病，故不能不求其脱化也"，这是很有道理的。文章必根乎性情，而"取古人之陈言——而摹仿也"，"似则失其所以为我"，乃"近代"文章之病。而"文字成，不见作者面目，则其文可有可无"，故"其始必与古人合，其后必与古人离"。

"脱化者，所以是一己之性情也。""将我之性情、识解、学问运入，当其下笔，若不知有李、杜然，兹乃妙矣。"正所谓"由化而变，乃成家数"。概言之，"脱化"就是把作者的个性"融入""法度"中，以达到"未尝不似而亦未尝似"之佳境。桐城派的"摹拟—脱化论"分明是承袭刘勰的"通变说"而来的。

在刘勰看来，"文律运周，日新其业，变则其久，通则不乏"。他讲的"通"，指"参古定法"；"变"指"望今制奇"。"通变"即"会通适变"。

而桐城派的"摹拟"指"求古人之法度"，"脱化"指"见一己之性情"，"由化而变"。显然，"通"与"摹拟"，"变"与"脱化"的"内实"是一样的。

但也必须看到，差异是存在的。桐城派将刘勰的"参古定法"直接明确为"求古人之法度"，把"望今制奇"具体化为"见一己之性情"，"由化而变"，从这个角度讲，桐城派是有发展的。就表述而言，"通""变"有些"抽象"，而"摹拟""脱化"则较为"具体""通俗"。

桐城派的"摹拟—脱化论"对后世影响很大。它较为认真地描述了模仿与创新的关系，揭示了学习写作的基本规律。不过，桐城派的"即古人之法度，写一己之性情"亦有局限。他们视"法"为"定法"——仅仅限于"古人之法度"，忽视了"法"的"多变性"，这种"静止观点"是不可取的。

（四）"性情论"述评

"性情论"是中国古代写作理论独具特色的重要组成部分。

"性情论"的演变轨迹是：性情（秦汉）→情性（魏晋南北朝）→性情（明清至近代）。概念的演变反映了其内涵的深刻变化。从"性情"至"情性"，表明由"人的本性、一般情感"转变为"个体情感"；从"情性"至"性情"，并非回到了秦汉时的"性情"，而是由"个体情感"延伸到"个性"。"个体情感"指个体对体内事件的知觉；"个性"指每个人所特有的心理——生理性状（或特征）的有机结合，包括遗传的和后天获得的成分，它使一个人区别于他人。换言之，即个体独具的各种特质或特点的总体。可见，"个性"的内涵比"个体情感"要宽泛得多。

长期以来，论及"性情"，学界多言袁枚的"性灵说"，不谈桐城派的"性情论"，这是不公允的。其实，两种"性情论"各有千秋：袁枚倡导的是一种率真、闲适的"自然性情"；桐城派主张的是一种尚实、关乎"时世"的"社会性情"。且就系统性而言，后者高于前者。

当然，古代科学尚未昌明，没有心理学、思维学做"参照系"，古人对"性情"的认识是从"一己"体验出发的；其描述是"感悟式"的，并未企及科学的"理论层次"。从今天的角度看，桐城派的"性情论"有些"粗疏"。尽管如此，它毕竟总结了一条不易的写作法则，即"文章必根乎性情"。

三、中国古代"文气论"

（一）"气"与中国文化

"气"是中国文化的核心范畴。它集中表现了古代中国人对世界本体的"观照"。据此，有些学者指出，中国文化是"气的文化"。这是颇有见地的。

哲学的"易穷则变，变则通，通则久"之生生不已的宇宙观，宗教之儒、道、佛相互交融的多元性，史学的"究天人之际，通古今之变"的宏通之识，中医学的阴阳五行学说、经络学说，建筑的"群体气势"，雕塑的"瘦骨清相""圆满丰腴""匀称多媚"，书法的"骨气洞达"，绘画的"气韵生动"，文学的"风骨""气象"……无不浸染了"气"。

据考证，早在殷周甲骨文和青铜器铭文中就有了"气"字。作为哲学范畴，它是指事物的本原。《易·系辞下》云："天地姻蕴，万物化醇。"《文子·自然》亦曰："气者，生之元也。"《论衡·自然》亦曰："天地合气，万物自生。"在古人看来，天地的阴阳二气交融，万物则普遍化生。它也指人的本原。"气，生之充也"；"气，身之充也"。他们视"气"为贯注人全身的内在之力。显然，古人把"气"作为生命之本。他们以"气"论文，则表露了强烈的"生命意识"，呈现了与西方文论迥然不同的风貌。

作为文章之"气"，可析之为三：作者之气、创制之气和文本之气。由此可推演出"文气论"的三个部分：着眼于作者的"养气说"、关乎创制的"行气说"和立足文本的"神气说"。

（二）养气说：玄神宜宝　素气资养

"养气"之说肇端于孟子："我知言，我善养吾浩然之气。"所谓"浩然之气"，即"至大至刚，以直养而无害，则塞于天地之间"的人格之气。故宋人朱熹注曰："至大，初无限量。至刚，不可屈挠。盖天地之正气，而人得以生者，其体段本如是也。"朱氏之言，可谓深得孟子思想的精髓。孟子认为，人的本性是善的。人之所以为人，就在于他能自觉地培养"浩然之气"。"得其所养……则其本体不亏而充塞无间矣。"作为人，就可坦然地立于天地之间。孟子把"浩然之气"视为"理想人格"的标志，其出发点是"性善"道德观。尽管他并未专论作者之"气"，但他的"养气说"是后来"文气说"的本原。就此而言，孟子的先导之功是不可磨灭的。

曹丕的《典论·论文》首次以"气"论文："文以气为主，气之清浊有体，不可力强而致。譬诸音乐，曲度虽均，节奏同检；至于引气不齐，巧拙有素，虽在父兄，不能以移子弟。"他说的"气"当然不是孟子讲究品德修养的"浩然之气"，而是"为文之气"。其内涵是作者独具的先天禀赋。依曹氏之见，"气"有清（豪迈的阳刚之气）、浊（沉郁的阴柔之气），不是人为能达到的：父亲无法传给儿子，哥哥也无法传给弟弟，"气"具有与众不同的独特性。作者之"气"是通过文章表现出来的："应玚和而不壮"，"刘桢壮而不密"，"孔融体气高妙，有过人者"，"徐干时有齐气"。

曹氏论文"主气"与"魏晋时尚"有密切关系。当时儒家从正统位置跌落下来，失去了先前的"光环"，被它禁锢的人性觉醒了。觉醒首先体现在对生命本体的观照。曹操的"对酒当歌，人生几何"，阮籍的"人生若尘露，天道邈悠悠"，刘琨的"功业未及建，夕阳忽西流，时哉不我与，去乎若云浮"，都抒发了一种性命短促、人生无常的哀伤。然而，在这些"生命悲歌"里，也听到了他们心灵深处对人生的眷恋、生活的渴求……

觉醒也反映在人物品评上。刘劭的《人物志》是论人的"千古绝作"。他提出"圣贤之所美，莫美乎聪明。聪明之所贵，莫贵乎知人"的主张。品评时，他重个性气质，认为"人可以貌相"："柔明畅贞固之征，著乎形容，见乎声色，发乎情味，各如其象。"且不求全责备："观其征之所短，而其材之所长可知也。"这种强调人气质个性的"人论"为曹氏"文气说"奠定了理论基础。

在理论方面，觉醒则表现为"文的自觉"。在他们眼里，文章不再是"经夫妇，成孝敬，厚人伦，美教化"的工具——儒家伦理政治学的附属，而应是"人当道情"的独立载体。不难看出，"魏晋时尚"就是关注人的生命、气质个性、情感——以"人"为本。正是在这种时尚的熏染下，生成了曹氏重个性的"文气说"。从此，"气"就成为中国文章理论的核心范畴。

刘勰的《文心雕龙》专章研讨了"养气"。他的"气"不是孟子的"浩然之气"，也不是曹丕的个性之"气"，而是由作者生理因素和心理因素共同组成的临文状态。他提倡"玄神宜宝，素气资养"，是因为"钻砺过分，则神疲而气衰"，对作者身心产生不良影响："精气内销，有似尾闾之波；神志外伤，同乎牛山之木。"而"神之方昏，再三愈黩"，则文思"钝""塞"，怎能"利""通"？只有"率志委和"，才能"理融而情畅""此性情之数也"。黄侃指出："养气谓爱精自保，与风骨篇所云诸气字不同。……而求文思常利之术也。"这是很有见地的，符合刘氏"为文之用心"。至于如何养气，刘氏谈了三点：一是"积学以储宝，酌理以富才，研阅以穷照，驯致以怿辞"，加强"根本功夫"的修养；二是"清和其心，调畅其气"，使作者处于"疏瀹五藏，澡雪精神"的虚静状态；三是"烦而即舍，勿使壅滞"，以保证文思通畅。刘氏的"养气说"具体、翔实。从根本上讲，他的"养气"，旨在以"根本功夫"为基础，培养一种由体力、情绪、心境等诸多生理、心理因素所构成的最佳临文状态。

范文澜先生谈"养气篇"时指出："彦和论文以循自然为原则，本篇大意，即基于此。"此可谓"知言"。在刘氏看来，"心生而言立，言立而文明，自然之道也"。他的"自然"，不是自然界之自然，而是"自然而然"的意思；他的"道"，是指"人有思心，即有语言，既有语言，即有文章"的规律。"自然之道"即"心→言→文"之自然而然的规律。它贯串《文心雕龙》全书。以"文术论"视之，每篇表现的"自然之道"各有所重：《神思》重在"神用象通，情变所孕"的运思之道；《定势》重在"以本采为地""并总群势"的定势之道；《比兴》重在"触物圆览，拟容取心"的比兴之道；《附会》重在"弥纶一篇，使杂而不越者也"的布局之道；《总术》重在"乘一总万，举要治繁"的秉术之道……而《养气》则重在"清和其心，调畅其气"的养心之道："志于文也，则有申写郁滞；故宜从容率情，优柔适会"，"意得则舒怀以命笔，理伏则投笔以卷怀，逍遥以针劳，谈笑以药倦，常弄闲于才锋，贾馀于文勇……"。亦即作者为文应从容不迫，顺其自然，保持充沛的体力，培养旺盛的精神，这才是"养气"的"自然之道"。同时，刘氏严厉指责了"钻砺过分"的做法："若销烁精胆，蹙迫和气，秉牍以驱龄，洒翰以伐性，岂圣贤之素心，会文之直理哉！"这种"且或反常"的做法，"驱龄""伐性"，有悖于"自然之道"。"是以秉心养术，无务苦虑；含章司契，不必劳情也。"如是观之，刘氏的"养气说"实质是其"自然之道"在临文状态问题上的反映。

尽管刘氏的"养气说"否认"苦思"有其片面性（清人吴曾祺、今人朱光潜已意识到这一点），但它立足文章本体，且阐释较为系统，是应予以充分肯定的。

唐人韩愈也十分重视"养气"。他在《答李翊书》中指出："气，水也；言，浮物也；水大而物之浮者大小毕浮。气之与言犹是也，气盛则言之短长与声之高下皆宜。"他特别强调作者"气盛"对文章句式、声调的决定作用。他认为，欲"蕲至于古之立言者"，作者要加强自我修养："养其根""加其膏"，因为"根之茂者其实遂，膏之沃者其光晔"。具体地讲，一曰"征圣"。"非圣人之志不敢存"，"行之乎仁义之途"。二曰"宗经"。"始者，非三代两汉之书不敢观"，"游之乎诗书之源"。此二者是"终吾身"的修养。以此观之，他的"不可以不养"之"气"，不是曹丕的个性之气，也不是刘勰的"临文状态"，而是讲究儒家道德修养的"仁义之气"。就其实质而言，它是承孟子"浩然之气"而来；与后者不同的是，它没有泛论人的修养，而是专论作者韩氏"气盛言宜"之说是有针对性的。当时文坛依然流行着六朝骈文的浮华文风——过分注重词藻的华丽、音律的和谐、句式的对称，不利于抒写性情，甚至以辞害意。对此，韩氏倡导先秦两汉的古朴文风，名为复古，实为纠浮华之偏。在他眼里，作者只有以先圣为师，做"仁义之人"，才会有充沛的"气"；而"气盛"，就可以自由地行文——根据"气"来调配句式的长短、声调的高低——以散行单句、自然的音律"破"骈体，籍辞达意。由于他的鼓吹、实践，开创了唐代文章创制的新风。

韩氏"养气说"是桐城派"因声求气"之学文理论的滥觞。然其中"仁义之人，其言蔼如也"的道德化文章观也有不容忽视的负面作用——片面夸大了道德对文章的影响。道德与文章固然有联系，但"文品"未必都表现"人品"。

（三）行气说：因声求气 敛气蓄势

上述"养气说"是就作者讲的，桐城派的"行气说"则转向了文章创制，探讨创制时如何行气。

他们指出："是文章之雄奇，其精处在行气"，"行气为文章第一义"。因此，"古文之法，全在气字上用功夫"。一曰"因声求气"。"因声求气"不仅是阅读、鉴赏的理论，也是指导作文的理论。它是行气的"首术"和"大端"。刘大櫆云："盖音节者，神气之迹也"；"学者求神气而得之于音节"。刘氏发挥了韩愈的"气盛言宜"之说，为"因声求气"奠定了坚实的理论基础。所谓"因声求气"，是指作者创制文章之前从节奏（音节）入手探求古人之"气"。这里的"气"即运思路线。"气不可以不贯"，"譬之车然，意为之御，辞为之载，而气则所以行也"，气具有连贯性、流动性；但气又不像作为"形骸"的"章法"那样显露，故不具可视性。严谨地说，气是贯穿于创制之中的隐性运思路线。对此后人多有阐发。陈冠宇认为，气"即文中脉络条理是也。文中之气，犹电报之电路，虽无形状可见，却有脉络可寻"。他强调气是一种隐蔽性的存在。朱光潜讲得更实在："所谓'思路'并无若何玄妙，也不过是筋肉活动所走的特殊方向而已。……中国人论诗文的模仿，向来着重'气'字。……文人所谓'气'也还只是一种筋肉的技巧。"气是一种思维走向，可以模仿。朱先生对"因声求气"做了生理描述。裴显生主编的《写作学新稿》则对"气"做了明晰的界定："'气'即'文气'，就是贯通于一篇文章之中的一般内在的逻辑力量，亦即'思路'。"这些精到之见，可视为"气"之含义的明证。

在操作上，姚鼐主张："大抵学古文者，必要放声疾读，又缓读"，"急读以求其体势，缓读以求其神味"，"深读久为，自有悟入"。这就能"兼收古人之具美，融会于胸中，无所凝滞，则下笔时自无得此遗彼之病已"。那种"不知声音""但能默看"者，"终身作外行也"。这是姚氏的"声音证入说"。他从音节的疾徐角度谈了怎样"因声求气"。梅曾亮则由苏洵、罗台山的"讲读书"，引出了"坐诵说"。他认为："欲得其气，必求之于古人，周、秦、汉及唐、宋人文，其佳者皆成诵乃可。""端坐而诵"，"诵之则入于耳"，"且出于口，成于声，而畅于气"，使我之气与古人之气"浑合而无有间也"。梅氏尤重朗诵，从音高角度阐述了"因声求气"的原理及其旨归，较之姚氏的"声音证入说"更清晰。方东树也像姚、梅二人那样推崇"口诵"："夫学者欲学古之文，必先在精诵。"不过，他更重视"心读"："沉潜反覆，讽玩之深且久，暗通其气于运思置词迎距措置之会，然后其自为之以成其辞也。"这是方氏的"沉潜说"。他突出强调"精诵"之后要用心揣摩古人之声气，较之姚、梅的口诵之论又深入了。

"曾门四弟子"之一的张裕钊对"沉潜说"也做了论述："其始在因声求气……必讽诵之深且久，使吾之心与古人欣合于无间，然后能深契自然之妙，而究极其能事。"张氏指出，"讽诵之深且久"，就能使"吾之心"与古人相融会，进而作文便能"深契自然之妙""极其能事"——"因声求气"就进入了创制。曾国藩集姚氏暨诸家因声求气说之大成，提出了"朗诵·恬吟说"："高声朗诵，以昌其气"，"得其雄伟之概"；"密咏恬吟，以玩其味"，"探其深远之韵"。只有"二者并进"，"古人之声"才能"拂拂然若与我之喉舌相习"，写作时便有"句调凑赴腕下"。曾氏既谈"高声朗诵"之"口诵"，又重"密咏恬吟"之"心读"；既讲阅读时"古人之声"与"我之喉舌"相习，又言创制时"句调凑赴腕下"。他的因声求气之说"擘肌分理，唯务折衷"，比桐城派其他文家的观点更为圆通。

从生理角度看，桐城诸家的"口诵"是言之成理的。声音有一定的节奏，如快慢（音速）、长短（音长）、轻重（音势）、高低（音高）。当朗诵文章时，发音器官为了适应声音的需要，会模仿声音的节奏，随着后者的变化而活动。声音高昂，发音器官的活动则高昂；声音舒缓，发音器官的活动也随之舒缓。吟诵久了，声音节奏就会在发音器官上留下痕迹，如刘大櫆所言："我之神气即古人之神气，古人之音节都在我喉吻间，合我喉吻者，便是与古人神气音节相似处。"作者下笔时，发音器官便顺着这个痕迹活动，"久之自然铿锵发金石声"。

从心理角度说，桐城诸家的"心读"也有一定道理。每种事物的表现，都具有力的结构，"像上升和下降、统治和服从、软弱与坚强、和谐与混乱、前进与退让，等等基调，实际上乃是一切存在物的基本存在形式"。心理世界与声音是不同的，但它们的力的结构是相同的。喜悦与高亢，都属于"上升"型；悲哀与低沉，则属于"下降"型，正因为如此，朗诵者的内心活动与声音节奏能够相互对应，产生"异质同构"。这种同型对应，使朗诵者"沉潜反覆"，"密咏恬吟"，"深契自然之妙"，"自为之以成其辞也"。

"因声求气"注重"音节"（节奏），符合汉语的特点。与西语不同，汉语是单音节文字，并有"四声"（阴平、阳平、上声、去声）的变化。因之，汉语写作特别讲究音节美——音节的整齐与错落、声调的抑扬顿挫、音韵的回环往复。桐城派论文重"声"，突出了汉语富有节奏感的特征。

"因声求气"是桐城派独具特色的重要理论。它倡导通过音节（节奏）寻求"文气"，暗合了学文规律，具有启发性。就此而论，"姚氏暨诸家因声求气之说，为不可易也"。

二曰"敛气蓄势"。曾国藩说："文之迈往莫御，如云驱飙驰，如马之行空，一往无前者，气也。……所谓'笔所未到气已吞者'势也。"气势，即作者在创制中表现出的旺盛精神及其不可阻挡的趋向。因而，"论气不论势不备"，"文之雄健，全在气势"。

既然如此，为什么还要"敛气蓄势"？

从表层看，如果"势不蓄""一往无余"，"则读之亦易尽"，"行气之力必将衰竭，"故当济以顿挫之法"。从深层看，文章写作讲究"弹性""张力"。良好的"文章图式"是二元对立因素（如情与景、主与宾、一与多、进与退、集与散、虚与实、浓与淡、顺与逆、纵与擒、伏与应、开与阖、疏与密、繁与简等）的统一。"敛气蓄势"之"收""缩"与"行气"之"放""伸"恰好形成一个富有弹性和张力的"图式"。而"收"是为了"放"，"缩"是为了"伸"——"收""缩"的"外在走向"与"行气"相反，其"内在趋力"却是指向"放""伸"。"收""缩"得越紧，"放""伸"之反向趋力也就越大。内部张力拉大了，气势则非但没有减弱，反而增强。这就是"敛气蓄势"的深刻动因。

依据桐城派的观点，"敛气蓄势"的具体方法主要有两种。一种是"顿挫之法"，又称"顿笔"。即"横断不即下，欲说又不直说，所谓'盘马弯弓惜不发'"。其旨在"息养其行气之力也"。它是"小小停蓄"，"非力疲而委顿于中道者比"。唐彪《读书作文谱》中的"关锁"即是此法。另一种是"逆笔"。"凡文字，用顺笔便平，用逆笔便奇。""气欲前而势欲逆，必处处取逆势而气乃盛，二者交相为用也。……势胜而后气盛。"这表明"势"只有逆向而行，气才能盛。

"敛气蓄势"符合文章写作的辩证法，有助于作者达到作文之"醇境"。

"行气说"是桐城派对中国古代"文气论"的独特贡献。它由"因声求气"和"敛气蓄势"组成。从写作实践看，"因声求气"是行气的基础；"敛气蓄势"是行气的关键。

第二节　汉语言文学创作的审美特征

王国维说："文学中有二原质焉：曰景，曰情。前者以描写自然及人生之事实为主，后者则吾人对此种事实之精神的态度也。"王氏的"景"指客观之"物"，其"情"指主观之"心"，这二者的确是文学创作的"原质"，但他却忽略了文学的第三"原质"——辞。如果没有"辞"，即便情景交融，文学也只是作家头脑中的"内文本"（潜文本），不是"外文本"（显文本）；缺少了"辞"的"物化"，文学就没有了它的"存在"，哪里还谈得上与读者的对话、交流！因此，刘勰讲得好："物沿耳目，而辞令管其枢机。枢机方通，则物无隐貌……"（《文心雕龙·神思》）"辞"显然是文学创作中由"内"（心物交融）向"外"（文）转换的关键。也正因为如此，笔者认为，文学有"三原质"焉：曰物，曰心，曰辞。这三者是文学的"大端"。

而汉语文学创作的审美特征，集中表现在对物、心、辞三者的独特美学要求上。状物，则"以形写神"；写心，则"以物显心"；用辞，则"以文饰言"。

一、汉语文学创作的审美特征之一：以形写神

"以形写神"是东晋画家顾恺之提出来的。意思是说通过形似的描写来达到传神的目的。"以形写神"的观念形成与玄学思想影响下的人物品鉴有直接关系。六朝时期人物品鉴已由"汉

代相人以筋骨"转向了"识鉴在神明"的"神鉴"："物生有形，形有神精；能知精神，则穷理尽性。"（刘劭《人物志》）"神"是抽象的，所以要借形显神："夫色见于貌，所谓征神。征神见貌……"由此与人物"神鉴"相关的概念也应时而生：神气、神明、神色、神姿、神俊、神情、神怀、神意……这种人物"神鉴"波及到人物画上，就产生了"以形写神""传神写照"的观念——进而延伸到文学创作领域。

"以形写神"能成为汉语文学创作的一个显著特征，与汉民族的思维方式有关。汉民族讲究"中庸之道"，不偏不倚，表现在文学上就是推崇"擘肌分理，唯务折衷"的"圆照思维"，反对"各执一隅之解""东向望而不见西墙"的"偏狭"——"极端思维"。因之，尽管历史上出现过主"形似"和贵"神似"两种偏向，可主流始终是形神并重、以神为主的"以形写神"论。正如李泽厚所言："中国古典美学的范畴、规律和原则大都是功能性的。它作为矛盾结构，强调得更多的是对立面的渗透与协调，而不是对立面之间的排斥与冲突。"而"以形写神"正是反映了两个对立面的"渗透与协调"，体现了"圆照"思维的精髓——恰如其分地把握了形与神之间的"度"。它与西方"模仿说"强调外部的理论实在是大相径庭。

"以形写神"，就大的方面说，要把握两点：

1. 生动描写被表现对象的外形特征

苏轼在《传神记》中有精彩的论述："凡人意思，各有所在，或在眉目，或在鼻口。……优孟学孙叔敖抵掌谈笑，至使人谓死者复生，此岂举体皆似，亦得其意思所在而已。""各有所在"的"意思"，神也；眉目鼻口，形也。"神"是寄寓在"形"之中并借"形"显现出来的。只有写出"形"的特征，才能传达被表现对象的独特之"神"，即"得其意思所在"。

写人，主要是抓住能反映其个性、精神状态的容貌、服饰特征。据《世说新语》记载，顾恺之画裴楷的像，在他的脸颊上添了三毛，则使人感到"益三毛如有神明"。显然，顾氏认真地研究了裴楷，找到了表现他"俊朗有识具"之神的"形"——颊上三毛，故顾氏说："此正是其识具。"《水浒》第三十七回写李逵也用了传神之笔："不多时，（戴宗）引着一个黑凛凛大汉上楼来，宋江看见，吃了一惊。"李贽认为："只三字，神形俱现。"金圣叹则分析得更为细致："画李逵只五字，已画得出相。'黑凛凛'三字，不惟画出李逵形状，兼画出李逵顾盼、李逵性格、李逵心地来。"的确如此，作者只用三字，不仅写出李逵"黑汉子"之形，也写出了他坦诚、率直、"旁若无人，不晓阿谀"的英雄气概。现代汉语文学作品也不乏其例。如《围城》对鲍小姐的描写："她只穿着绯霞色抹胸，海蓝色贴肉短裤，漏空白皮鞋里露出涂红的指甲……那些男同学看得心头起火，口角流水。"这里主要是通过鲍小姐"出格"的装束（形），表现她卖弄风骚的个性（神）。同时这也为鲍小姐勾引方鸿渐，主动"投体"于后者之"怀"埋下伏笔。

许多作家、学者十分推崇"画眼睛"，甚至把它视为"以形写神"的首选方法。其实不然。眼睛固然是心灵的窗户，"画眼睛"如果画得好，确实能收到"传神"的效果。但它毕竟是传神的诸法之一，不是唯一。传神的关键不在于是否写了眼睛，而在于是否写出特点。如果写不出特点，"画眼睛"也无济于事。怎么能只片面强调"画眼睛"呢？

写物，也要抓住能反映事物本质的特征。丘迟的劝降信《与陈伯之书》，巧妙地捕捉了江南春色的特征："暮春三月，江南草长，杂花生树，群莺乱飞。"从而勾起了陈伯之对故国的思念，使之率兵归降。朱自清的《绿》则是现代汉语文学中状物传神的佳作。作者"惊诧于梅雨潭的绿"，以生花之笔描写了"醉人"的绿："仿佛一张极大极大的荷叶铺着，满是奇异的绿呀。……她又不杂些尘滓，宛然一块温润的碧玉，只清清一色——但你却看不透她！……仿佛蔚蓝的天融了一块在里面似的，这才这般鲜润呀！"作者以荷叶喻其形，以碧玉喻其色，以蓝天喻其鲜，多角度地展现了绿的"奇异"，收到了"传神写照"的审美效果。

2. 形象刻画被表现对象的动态特征

春秋代序，物有其容。事物总是不断地变化，并呈现出不同的状貌。作品如果能描摹被表现者的动态特征，则会使它们栩栩如生，更具神韵。

《诗经》对"硕人"的描写一向为文家所称道，正得益于此："手如柔荑，肤如凝脂，领如蝤蛴，齿如瓠犀，螓首峨眉，巧笑倩兮，美目盼兮。""手""肤""领""齿""螓首"五句细致入微地写了硕人之美，重在摹形；而"巧笑""美目"二句则传神地写出了她的"动之美"——尤其是"倩""盼"二字，就像画龙点睛一般，使"纸上的美人"宛然在目。用朱光潜的话说："所写的不是静止的美而是流动的'媚'。"

程嘉燧的《青楼曲》也善于描绘人物的动态特征："当垆少妇知留客，不动朱唇动翠眉。"少妇欲留客人饮酒，却没有从"朱唇"说出，而是由"翠眉"传出，妙笔如画。"动翠眉"三字是诗人的匠心所在：既委婉地表达了"当垆少妇"的心迹，又画出她含情脉脉的风韵，且配之以未启的"朱唇"，色彩鲜丽，相映生媚。

动态特征不仅体现在人物神态的变化上，也反映在人物的行为举止上："良尝闲从容步游下邳圯上，有一老父，衣褐，至良所，直堕其履圯下，顾谓良曰：'孺子，下取履！'良愕然，欲殴之，为其老，强忍，下取履。父曰：'履我！'良业为取履，因长跪履之。父以足受，笑而去。良殊大惊，随目之。父去里所，复还，曰：'孺子可教矣，后五日平明，与我会此'"老者自随其履，命张良为之取、穿，是在考察他能否"忍小忿而就大谋"；张良"下取履"，"长跪之"，表明他能有所"忍"，故老者认为"孺子可教矣"。司马迁是以"下取履""长跪之"的动态之"形"（行为）传张良忍辱负重之"神"（性格），给读者印象很深。《儒林外史》中严监生临死前伸出两个指头的细节，更是让读者永远难忘。严监生"喉咙里痰响得一进一出"，却"总不得断气，还把手从被单里拿出来，伸着两个指头"。大侄子以为他有两个亲人没见，他"把头摇了两三摇"，二侄子认为他有两笔银子没有交代，"他把两眼睁的溜圆，把头又狠狠摇了几摇，越发指得紧了"。奶妈猜他挂念两位舅爷，"他听了这话，把眼闭着摇头，那手只是指着不动"，只有妻子赵氏"晓得"他的意思——"你是为那灯盏里点的是两茎灯草。不放心，恐费了油，我如今挑掉一茎就是了。"说罢挑掉一茎，严监生这才"点一点头，把手垂下，登时就没了气"。这段描述令人"拍案惊奇"：一个行将就木者，居然忧虑两根灯草费油的小事，恐怕天下找不出第二个如此吝啬之徒！作品的成功正在于把严监生的吝啬具象化为一个细节——伸出两个指头，不肯断气，构成了意味深长的"焦点时刻"，从而获得了"永久的艺术魅力"。

"以形写神"是汉语文学状物的终极美学目标。它要求作者在创作中"穷形尽神"，力戒"遗形取神"和"以形写形"两种倾向，以收到"令读者目眩神夺，魂醉神迷"的"接受"效果。

二、汉语文学创作的审美特征之二：以物显心

西方"表现论"者认为，文学是作家主观心灵的表现，即是作家内心某种情感的"外溢、宣泄或喷涌"。他们重"心"轻"物"——强调"心灵的裸露、呈现"，反对侧重"外物再现"的"模仿说"，走到了另一个极端。尽管"表现论"和"模仿说"在理论上是对立的，可其思维方式却是相同的："各照隅隙，鲜观衢路。"结果都犯了"过犹不及"的毛病。而汉语文学家则"圆鉴区域"，没有各执一端的片面，恰当地掌握了"心"与"物"之间的分寸：既不"就心写心"，也不"就物写物"，而是"以物显心"。

以物显心，是指作者选择物象来表现其心灵。汉语文学家选择"以物显心"，客观上有其合理性。如果直接抒写心灵（以心写心），不赋予心灵以读者普遍接受的有效审美形式，那只是纯粹个人意义的"主观宣泄"，缺乏打动他人的审美感染性。"你发怒并不能使别人跟你一样愤怒，你悲哀也并不能使别人也悲哀。""主观发泄感情并不难，难就难在使它具有感染别人的客观有效性。"（李泽厚《华夏美学·美在深情》）这就要求作者必须寻找能表现主观心灵的客观物象——"把你的主观情感予以客观化、对象化"，以获得"感染别人的客观有效性"；只有这样，作者生活中的"个人情感"才转换为文学上"能使人感受到、体会到"的"审美意象"。因此，刘大櫆说："理不可以直指也，故即物以明理；情不可以显言也，故即事以寓情。"

从写作实践看，"以物显心"主要有三种形式。

（1）心灵外射。即作者把自己或作品中人物的主观情感"投射"。

在客观物象上，使后者"人格化"，以此显露作者或人物的心灵。前人讲的"情变所孕""因情染景""以我观物，物皆著我之色彩"是也。其特点在于：通过对客观物象的"主观改造"，使之成为作者"心灵载体"，心物交融，构成具体、生动的审美意象，达到"以物显心"的目的。杜甫的"感时花溅泪，恨别鸟惊心"就是典型的心灵外射。花本不会流泪，鸟也不会伤心。诗人把强烈的"国破"之感"外射"到花、鸟上，使它们染上了人的"情感色彩"，故而"花溅泪""鸟惊心"两句折射了杜甫的内心世界。王实甫《西厢记》第四本第三折也有"因情染景"的"绝妙好词"："晓来谁染霜林醉，总是离人泪。"多情自古伤离别。作者为了渲染崔莺莺送张生的离情别绪，而以"霜林"写之；一个"醉"字，把"霜林"之红"人格化"，委婉、曲折地刻画了崔莺莺"长亭送别"时的心态——"最苦离别，最难离别，最重离别，最恨离别"。

（2）物象暗示。即作者用某种或某几种物象来暗示自己或人物的心灵。前人讲的"神用象通""景中情""以物观物，故不知何者为我，何者为物"是也。它不像"心灵外射"那样将客观物象"主观化"，而是借助物象与心灵的相似点，以物象来象征特定时空下作者或人物

的心态。马致远的《天净沙·秋思》，选取了十个萧疏的"秋天物象"——枯藤、老树、昏鸦、小桥、流水、人家、古道、西风、瘦马、夕阳，暗寓"断肠人"的"天涯沦落"之感，真正做到了"悲喜亦于物显"。陶渊明的"采菊东篱下，悠然见南山"，明写采菊，实则借采菊之所见，含蓄地流露诗人超脱、闲适、回归自然的恬淡心境。虽"语有全不及情而情自无限"，妙在"心隐于物"也。《西厢记》写崔莺莺送张生也有两句"妙文"："马儿慢慢行，车儿快快随。"初看是写马、车，主观色彩不明显，实际暗藏崔莺莺的心迹。金圣叹批道：

右第四节，二句十字，真正妙文……盖昨日拷问之后，一夜隔绝不通，今日反借钱别图得相守一刻。若又马儿快快行，车儿慢慢随。则是中间乃自隔绝，不得多作相守也。即马儿慢慢行，车儿慢慢随，或马儿快快行，车儿快快随。亦不成其为相守也。必也，马儿则慢慢行，车儿则快快随。车儿既快快随，马儿仍慢慢行。于是车在马右，马在车左，男左女右比肩并坐，疏林挂日，更不复夜，千秋万岁，永在长亭。

金氏的剖析十分透辟。马左车右，暗喻男左女右；马慢车快，影射夫行妇随，终身相守。一马一车，委婉地写出了崔莺莺"又稚小、又苦恼、又聪明、又憨痴，一片的微细心地"。由此可见，两句妙就妙在用马、车之物象暗示崔莺莺的"微细女儿之心"，而不是"直写"或"心灵外射"。"景语"其实是"情语"。

（3）乐哀互衬。即以欢乐、喜悦的物象表现悲哀、忧愁和以悲哀、忧愁的物象抒写欢乐、喜悦。也就是王夫之说的"以乐景写哀"和"以哀景写乐"（《姜斋诗话·诗绎》）。它强调的是相辅相成——通过乐与哀的互相反衬，给读者留下较之相辅相成的正衬更为深刻的印象——"一倍增其哀乐"。

以乐景写哀。《诗经·小雅·采薇》说到战士出征之苦，则以"乐景"衬之："昔我往矣，杨柳依依。"战士被迫离家，已黯然神伤；而"杨柳依依"的芳春美景则把战士的悲伤反衬得更加突出。李煜的《望江南》也是以乐写愁："多少恨，昨夜梦魂中，还似旧时游上苑，车如流水马如龙，花月正春风。"词人昔日"游上苑"的欢乐梦境，与他今天沦为阶下囚的困境，形成强烈的反差。而这种繁华"乐景"的描述，正表露了他失落、无奈、旧梦难圆的凄楚心态。"以乐景写哀"不仅用在诗词等抒情型作品，也见于叙事型作品中。现代著名的女作家萧红的微型小说《失眠之夜》就是一例。作者先写"悲情"："我"因为"故乡的思虑"而失眠，"烦躁，恶心，心跳，胆小，并且想要哭泣"。尔后她用大量的笔墨渲染家乡的可爱："蓝得有点发黑"的天，"像银子做成的""像白色的大花朵似的"云，"海涛似的绿色的山脉"，马、羊、骆驼、鱼，好吃的高粱米粥和盐豆，石片烤鱼，羊肉嫩片粉，骑驴赶集……东北的富饶美丽、风土人情令人神往。作品以"乐景"写"哀情"是大有"深意"的：日本人占领了东北，国破家亡，"我"怎能不"烦躁"进而"想要哭泣"呢？显然，"乐景"所反衬的绝不是一般的思乡之情，而是隐含着深深的"国恨"。

以哀景写乐。《诗经·小雅·采薇》写到战士返乡，则以"哀景"衬之："今我来思，雨雪霏霏。"战士回来，满心欢喜；而"雨雪霏霏"的恶劣天气则把战士回家的喜悦反衬得更加鲜明。郁达夫的《西溪的晴雨》则是现代作品"以哀写乐"的典范。文章先写"乐情"："秋源和我就主张微雨里下西溪，好教源宁去尝一尝这西湖近旁的野趣。"接着笔锋陡转，写了"哀景"："天色是阴阴漠漠的一层，湿风吹来，有点儿冷，也有点儿香，香的是野草花的气息。车过方井旁边，自然又下车来，去看了一下那座天主圣教修士们的古墓。从墓门望进去，只是黑沉沉的，冷冰冰的一个大洞，什么也看不见，鼻子里却闻吸到一种霉灰的阴气。"寻"野趣"的"乐情"与古墓的"哀景"对比强烈，同时也逗引读者的阅读欲望："野趣"安在？

以乐景写哀和以哀景写乐是有一定生活依据的。"当吾之悲，有未尝不可愉者焉；当吾之愉，有未尝不可悲者焉。"乐哀互衬正是生活复杂性、多样性的反映。

三、汉语文学创作审美特征之三：以文饰言

以文饰言，即用文采来修饰语言。

语言，指"任何口述或书面的言辞话语"。它一向为中、西文学家所重视。西方形式主义者强调文学语言与普通语言的对立性，视文学语言自身为重点，研究它的语音、节奏、韵律、诗节形式等，注重"语言本体"；汉语文学家也讲究语言，但其出发点是"语言功能"，更多地关注语言对文本内容、读者的作用。

在汉语文学家看来，语言有两种形式：一种是"发口为言"的口头表达，即"说的语言"；另一种是"属翰曰笔"的"书面表达"，即"写的语言"。后者源于前者，但与前者不同："说话时信口开河，思想和语文都比较粗疏；写诗人时有斟酌的余暇，思想和语文都比较缜密。"而文学主要是用"写的语言"，其目的在于宣事明理、状物陈情。为了使表达更充分、生动，对读者更具吸引力，因而讲究语言的文采。不但如此，有文采的语言具有更长久的生命力，所谓"言以文远"；反之，"言之无文"，则"行而不远"。这是"文采所以饰言"的缘由。汉语文学家自觉追求"以文饰言"，使之成为汉语文学创作的重要审美特征。

刘勰在《文心雕龙·情采》中指出："故立文之道，其理有三：一曰形文，五色是也；二曰声文，五音是也；三曰情文，五性是也。"这里他清晰地介绍了"以文饰言"的三种途径：以形文饰言、以声文饰言和以情文饰言。

以形文饰言。即用色彩构成的形文来修饰语言。大体相当于刘勰讲的"窥意象而运斤"。朱自清的《温州的踪迹》在描述《月朦胧，鸟朦胧，帘卷海棠红》画时，就注意"以形文饰言"：

上方的左角，斜着一卷绿色的帘子，稀疏而长……帘子中央，着一黄色的，茶壶嘴似的钩儿——就是所谓软金钩么？"钩弯"垂着双穗，石青色；丝镂微乱，若小曳于轻风中。纸右一圆月，淡淡的青光遍满纸上；月的纯净，柔软与平和，如一张睡美人的脸。从帘的上端向右斜伸而下，是一枝交缠的海棠花。花叶扶疏，上下错落着，共有五丛；或散或密，都玲珑有致。叶嫩绿色，仿佛掐得出水似的；在月光中掩映着，微微有浅深之别。花正盛开，红艳欲流；黄色的雄蕊历历的，闪闪的。衬托在丛树丛绿之间，格外觉得娇娆了。枝欹斜而腾挪，如少女的一只臂膊。枝上歇着一对黑色的八哥，背着月光，向着帘里……

这是一幅绝妙的"文字月鸟海棠图"。值得称道的是，多种色彩组成的形文，给这段文字

增添了美感：绿色的帘子，黄色的钩儿，石青色的双穗，纯净的月，嫩绿的叶，红艳欲流的海棠花，黄色的雄蕊和一对黑色的八哥。色彩斑斓，令人产生"境生象外"的审美联想。郑振铎的《海燕》也讲究色彩的搭配：

天上也是皎洁无比的蔚蓝色，只有几片薄纱似的云，平贴于空中，就如一个女郎，穿了绝美的蓝色夏衣，而颈间却围绕了一段绝细绝细的白纱巾。我没有见过那么美的天空！

作品以女郎蓝色夏衣喻天空，以白纱巾喻轻云，蓝白相间，表现了云天的清丽、秀美。两篇作品都以形文饰言，但风格不同：《温州的踪迹》色彩繁富；《海燕》则色彩简约。

以声文饰言。即用声律构成的声文来修饰语言。就是刘勰说的"寻声律而定墨"。汉语诗文的声律主要涉及两个问题："和"与"韵"。"和"指不同声调配合而形成的抑扬之美，即"异音相从"；"韵"指收声相同的音前后呼应而形成的回环之美，即"同声相应"。而"和"与"韵"有机结合，相辅相成，就构成了汉语诗文语言形式的音乐美。如杜牧的《赤壁》：

折戟沉沙铁未销　平仄平平仄仄平

自将磨洗认前朝　仄平平仄仄平平

东风不与周郎便　平平仄仄平平历

铜雀春深锁二乔　平仄平平仄仄平

诗中的平仄式就是"异音相从"之"和"；"销""朝""乔"就是"同声相应"之"韵"。而平仄的抑扬美和同韵的回环美之统一，使该诗的语言形式具有了音乐性，这就是"以声文饰言"。现代自由诗并不要求平仄相间，尾韵相同；可如能自觉地追求音乐美，其诗往往是脍炙人口的佳作。如戴望舒的《雨巷》（第一段）：

撑着油纸伞，独自　平仄平仄厌，平历

彷徨在悠长、悠长　平平仄平平、平平

又寂寥的雨巷　仄仄平仄仄仄

我希望逢着　　仄平仄平仄

一个丁香一样的　平仄平平平仄厌

结着愁怨的姑娘　平仄平仄仄平平

诗人讲究平仄搭配，注意尾韵相同（"巷""娘"），使全诗有"和"有"韵"，富含音乐美。由于该诗有较高的审美价值，戴氏声名鹊起，被誉为"雨巷诗人"。平心而论，自由诗如果太"自由"了，无拘无束，甚至"大喊大叫"，既不符合汉语诗歌的写作规律，也破坏了"诗美"。怎样把握好"自由"与"规矩"之间的"度"，值得今天过分追求"散文化"的诗人认真地反思一下。

以情文饰言。即以性情构成的情文来修饰语言。鲁迅的《为了忘却的纪念》第五部分，集中体现了"以情文饰言"：

我又沉重地感到我失掉了很好的朋友，中国失掉了很好的青年，我在悲愤中沉静下去了，不料积习又从沉静中抬起头来，写下了以上那些字。

……

不是年青的为年老的写纪念，而在这三十年中，却使我目睹了许多青年的血，层层淤积起来，将我埋得不能呼吸，我只能用这样的笔墨，写几句文章，算是从泥土中挖一个小孔，自己延口残喘，这是怎样的世界呢。夜正长，路也正长，我不如忘却，不说的好罢。但我知道，即使不是我，将来总会有记起他们，再说他们的时候。

……

先生以"性情笔墨"抒写了自己丰富的情感体验：为中国失掉了好青年、自己失掉了好朋友而悲哀；对夜一样黑暗、令人窒息世界的憎恨；无法忘却这些好青年的沉重；以及对"总会有记起他们"的将来的憧憬……这些复杂的感受已不是"形文""声文"所能修饰的，非"情文"莫属。鲁迅的确做到了"情动于中而形于言""为情而造文"。台湾陈启佑的《永远的蝴蝶》（以下简称《蝴蝶》）在写"我"对樱子遇难的感受时，也是"以情文饰言"的：

我缓缓睁开眼，茫然站在骑楼下，眼里裹着滚烫的泪水，世上所有的车子都停了下来，人潮涌向马路中央，没有人知道那躺在街面的，就是我的，蝴蝶。这时她只离我五公尺，竟是那么遥远。更大的雨点溅到我的眼镜上，溅到我的生命里来。

为什么呢？只带一把雨伞？

然而我又看到樱子穿着白色的风衣，撑着伞，静静地过马路了。她是要帮我寄信的，那，那是一封写给在南部的母亲的信，我茫然站在骑楼下，我又看到永远的樱子走到街心。其实雨下得并不大，却是一生一世最大的一场雨。

……

和《为了忘却的纪念》（以下简称《纪念》）一样，它也是写死者带给生者的悲哀；二者不同的是：《纪念》的悲哀是一种"沉重的悲哀"，且融入了其他的感受，比较丰富；《蝴蝶》的悲哀是一种"强烈的悲哀"，比较单一、集中。《纪念》采用直抒胸臆的方式，显中有隐，余味无穷；《蝴蝶》则融情于景（"我缓缓睁开眼……溅到我的生命里来"）和写幻觉（"然而我又看到……却是一生一世最大的一场雨"）——采用了变形的虚化手法。可见，二者都是"以情文饰言"，但"情文"的表现却各有特色。

"以文饰言"的终极目标是"文质彬彬"。无论是"质胜文"的重质观点，还是"文胜质"的尚文主张，都是片面的。尽管它们都曾在某个时期盛极一时，可从历史发展的大趋势看，它们从来不代表主流思潮。以上所谈的汉语文学创作审美特征，是就基本方面而言的。这三个特征相互关联，应该将它们作为一个整体来认识、把握。

第三节　汉语言文学结构论

结构对文学具有至关重要的意义。故此，李渔说："结构第一。"（《闲情偶寄》）本节试图通过中西文学结构观念之比较，探求汉语文学结构的审美特征。

一、中西结构观念之比较

中西文学都重"结构"，但对"结构"的认识却各有千秋，其区别大体上有三点。

1."结构"概念的属性不同

中国的"结构"是动词性概念。"至于结构二字，则在引商刻羽之先，拈韵抽毫之始。如造物之赋形，当其精血初凝，胞胎未就，先为制定全形，使点血而具五官百骸之势。"李渔论结构，清晰地表明了中国人的"结构观"：他所推崇的"结构"，不是已经完成（"书于后"）的"文本结构"，而是正在酝酿（"袖手于前"）的"作者结构"。"先为制定全形""点血而具五官百骸之势"等语句，刻意强调"结构"是一个动态的思维过程，具有前瞻性和某种生命性（他以生命形成来比喻结构），因此，中国的结构重心在"结构之思"（构思），不在"结构之体"（即李渔说的"格局"）。这在《闲情偶寄》中充分地表现出来：李渔"独先结构"，则"结构第一"，而"格局第六"，孰重孰轻，一目了然。这种动词性也反映在古代"结构"术语上——则更多的是"动宾组合"——如"谋篇""谋局""布局""布格""定体""运笔""附会"（附辞会义）等。

西方的"结构"是名词性概念。柏拉图认为："每篇文章的结构应该像一个有生命的东西，有它所特有的那种身体，有头尾，有中段，有四肢，部分与部分，部分与全体，都要各得其所，完全调和。"（《文艺对话集》）柏氏讲的"结构"显然是"物化"了的"文本结构"。他解析了结构的组成（头、尾、中段），点明了结构内部的协调性（完全调和），关注结构的完整、统一；尽管他以"生命"比况"结构"，可却是从"名词"角度（着眼于二者的组成）阐释其相似性，不是"动态的类比"。美国汉学家浦安迪在谈到"奇书文体的结构"时对此做了进一步的发挥：结构就是"外形"，"一种内在的形式规则和美学特性"，即"美学上和形式上的规定性"。无论"外形""形式规则"也好，还是"美学特征""规定性"也罢，从本质上说，它们都是浦氏对"结构"的"名词性界说"。柏、浦二人的看法是典型的西方"结构观"。由此可见，中国讲究动态的"作者结构"（前结构）；西方重视静态的"文本结构"（后结构）。其概念的性质是迥然有别的。

2."结构"的诠释不同

中国注重结构的功能。刘勰对"附会"的解释最具代表性："何谓附会？谓总文理，统首尾，定与夺，合涯际，弥纶一篇，使杂而不越者也。"刘氏的"定义"表露了中国人"尚用"的思维方式：不关心"结构是什么"，而重在解说"结构有什么用"。在他看来，"结构"主要有五个作用：一是总领文章条理，二是统贯首尾，三是决定取舍，四是连接文章的各部分，五是组织成一个整体，使内容文辞虽复杂丰富但不显纷乱。正因为刘氏突出"结构之用"，故称其结构理论为"功能结构论"。

西方则探究结构的自组性（规定性）。所谓自组性，指结构本身的有机性、整体性，即"结构之是"。亚里士多德在《诗学》中指出："里面事件要有紧密的组织，任何一部分一经挪动或删削，就会使整体松动脱节。要是某一部分可有可无，并不引起显著的差异，那就不是整体中的有机部分。"亚氏重视结构的内部组织——局部与整体的关系，追求"结构"的有机统一，反映了古希腊人崇尚"和谐"的审美理念。亚氏结构理论对西方文学创作产生了深远的影响。西方作品，尤其是长篇小说，十分注意"头身尾——以贯之的有机结构"。这种专注结构本体的理论，可视为"有机结构论"。

不难看出，在"结构"的诠释上，中国重在"结构"的"外部联系"（与义理、辞章的关系）；西方则探寻"结构"的"内部组织"。二者也有较大的差异。

3.结构的着力点不同

中国推崇"结构之法"。依据来裕恂《汉文典·文章典》所陈，中国的"结构之法"主要包括两个方面的内容。一是"章法"，即构段之法。包括"起法""承法""转法""结法"。如"浑起""直起""逆承""断承""翻转""层转""论结""叙结"等。二是"篇法"，即整体谋划之法。如"照应法""抑扬法""推原法""分总法""相形法""宾主法""借论法""推广法"等。讲"法"是对结构的"操作性"解读，是中国实用理性哲学的显现。

西方则崇尚"结构之形"。"形"指"模式""框架"。英国诗人柯勒律治把作品结构"一分为二"："模具形式"和"有机形式"。前者指作品的"外在模式"；后者指作品的"内在模式"。浦安迪则把叙事文学结构视作"外形""模式"。柯氏与浦氏的观点并不完全一致，可"本同而末异"：他们都把"结构"作为一种"形式"（形、框架），从"模式性"角度做整体解读，而不是把"结构"拆解为各种各样的"法"。

概括地说，中国谈的是"怎样结构"，视之为"手段"；西方讲的是"按什么样子结构"，视之为"模式"。这是他们的区别所在。

总之，中国的"功能结构论"，重"结构之思"，讲"结构之用"，尚"结构之法"；西方的"有机结构论"，研"结构之体"，求"结构之是"，崇"结构之形"。而中、西"分流"的原点是"结构"的"定性"。

二、汉语文学结构的审美特征

汉语文学结构富含音乐性——讲究节奏的变化；这是中国"动态结构观"的反映。就大的方面而言，其审美特征有三点。

（一）首尾相援

追求结构的"均衡"是中西共同的目标。然"同归"却"途殊"：西方是以"头身尾"有机统一的整体操作方式达成的；而中国却是通过"以点代面""举要治繁"来实现的——即通过对"首尾"两个"大端"的心营意造，使之遥相呼应，从而取得匀称和谐、浑然一体的审美效果。因之，中国文论家特别强调"首尾呼应"："统首尾""首尾周密""首尾圆合""首尾相应""首尾联络""首尾钩连"……甚至认为："惟首尾相援，则附会之体，固亦无以加于此矣。"

首（起、起笔、起句、发句）。开头是作者煞费苦心的地方，虽很难（"起句尤难"），可却必须写好。一是它关系到作品的"文气"是否通畅。"开手笔机飞舞，墨势淋漓，有自由自得之妙，则把握在手，破竹之势已成，不忧此后不成完璧。如在此时此际文情艰涩，勉强支吾，则朝气昏昏，到晚终无晴色，不如不作之为愈也。"李渔结合写作实践从正、反两个方面阐明开头的重要：如果"头"开好，则如行云流水，佳构必成；如果"头"开不好，则文笔艰涩，思路不畅，完璧难成。此时最好不写。鲁迅说"写不出的时候不硬写"也是这个意思。在某种意义上可以讲，开头对写作过程的影响是决定性的。二是它能否吸引人。作品是写给人看的，而进入人视野的首先是开头；开头能否引人入胜，使之产生"阅读欲望"，将直接关系到作品的"传播效应"。如果开头让人昏昏欲睡，兴味索然，这样的作品怎么会有人"读"下去？正因为如此，文论家们提出了"凤头论"（"凤头"即"起要美丽"）、"爆竹论"（"起句当如爆竹，骤响易彻"、"奇句论"（"开卷之初，当以奇句夺目"），其旨在要求开头就能抓住"潜在读者"，使之进入"显性的阅读状态"，成为忠实的"接受主体"。曹植"明月照高楼，流光正徘徊"的哀婉，王维"风劲角弓鸣，将军猎渭城"的劲健，欧阳修"环滁皆山也"的开阔以及刘禹锡"山不在高，有仙则名；水不在深，有龙则灵"的精警，无不触动读者的心弦，都是开篇的范例，确实做到了"使人一见而惊，不敢弃去"。

尾（收、收笔、结句）。结尾也是见作者功力的地方。所谓"为人重晚节，行文看结穴"。一是它关系到作品的"均衡"与完整。"虎头蛇尾"是行文的大忌，因为这使作品"失衡"和出现"残缺"，破坏了"首尾圆合"的结构美学原则。为了维护作品的"均势"与"圆满"，结尾更要着意"求工"，匠心独运，以此与开头"相援"。二是它关系到作品的"耐读性"。好的作品往往具有"言有尽而意无穷"的审美效果。而要获得这样的效果，其中很重要的一点就是在结尾上"用力"。文论家们主张的"豹尾论"（"豹尾"即"结要响亮"）、"撞钟论"（"结句当如撞钟，清音有余"）、"秋波论"（"临去秋波那一转，未有不令人销魂欲绝者也"）、"截马论"（"一篇全在尾句，如截奔马"）、"媚语论"（"终篇之际，当以媚语摄魂"，都是希望能留住读者，使作品具有"永久的艺术魅力"。杜牧"秦人不暇自哀，而后人哀之；后人哀之而不鉴之，亦使后人而复哀后人也"的悠长韵味，贾谊"仁义不施，而攻守之势异也"的画龙点睛，秦观"两情若是久长时，又岂在朝朝暮暮"的直抒胸腹以及范仲淹"先天下之忧而忧，后天下之乐而乐"的举目慨然，无不浸染读者的心灵，皆为收尾的典型，它们使读者"执卷流连，若难遽别"。

（二）明断暗续

"明断暗续"一向为中国文人所青睐。林纾说："魏叔子之论文法，析而为四：曰伏、曰应、曰断、曰续。"并视之为作文的"要诀"。其实，"断"是为了使"文势""错综尽变"，引起读者的期待心理（"极力摇曳，使读者心痒无挠处"，"闪落读者眼光"）；它不是"真断"，是"叙别事以间之"的"似断"，因为作品中有一个贯穿全篇的文脉。而好的结构应该是"天衣无缝"，不留痕迹，因此，文脉"无形"，神化不测，"阴引而下"，故曰"暗续"。

（三）虚实组合

虚与实是中国美学中的重要问题。画家认为"虚实相生，无画处皆成妙境"；书家讲究布白，要求"计白当黑"；文家也主张"虚实相济"，且尤重"避实就虚"，即所谓"古人作文，善用虚写，以免板实，学者不可不知"。这里"虚"指侧面描述，"实"指正面描述。结构的"虚实组合"，目的是使作品具有对比性、弹性，从而获得曲折变化之美。其组合主要有两种情况："化实为虚"和"虚实互映"。

化实为虚。即从侧面渲染、烘托被表现对象。"睹影知竿""烘云托月""烟霞·草树论"（"山之精神写不出，以烟霞写之；春之精神写不出，以草树写之"）都是这个意思。其妙处在于拓展读者的审美想象空间，收到"不着一字，尽得风流"的艺术效果。《三国演义》中的"温酒斩华雄"就是"化实为虚"。作者没有正面表现关羽如何神勇，而是从"众诸侯"的反应（"如天摧地塌，岳撼山崩，众皆失惊"）来写，当关羽提着"以勇气闻于诸侯"的"华雄之头"时，作者又旁着一笔："其酒尚温"。这一笔表明交战时间之短，使关羽勇猛无敌的英雄形象跃然纸上；至于交战过程则由读者自己去猜想，余意不尽。"化实为虚"的要领是"目注彼处，手写此处"。（金圣叹《读第六才子书西厢记法》）如果以实写实，则"质实"有余，而少"空灵"，神味索然。

虚实互映。即虚写和实写的连用。虚实互映能使作品富于变化，曲折地表现写作对象，把"结实"和"空灵"统一起来。《老残游记》第二回写白妞说书，就是亦"虚"亦"实"。作品先借"挑担子的""铺子里的"店员、行人、"茶房"之口极力渲染白妞说书如何好的情景，到了下文，却插入了另一件事：杭州的一位亲戚送"我"一大包新书，"给我打开了心灵的窗"。此事似乎与父亲教导"我"不相干，是"断"；但"很久以后"，"我"向亲戚表达谢意时，才知道那一大包新书是父亲托交的，原来还是父亲"启蒙"了"我"，这才"续"上。正如刘熙载所言："明断，正取暗续也。"（《艺概》）

汉语文学结构的审美特征，从根本上说，源于中国的二元思维模式。《易·系辞上》云："一阴一阳之谓道。"阴阳的对立、互动、合一是变化的基本规律。

其中"阴阳对立性的存在"是变化的前提；二者"互动"是变化的过程；由此产生的"结合体"是变化的结果。这种思维模式深深地浸染了中国的书法、绘画、建筑、音乐、文学，左右着人们的认识。

汉语文学的"首尾""断续""虚实"正反映了这种二元思维模式。"阴阳对立"转化为"首尾相援"的均衡性；"阴阳合一"则显示为"明断暗续"的联结性；"阴阳互动"则呈现出"虚实组合"的互补性。而作品一旦实现了结构的均衡、联结、互补，也就达到了"弥纶一篇""杂而不越"的圆融境。

第四章 汉语言文学教学研究

第一节 当前教学中存在的问题

汉语言文学不论是在古代还是如今，都是一门非常重要的学科。中国母语的传承和发展促使我们无法不正视汉语言文学教育这一重要课题。汉语言文学教育的好与坏直接影响到学生对汉语的掌握程度和对中华传统文化的继承优劣。当前我国汉语言文学教育确实存在不少亟须解决的问题，如汉语言文学教师专业素养的不平衡、课程体系的松散、汉语言文学教育理念的不清晰、教学与运用的脱节等问题都普遍存在。这些问题如不及时解决，将会导致汉语言教育的诸多困难和阻碍，所以本章将从这些问题着手，通过分析这些现存的问题，再进一步提出一些解决措施，力图使更多的人能对汉语言文学教育的问题有一些清醒的认识，从而将中国优秀传统文化和优良作风以及博大精深的汉字发扬出去。

一、汉语言文学教育中存在的问题

无论是哪类学科，一定或多或少存在一些问题需要我们去发现和解决，汉语言文学当然也不在其外。从古代的儒家经典教育到现在的新课标改革，随着时代的变迁，汉语言文学也在不断更新中。下面就从几个主要方面来探讨汉语言文学中存在的问题。

（一）汉语言文学教师队伍方面的问题

首先，是汉语言文学教师队伍方面的问题。教师是汉语言文学教育中的实施者，也是其中的一个不可缺少的主体。汉语言文学教育的传达和讲解都需要教师来进行，因而语言文学教育的成功与否与教师密不可分，而教师队伍的表现则直接影响着汉语言文学教育的质量。在当前的语言文学教育中存在这样一些问题：不少教师缺乏专业的语言文学素养，教学水平参差不齐，甚至许多教师依旧运用传统落后的教学模式和教学方法进行教学，这样就势必导致课堂的沉闷和学生的厌烦，无法提高学生学习汉语言文学的兴趣，也达不到教学的目的。

其次，部分教师教学策略方面也存在不少问题，课堂上学生与老师缺乏学习互动与交流，学生学习积极性不高，进而导致排斥语言文学教育等现象出现。在不少初中、高中以及大学课堂上，我们经常会遇到这样一些情况：教师上课滔滔不绝，一味地对书本知识进行传授，而学生的反应大都比较消极，睡觉、玩手机、讲小话等现象屡见不鲜。语言文学的教育实质上是语言的教育，语言的教育说到底就是与学生交流沟通的过程，教师的滔滔不绝与一味传授严重影响到学生的思维能力和独立思考能力，而学生缺乏表现的机会和互动的机会，从而对其语言口语产生严重的制约。在教师队伍方面还存在这样一个问题，即教师的专业素养和教学技能良莠不齐，甚至有许多语言文学教师的职业素养相当欠缺。有些学校因师资力量的缺乏，致使许多教师身兼多职，同时担任多门课程。语言文学因其本身的独特性和普遍性，相对其他学科而言更容易上手，因而就造成许多非语言文学专业的教师进入语言文学教学的队伍，这一部分教师缺乏专业的语文教学技能和语文专业知识，教学策略也采取传统的教学模式，这也是制约语言文学教育的一个因素之一。

最后，教师的职业修养也各自不同。有些教师缺乏必要的职业修养，上课不注重自己的言行举止，对不好的一面也不加节制，而学生的行为和语言很容易受教师的影响和潜移默化，长此以往，不仅与语言文学教育的目的严重相违背，对学生的其他方面成长也势必造成不良的影响。

（二）学生方面存在的问题

学生是学习的主体，也是教育的主要接受者和继承者，学生学习的质量和学到的知识多少直接关系到教育的成功与否。针对现在汉语言文学教育中存在的诸多问题，反映到学生身上则表现为学生的学习积极性不高、参与程度不够、对汉语言文学教育意识淡薄、自我文学修养不扎实。一方面，是学生的参与度问题。正如上文提到的，很多学生认为语言文学是一门不重要的课程，因为其容易掌握，且我们从出生开始就接触汉语，所以导致部分学生对这门课程出现态度不端正、闲散或怠慢等现象。这样的学习态度必然会导致语言文学教育的无法进行和难以传达。由于语言文学本身的特性，有些学生又急功近利，想在短时期内在这门课程上有所提高，一旦无法达到目的时，就会出现一些负面情绪，从而抵制或反感语言文学教育。其实语言文学是一门需要长期坚持的课程，其进步和成效在短时期内难以凸显，这就更需要学生的不懈坚持才能看见效果。另一方面，也有一些学生对语言文学缺乏兴趣，也不爱阅读这方面的作品和书籍，这就导致其语言文学素养贫乏，对语言文学教育也极为不利。

（三）其他问题

就目前我国语言文学教育的实际情况来看，除了教师队伍和学生学习方面存在的问题，其他如社会、家庭、学校方面也存在不少值得反思的地方。从社会方面来看，有些地方，尤其县级、乡级或是相对贫困的地方，其教育水平存在很大差异，除了教师队伍的缺乏外，其地方对语言文学也不够重视，甚至有些地方政府拨款极少，对教育的投入量也极少，导致教材供给不足、教学设备不齐全、教师水平不专业等。这些因素不仅影响了教育的普遍性，而且使得语言文学这门独特的需要长期奋斗的学科陷入一个异常尴尬的境地。其次，社会对语言文学的重视程度也影响到语言文学教育质量的优与劣。从家庭方面来说，父母的教育也存在一些问题。有些家庭本身语言文学素养就不高，再加上现存的教育体系制度，致使许多家庭的教育偏向于更具有实用性和功利性的科目，并且在这方面的投入也更多，而对于语言文学这一科目，家长的重视程度却呈现一种相对忽视的情况，平时也不注重对孩子人文知识的培养，甚至在孩子看课外读物和文学作品时加以训斥和制止，这些在一定程度上也成为语文教育的一个绊脚石。而从学校方面来说，课程体系的设置、考核体制的设计、教学的设计和教学设备等方面也存在一些问题。由于社会就业和需求等问题，很多高校对于语言文学这门课程也不够重视，将课时安排得很少，有些高校甚至直接忽视这门课程，这就致使语言文学与实际相脱离，学生实践能力缺乏，汉语言文学的教学目的也就无法有效实现。

针对这些问题以及语言文学教育的现状，笔者想在这里提几点简单的建议，希望能够对语言文学的教育有一定的帮助作用，避免中国的传统文化和语言陷入一个更尴尬的境地。

二、解决措施

首先，针对教师队伍的良莠不齐等状况及问题，可以通过一些外在的和内在的方式进行改善和提高。关于教师职业素养的缺乏问题，我们可以进行专业的技能和职业素养培训，真正使教师体会到使命感和责任感，以及作为一名语言文学教师应该注意的方面，真正做到言行举止符合自己的专业特点。在知识水平方面，可以通过校方的培养和自身的努力，通过学习、看书以及思考等形式，增加自己的专业知识和专业技能，精心设计好每一堂课，使学生真正能够参与课堂，对语言文学产生浓厚的兴趣。

其次，是学生接受教育方面，面对一些学生的懒散和兴趣的缺乏，教师应该及时与学生沟通，以及组织各类活动来培养学生的兴趣。如可以进行小组语文文学知识竞赛、组织学生采风写感想等形式。而学生自身也应当摆正自己的学习态度，语言和文学是一门存在于日常生活中的课程，学生应予以重视和尊重。对于平时文化的积累，可以通过阅读和写作等方式来提高和加深。

最后，从社会家庭以及学校方面存在的问题来看，全社会都应该动员起来学习语言文学。中华文化的博大精深历来被世界各国所称赞，学汉语热的兴起也使不少外国人喜欢上中华的语言和文化，作为一个中国人，则更应该有责任和使命把自己的语言文学学好。在家庭方面来说，父母也应该重视对孩子这方面的教育，可以组织家庭活动或者家庭读书日等，跟着孩子一起学习。学校也要采取相应的措施对这一问题进行解决，对课程设置采取适当的方式，对教材的挑选也要符合学生的学习特点和兴趣，同时可以引进一批多媒体设备和先进专业的教师队伍，以确保这些外部环境能够促使学生更加热爱语言文学。

（一）重点做好教育理念的培训工作，使得汉语言文学教学的指导思想得到统一

教育理念是广大教师在深刻领会教育工作实质的前提下产生的有关教育的基本观点以及信念。汉语言文学有四个方面的教育理念：提升学生的语文素养；准确把握语文教育的核心；努力提倡协作、自主以及探究的学习方法；构建开放而又充满活力的语文课程体系。对于这种指

导性的纲领，广大教师必须系统而全面地进行学习，在准确掌握大的发展方向的基础上，必须遵循理念指导汉语言文学的教学工作，而并非在肤浅的学习过后，根据以往的教学经验，随意制定教学方法。汉语言是一门基础性的课程，其教学工作应当更加遵循教学改革的理念，在统一的教学指导思想下，根据具体实际制定切实可行的顺应汉语言文学发展趋势的对策。

目前有不少教师为了适应课改的趋势，发明了一些独具特色的教学方法，取得了一定的效果，这种创新发展汉语言文学教学观念的可行性还有待检验。

（二）掌握汉语言文学教学的实质，制定切实可行的教学方法

针对汉语言文学教学的实质说法众多，事实上汉语言文学教学的本质是以言语为核心的一种教学活动，工具性是其最主要的特征，符号性以及人文性是其辅助的特征。尤其是在教学改革的情形下，汉语言文学教学中的工具性就显得愈加重要，努力培养学生以语言作为工具，有效运用到实际生活以及工作过程中是其关键所在，而并非在应试教育中通过考试、升学，唯分数论成败，所以，教师的首要职责是根据汉语言文学教学的基本特征，制定科学可行的教学方法。

应试教育下教学的根本目的就是为了考试成绩，主要体现在考试分数的高低。教师教学的本质是为了学生能够取得好成绩，分数是根本，对学校而言升学率则是教学的根本目标。而通过教学改革的汉语言文学教学本质应当是提高学生的文学素养、思维能力等，由之前有形的表现形式转化为有着极为深刻内涵的内在无形的形式，按照这种本质转变来制定科学可行的教学法，做到有的放矢。比如目标教学法，让学生成为学习的主人，在教师的指导下，充分调动学生的主观能动性，学生在学习过程中能获得享受，提高他们的学习效果，教师围绕教学目标开展导向性的教学活动，学生围绕教学目标进行多样化探究式的学习。

（三）确定理论指导实践的教学思想，将教学法的研究在实践教学过程中得到有效运用

许多教师理论研究的能力很强，熟悉各种教学策略，对各种理论如数家珍，同时发表了不少论文、成果，然而在实践教学活动中效果并不明显，主要原因在于理论的研究与实践教学活动相互脱离，片面地对教改理念进行解读，制定的理论方案不切实际，不重视知识的实用性，这样肯定无法获得明显的教学成效。汉语言文学教学绝不能空口白话，教学方法必须通过长期的教学实践才能形成，只有通过长期教学实践，才能找到最适宜的教学方法。汉语言文学教学的传统根基非常深厚，能够汲取的教学经验也是非常丰富的。同时要想在新时代汉语言文学教学改革过程中不断取得新的进步，教师必须在教学实践活动过程中根据学生所反馈的情况，不断进行分析与总结，才能够取得良好的效果。教师必须在全面分析与总结实践教学经验的基础上，根据所教学生的具体实际制定科学可行的教学策略，才能切实发挥教学策略的实际价值。

俗话说，万丈高楼平地起。汉语言文学教学方法的探索与研究，绝对不可凭空想象，只有深入领会教改的教育理念，准确掌握汉语言文学教学的本质，在教学实践过程中反复分析、不断总结与提炼，才能归纳出适应汉语言文学教学发展趋势的教学方法。汉语言文学的教学改革是一场持续改进的工作，不会有终结的时候，必须以发展的眼光才能顺应时代发展的需求。

通过对语言文学教育存在的问题的探讨和加强措施的提出，希望在一定程度上能够改善语言文学教育的现状，同时也能将中华民族的传统文化发扬出去，把中国语言的魅力散发出去。

第二节　文化教学的必要性

一、语言与文化的关系

语言是人类特有的信息交流工具。它与制造工具的劳动一样，是区别人和其他动物最重要的特征。它首先是一种社会现象，是社会交际的工具。语言和社会有着密切的关系，语言随着社会产生而产生，随着社会的发展而发展。每一种语言都是在具体、特定的社会、历史环境中产生和发展起来的，每一种语言中的形象意义都是在自己独特的历史、社会条件和民族风俗语境下形成的。与语言的发展很相似，文化也是社会发展到一定阶段的产物，各民族的文化既有共性，又有个性。共性来自人类共有一个客观的大自然，对于大局的认识基本相同，而个性则是由于各民族所处的小环境不尽相同、民族区域生态环境不同、文化积累和传播方式不同、社会和经济生活不同等，从而产生了文化的不尽相同和各个民族文化的鲜明个性。因此，语言与文化的关系，包含语言的文化性质和语言的文化价值两方面内容。语言的文化性质指语言本身就是一种文化现象，是文化总体的组成部分，是自成体系的特殊文化；语言的文化价值是指语言包含着丰富的文化内容，是体现和认识文化的一个信息系统。也就是说，语言与文化既是部分与整体的包含关系，又是形式与内容的制约关系。一般来说，语言属于制度文化的层次，但一切文化知识又都是靠语言来记载与传播的，即使是属于文化物质层次的现象，也只有通过语言的命名和阐释才有意义。这主要是因为语言是文化的一个组成部分，文化包括了语言。文化社会学认为，文化涉及人类生活的各个方面，任何人类社会都离不开文化，而语言只是构成文化大系统的要素之一。语言是语义结合词汇和语法的体系。词汇是语言的基础，词汇的核心是语义，而语义又是文化的一种体现。语义反映了人们对客观世界独特的认识和态度，记载了该民族历史发展过程中长期积累下来的根深蒂固的生活方式、传统习惯、思维方法。不同的语言社团各有独特看待世界的方式，形成了各自个性化的语言。同时，他们的语言为我们提供了理解他们文化系统的线索。

语言作为文化的一部分，又是文化的镜像反射，它忠实而全面地反映出民族文化的特征。反过来，一个民族的文化必然体现在其语言的各个层面上，即语音、词汇、语法、语义和语用等。透过一个民族的语言层面，展现在眼前的乃是这个民族绚丽多彩的文化形态。索绪尔在《普通语言学教程》中曾举过一个很好的例子，"语言还可以比作一张纸，思想是正面，声音是反面"，其中，思想是指文化观念，声音就是表达该文化观念的语言符号。语言与文化的关系，也正是这种声音符号与文化观念的关系，它们就像纸的两面。通过分析语言的结构，可以分析阐述语言所反映的文化内容。

二、汉语教学中的语言文化因素

汉语言文化因素是与汉语教学关系最紧密的文化教学内容，包括语构文化、语义文化和语用文化。

（一）语构文化

语构文化是指词、词组、句子和话语篇章的构造所体现的文化特点，反映了民族的心理模式和思维方式。汉语结构最大的特点是重意合而不重形式，不是用严格的形态变化来体现语法关系和语义信息，而是除了遵照一定的结构规则外，只要在上下文中语义搭配合乎事理，就可以合在一起组成句子、语段。很多学者认为这与中国人善于概括、综合，以及从整体上把握事物而疏于对局部的客观分析和逻辑推理的传统思维方式有关。这种思维方式来源于作为中国文化一部分的传统思维方式。中国传统哲学思想的主要特点之一是"天人合一"的主客体统一观，强调人与自然客体的和谐、融合，注重对客观世界通过直觉体验领悟和把握，而不是把自然和客观世界看作是要与之争斗的对立面，进而从事物的内里进行冷静的客观剖析。这种文化心理反映到汉语的词、词组、句子和篇章结构上，就形成了不注重形式的标志、强调语言结构内部意义关系"意合"的特点。

汉语的意合性必然带来语言结构的灵活性和简约性，在构词上体现为非常灵活的词根复合方式。两个词根只要意义上能结合，就可按一定的句法关系组成新词。如"动"和"静"这两个语素本身是单纯词，采用并列方式合在一起就成了另一个合成词"动静"。而"动"又可以和别的语素通过不同的句法关系组合成"动物""动手""动心"等不同的词。汉语词类的功能也有很大的灵活性，造成大量的"兼类"现象。汉语句子由于主要由语义和语序来表达意义，因而词语位置也有很大的灵活性。如"苹果多少钱一斤？""苹果一斤多少钱？""一斤苹果多少钱？""多少钱一斤苹果？"，这几个句子语序不同，基本意思则一样。又如"三个人吃一斤饺子"与"一斤饺子三个人吃"；"衣服淋湿了"与"淋湿衣服了"等句子，只要从意义上总体把握，施动者与受动者的换位并不会产生歧义或误解。

综上所述，我们可以看到汉语有重意合、多灵活性的结构特点，但这并不意味着汉语无规律可言。与汉语结构科学性（规则系统）同时存在的还有其深厚的人文性，或者说仅用少数语言的语法概念和理论框架无法全面、准确地揭示汉语结构的规律。针对汉语结构的研究与教学，要充分考虑到汉语言文化背景知识的影响，找出真正能揭示汉语特点和规律的语言理论和方法。

（二）语义文化

语义文化指语言的语义系统，主要是词汇中所包含的社会文化含义，它反映了民族的心理模式和思维模式。这是语言中文化因素最基本、最大量的表现形式，也是语言教学中文化因素教学的重点之一。语义文化常常和词汇教学结合在一起。首先是汉民族文化中特有的事物和概念体现在词汇中，而在少数民族的语言中没有对应的词语，如不加解释，学生就难以理解。胡明扬先生又把它分为如下几类：受特定自然地理环境制约的词汇（如"梅雨""梯田"等）；受特定物质生活条件制约的语汇（如"四合院""炕"等）；受特定社会和经济制度制约的语汇（如"科举""农转非"等）；受特定精神文化生活制约的语汇（如"虚岁""黄道吉日""红娘"等）。此外还有很多汉语中特有的俗语和典故。

（三）语用文化

语用文化指语言用于交际中的语用规则和文化规约，是由不同民族的文化特别是习俗文化所决定的。语用文化是培养语言交际能力的主要内容，是对少数民族汉语教学中文化因素教学的重点。在问候与道别、道谢与道歉、敬语与谦辞、宴请与送礼等方面，少数民族与汉族的用词有很多不同，这类语用规则突出地体现了中国文化的和谐思想。

三、汉语教学中的文化教学原则

语言与文化相互依存、密不可分，是一个整体。要真正理解或研究一种文化，必须掌握作为该文化符号的语言；而要习得和运用一种目的语，必须同时学习该语言所负载的文化。对目的语的文化了解越多，越有利于语言交际能力的提高。但也不能过分强调文化教育，需遵循以下原则。

1. 要为语言教学服务，要与语言教学的阶段相适应

文化教学必须为语言教学服务，为培养语言交际能力的教学目标服务，这是由本学科、本专业的性质决定的。脱离语言教学的文化，不是本学科、本专业所需要的文化教学，也远远超过了本学科、本专业所承担的任务。文化教学要为语言教学服务，就必须与语言教学的阶段相适应，文化项目的选择也不能脱离语言教学阶段，要体现由浅入深、由近及远、由简到繁、循序渐进的原则，而且要适度，不能借题发挥、喧宾夺主，把语言课上成文化知识课。

2. 要有针对性

文化教学要针对学生在跨文化交际中出现的障碍和困难，确定应教的项目并做出解释和说明。

3. 要有代表性

中国幅员辽阔，人口多，汉民族分布广。汉文化也呈现多元化的倾向，南北之间、城乡之间存在着文化的差别。文化教学中所介绍的汉文化应该是主流文化。

4. 要把文化知识转化为交际能力

一般文化教学的目的是让学习者掌握有关的文化知识，而对学生的汉语教学中文化教学的目的就不仅仅是掌握知识，更重要的是把这些知识转化为跨文化交际中的交际能力，也就是能

正确理解语言中的文化内涵，自觉遵守社会规约。这就需要在教学中进行大量的练习与实践，掌握一定的策略。

四、汉语言教学中的文化教学方法

文化因素是语言的一个组成部分，文化知识是语言所负载的，那么文化教学的作用应该是把语言中已有的文化内涵揭示出来。文化教学的方法主要有如下几种。

1. 通过注释直接阐述文化知识

这一方法比较灵活简便，在语言学习的各个阶段都可以使用。开始甚至可以用学生的本民族语言来注释，随着学生汉语水平的提高，可逐渐用汉语注释。学生自己阅读，可以省去课堂上讲解的时间。

2. 将文化内容融汇到课文中去

课文本身就可以介绍某一文化习俗，学习语言的同时也就学到了文化，这是比较理想、效果较好的文化解释方法。如汉语言专业所学的"中华文化"课程就是以文化为纲、结合语言点教学的语言材料，在教学中取得了一定的成效。

3. 通过语言实践培养交际能力

在课堂中引进有关文化项目的练习，对于把文化知识转化为技能是非常必要的。但要想真正培养语言交际能力，还必须在真实的社会语言环境中进行语言实践。

学习一种语言与学习和了解这种语言所属的文化有着辩证的关系。语言是文化的象征，是文化的一种表现形式，所以我们要学习一种语言，当然要重视学习这种语言所属的文化。学习语言要和学习并了解文化相互作用，如果只是单纯地埋头学习语言而不重视学习和了解文化，就不能有效地提高学习该语言的水平。

第三节　与语文教育的对接性思考

语文教育是教授学生交际的工具性学科，汉语言文学教育从根本上来说属于语文教学的范畴。而由于在较长时间内受到应试教育观念的影响，在语文教育中，缺乏对汉语言文学教学的重视，更多地注重理论知识的学习，而忽视了对学生文学素养的培养。因此，在新时代发展的背景下，为提高语言教育的质量、优化学生的综合素质，必须实现汉语言文学教育与语文教育的有效对接，将汉语言文学的精髓注入现代语文教育中，从教学方法与技术运用等方面实施对接思考，将汉语言文学教育信息融入语文课程教育中，转变教育观念，以开放的思想正视汉语言文学与语文教育的对接。

汉语言文学本身就属于语文教学内容的一部分，但是，在应试教育模式下，语文教学并没有重点把握对汉语言文学的学习，反而更多的是为考试而学习，而不是为文学而学习。因此，语文教育和汉语言文学教育应该实现更多方面的共通和交流，应实现语言教育和汉语言文学的对接性教育，这样才能构建我国现代语文教育的高素质和高质量发展，也才能更好地弘扬我国的汉语言文学精髓。语文教育与汉语言文学教育的对接需要综合考虑多个方面，比如，在语文知识的运用上、教学方式或者计算机信息技术等的运用上，都要进行对接性思考，这样才能够把汉语言文学的一些信息反馈到语文课堂教育中去。另外，我们应该抱着开放的心态来看待汉语言文学与语文教育的对接，特别是现在教学理念越来越宽容、开放的情况下，我们更应该以乐观、积极的心态来正确理解语文教育和汉语言文学的对接问题。

一、语文教育的重要性

（一）语言是交际的工具

人类之所以区别于动物，就是因为人类会使用工具，而语言作为人类社会中一种重要的工具，良好的表达能力就显得尤为重要了。语言成为人类交流的重要工具，主要是因为语言的交流不需要任何媒介，人们可以任意地进行交流，在人类使用的各种工具中，交流沟通仍然是最重要的工具。

（二）有助于锻炼学生的思维能力

众所周知，沟通的过程就是把内心的想法和语言通过一定的语法结构转化为外部语言。因此，在这个过程中，人们通常是边想边说，或者是想了之后通过思维组织后再将想法表达出来。所以，培养学生良好的语言表达能力也能促进学生思维的敏捷和活跃度，促进智力的发展。一个思维非常混乱的人，是不可能说出很有条理的话语的。因此，语文教师要意识到语言表达能力的重要性，并在教学中重点注重这方面的培养。

（三）语言可作为定向的交流工具

语言具有其独特的定向表述作用，是指人们在特定的场合与特定的对象进行交谈，为了使交谈达到最佳效果，通常要求讲话者注意场合和交谈对象的身份等各方面因素，就是说在进行语言交流时要根据交谈场合和交谈对象的身份等因素选择合适的谈话方式，什么话适合用什么言语直接表达出来，什么言语不适合直接表达，要想掌握好这个尺度，就必须拥有一定的语言表达能力。

二、以语言现象作为基础，实现语文教育与汉语言文学教育的对接

汉语言文学是语言的艺术表现。它承担着传播人文精神风貌的责任，担当着提高整个民族语言文化水平的社会职责。汉语言文学教育注重语言之于人类生存与发展的意义，它关注的是

学生人文素质的培养，它并不注重实际性的经济效益，而是更为重视社会精神文明方面的培育效果。文学艺术作品有别于实用性文体，对比议论文、科普读物来说，它有其情感表达方面的独特优势，能够以情动人、以美学教育人。因此，要实现汉语言文学教育与语文教育的对接，首先必须将语言现象作为其对接的基础，将文学作为语言学习的养料，实现语文教育与汉语言教学中对学生人文关怀的培养。语文教育与汉语言文学教育之间的共通性不仅在于文学知识的教育方面，两者在课堂教学、教学观念、师生关系等方面同样存在一定的联系，两者同样关注对学生人文关怀的教育，将文学教育融入学生的观念与生活。因此，为实现两者的有效对接，还需重视对学生人文关怀的教育，给予学生必要的情感关怀，在课程教学时，注重丰富学生的情感，陶冶情操，进而提升学生的人文修养与品格。此外，在师生关系的建构方面，教师需转变传统的教学方式，采取多元化的教学手段，可将辩论赛、讨论、游戏等形式纳入课堂教学中，活跃课堂气氛，增强课程的趣味性，促使学生与教师之间建立和谐的师生关系，促进两者之间的交流，同时能够从根本上调动学生的学习积极性，使学生掌握更多语文知识，完善其文学素养，促进文化的传承与发展。

三、以实践能力的提升作为探索对象，重视两者之间的应用与发展

（一）整合语文教育与汉语言文学教育综合发展的实践优势

教学活动的目的主要是为社会提供复合型的人才。因此，语文教育与汉语言文学教育的最终目的便是提升学生的实践能力与综合素养，使其能够更好地迎合社会对人才的需求，两者在培养目标方面有一定的共通性特点。因而，为提高其对接的有效性，首先，应开设汉语言文学教学实践课堂，为学生开展文学实践创造必要的条件，在此过程中要深化对学生实践能力的培养；其次，创设语文教育与汉语言教育文学综合发展模式，在提升学生语言表达能力的同时，提高学生专业应用方面的能力；最后，从其就业方向考虑，重视对学生读、写、说三方面技能的培养，关注其理解能力、调研能力的提升，整合有效课程，拓宽语言教学的广度，丰富汉语言文学教育的内容。

（二）利用现代化多媒体教学技术，丰富汉语言及语文教育中学生的创新能力

计算机技术的迅猛发展催生了多媒体技术的普及。当前多媒体教学已广泛应用于不同高校的课堂教学之中，它在实现汉语言文学教育与语文教育有效对接方面也有一定的积极意义。因此在语文教育中，需以多媒体作为媒介，收集更多汉语言文学教育的素材与内容并融入语文教育中，激发学生的学习兴趣，提升学生的想象能力，增强其在文学写作方面的兴趣，提高学生的汉语言文学的鉴赏能力，培养学生的自主学习能力。在实时多媒体教学后，能够将汉语言文学知识普及于中小学课堂中，强化对学生文学素养的培养，为其积累深厚的文学底蕴。因此，为实现语文教育与汉语言文学的对接，教师还需树立开放的教学思想，善于利用最新技术的成

果，掌握现代化教学手段，激发学生的创造性，在语文教育中注入更多的汉语言文学元素，提高学习的创新性与有效性。

（三）重视课堂环节设计，开放学习资源，提高学生的语言实践能力

新课程改革标准同样表示，要在语文课程教学中重视课程环节的设计，根据教材内容选择适当的教学活动，确保教学组织形式的多元化，通过采取编排相关课本剧，开展语文游戏、诗文朗诵等活动，提升学生对课文内容的理解，深化其文学修养。同时可适当组织汉语言文学作品的鉴赏活动，培养学生的人文精神与文学素养。让学生在阅读与鉴赏的过程中，感受文学作品的魅力，充分发挥文学育人的作用，使学生在活动中体验到学习文学作品的乐趣，丰富其实践体验，进而提高学生的听、说、读、写能力，实现教育的有效对接。

四、以情感体验作为媒介，实现语文教育与汉语言文学教育的对接

语文教育与汉语言文学教育均充满着较为强烈的情感，蕴含着丰富的情感体验。在语文教育方面，古人最早有提出意、情、行、知四者相互交融、渗透的观念，同时也表明在语文课程中，情感体验是学生知识来源及学习体验的主要部分。一般语文课本中包含了许多文学作品，而作品中也富含各类情愫，有不同的情感纽带。因此，在语文教学中，应该重视情感体验的作用，让学生进入作者所创设的情感意境中，体会文章创作的感情，让学生在优秀的文学作品中体验到生活中的不同情绪，感受到大千世界的不同表现——真实、善良与美感。改革后的语文课程教学标准中提出，文学作品的价值主要通过阅读与鉴赏过程体现。这便要求教师在语文教学过程中要善于引导学生进入作品情境，注重对文学形象的把握与感知，关注作品内涵的展示，督促学生用创新思维解读课文。汉语言文学的教学过程应是打破现实生活限制，使学生能够在更为广阔的时空范围内体验生活、感受情感的过程。它体现了语文教学的美，能够使学生打破局限环境的限制，体验到实际生活中的真实情感。因此，在语文教学过程中，需引导学生全身心地投入教学情境，丰富其情感体验，让学生真切感受到文学作品中人物的情感与其心理感受，从人物表现中领会文章的中心，把握文章结构，以情感体验作为媒介，完成语文教育与汉语言文学教育的有效对接。

教师的人文关怀在一定程度上可以弥补远程教育在人对多种媒体的格局中人气不足、友情缺乏等缺憾，也可以纠正成人教育的知识化倾向，同时还可以激发、培养学员自主学习的积极性。文学是人学，只有当它真正进入了人的心灵，才能让人体会各种生活滋味，从而丰富情感、陶冶性情、塑造灵魂。因此，汉语言文学教师应通过营造欣赏氛围，让优美的文学作品陶冶人、塑造人，同时增加教学情趣，用多种指导形式关注学生、引导学生。如教师在电话答疑时，一接通电话首先应先问候学员，在答疑过程中做到热情、耐心，语言风趣、优美，尽量赞赏学员的进步与收获，鼓励学员不懈努力，体现出教师对学员的关心和以学员为本的高度认真负责的师德风范。构建交往互动的教学机制，以对话合作方式激发人、解放人，这样有助于建立学员

的学习集体感，使他们逐渐养成互相关心、平等合作的做人习惯。这与中小学语文教育强调的语文教学要注重人文性和构建师生民主关系是一脉相承的，有利于语文教师向学生展示美好人性的一面，并自觉培养学生丰厚的人文关爱，发展其人文品格。

五、以基础知识作为前提，建构语文教育与汉语言文学教育的对接

以现代文学专题教育为例，在教学过程中，首先必须让学生明确当代文学发展的主要轨迹，整理发展的基本阶段，列举各阶段的代表性作家、作品，分析其所属流派，辨别各流派的代表特点、艺术特色，明确流派之间的联系与区别，使学生能够自主勾画出现代文学发展的主要轨迹。因此，在语文课程教学中，需要充分把握与课程相关的教学资源，在明确课程基本内容后，设计完善的框架结构，整合相关课外题材，向学生多角度、多方面地解读不同作品，设置专题开展文学作品讨论，分析同时期不同作品的文学特点，使学生能够清晰掌握课程讲授的脉络，深化其自主学习能力，助其建构新的知识结构，提高语文课程教学的新颖性与灵活性。新课程标准下的语文教学要求教师面向社会与生活，重视学生的情感体验与思想意识教学。这可以在一定程度上打破传统教学中将语文课程视为工具教学的封闭特征，呈现了语文教学的开放性形式。

因此，汉语言文学教学需从知识构建方面强化与语文教学的联系，重视两者有效性的对接，强化新时代背景下开放教育意识与宣传理念的灌注，使学生掌握建构知识的方法，明确语文学习的特征。将学生作为课堂教学主体，注重学生学习精神及能力的培养，激活学生在语文学习方面的欲望，使其树立终身学习的思想，进而实现语文教学与汉语言文学教育的对接。

综上所述，语文教育是帮助学生掌握交际工具的主要途径，是人们交流的媒介，是提高学生表达水平、锻炼其思维能力的主要依托，它有其独特的表述作用，能够发挥其充分的交流作用。现代语言教育与汉语言教学并不存在本质上的冲突，汉语言文学教育同样属于语文教学的范畴，两者均承载着传播语文知识与人文精神的神圣职责，共同目的均为向社会输送所需求的相关人才。因此，必须树立语文终身教育观念，实现语文教育与汉语言文学教育的有效对接，以语言现象作为基础，以实践能力的提升作为探索对象，以情感体验作为媒介，以基础知识作为前提，实现两者之间的有效对接。

第四节　现代媒体的影响

我们将信息的载体称为媒体（medium）。例如，文字、声音、图形、图像、动画和影像等都是信息的媒体。在传统的教学中，媒体一般通过语言、黑板、课本等来呈现。但是随着信息技术的迅猛发展，媒体不仅仅是一个技术名词，更重要的是作为一种教学工具，媒体在教学中发挥的作用愈加突出，对教学方式乃至教学模式都产生了巨大的影响。

一、多媒体技术的特点

多媒体技术作为一个多学科、多功能的学习工具，具有以下三个特点。

（一）信息的交互性

多媒体为教师授课和学生学习提供了图文、声像并茂的学习环境，突破视觉的限制，并能够突出要点，使学生更加直观、生动地接收和反馈信息，产生深刻的认识，学生有更多的参与，学习也更为主动。

（二）信息源的丰富性

运用多媒体教学能够更客观地呈现事物的空间结构和特征，对复杂的过程可以通过多媒体展示而简化，使人们能够更加直观地感受和接收到立体、多彩的空间结构。

（三）极大的共享性

利用多媒体教学可以有效地传输信息，达到资源共享。这有效地改善了媒体教学的表现力和交互性，优化了课堂教学内容、教学方法和教学过程。

二、现代媒体在远程教育中的运用

从物理性能来看，媒体大致可分为电声媒体、投影媒体、电视媒体和计算机多媒体四类，各类媒体均包含硬件和软件。而从人对媒体的感官及信息的不同流向来看，我们又可以将其划分为视觉媒体、听觉媒体、视听媒体和计算机多媒体四类。这两种分类实际上是交融的，而远程教育的产生和发展也随着媒体的发展而形成了不同的阶段，由于现代媒体的介入和应用，远程教育也形成了其演变、发展的过程。

视觉媒体的运用在传统的课堂教学中一直占有主要地位。它是最原始的，也是使用最广泛的一种传统教学媒体，直至现在仍占有着重要的地位。

听觉媒体的出现推动了第一代以文字函授为主的远程教育的产生和发展，这种需要调动听觉感官系统来接收信息的媒体，在一定的程度上打破了时间和空间的距离，为远程教育的产生打下了基础。这些媒体实际上又可以分为两类：一类是控制性播放媒体，如广播和收音机，它们的优点在于传播面广，而缺点是学习者难以控制，并受时间的严格限制，不利于自主性学习；另一类是自主性播放媒体，如录音机、VCD 和 DVD 等，这些媒体克服了广播的局限性，可由学习者自主控制，能将声音记录、保存，能把记录的录音反复播放，多次使用，操作简便，便于学习者模仿、记录和进行自我评价，但从教学的角度来说比较枯燥，容易导致注意力涣散。

视听媒体是同时利用视觉、听觉双重感官接收信息的媒体，如电影、电视、录像、VCD 和 DVD 等。视听媒体以其生动逼真、充满动感的画面效果在教学中发挥了独特而巨大的作用。

它们能够通过对事物发展变化全过程的真实再现提供给学习者一个有意义的学习环境，从而唤起学习者的情感参与意识，调动其学习积极性。特别是电视视听媒体的出现，它跨越了时空，能高速、优质、高效能地传递和再现教学信息，能将声音和图像信息传输到世界的任何地方，其速度之快、信息容量之大、质量之好，是其他传播手段难以比拟的。它的出现推动了第二代远程教育的发展，广播电视大学正是以这种媒体作为教学应运而生的，但视听媒体也有其不足之处，其信息量不易控制、不易裁剪，与学生不能产生互动，在教学节目中常有呆板的画面而无吸引力。

计算机多媒体是利用数字化技术将文字、声音、图形、图像、动画和影像等各种信息媒体融合在一起的多种媒体的集成。经过计算机处理的多媒体作用于多种感官，促使信息多向交流，利用多媒体进行教学可通过多种感官刺激，使之在教学中发挥无可比拟的作用。基于计算机网络的多媒体的发展，推动了第三代远程教育的发展。计算机多媒体具有多重感观刺激、传递信息量大、易于接收、人机交互性强、操作简单等特点，可从视觉、听觉、体觉三个方面来使学习者获取信息，调动学生互动性、积极性和学习兴趣，达到最佳学习效果。从教学媒体的演变及发展来看，媒体已经由单通道媒体走向多通道媒体，媒体的功能趋于综合化，媒体的交互性增强了，信息学的影响量增大了，信息传播速度增快了，媒体资源共享性得到了加强，在更大程度上丰富了远程教育的功能。

三、汉语言文学的特点

（一）汉语言文学的独特文学形式

文学是文字升华的最高形式。既有汉字所共有的文学形式，又有它特有的格律诗、词、赋、曲的形式。

（二）文字的文学潜力

汉语言有它独有的文学潜力，汉语言的发展促进了诗、词、曲、赋文学的产生和发展。中华五千年的历史表明，汉字从唐代到宋朝，到元朝，再到明清时期，都有其不同的发展形势，每一个朝代的到来就意味着汉语言文学特有的文学形式的再创造和完善。从这一发展的过程中我们可以发现，某一种文字的发展都依赖于文字的文学潜质的空间。

（三）汉语言文学宝库的继承和发展

现阶段，汉语言文学的发展已经达到了完善和成熟的阶段。自网络出现后，人们在思想和信息交流方面日益便利，同时也有效地继承和发展了汉语言文学的成果。

四、现代媒体的发展对汉语言教学模式的影响

（一）现代媒体的发展对汉语言教学的推进

印刷媒体的出现就成了汉语言教学最原始的依托，从而奠定了传统的"教师、课堂、书本"三中心灌输式的教学模式，而学生常充当着机械服从者、被动接受者的角色。同时，传统授课仅凭一张嘴、一支粉笔、一块黑板，这时候的教学主要是运用视觉媒体来进行，所传授的知识是抽象的，所画的图形是平面的、静态的，并在时空上受到限制。但是在多媒体教学中，尤其在语言的语音教学中，发每个音时，各发音器官所处的位置，发一个字音所形成的动作，都可以通过生动、具体、形象的多媒体图像来展示清楚，能让学生准确地认识发音部位的成阻位置和发音方法的除阻方式。

视听媒体将视听结合，并以其生动逼真、充满动感的画面效果在教学中发挥巨大的作用，通过这一媒体的运用，可以解决动态画面以及语音跟画面合成的问题。但视听媒体信息量不易控制、不易剪裁，而且拍摄和制作过程非常专业化，因此视听媒体虽能克服视觉媒体的不足，为语言教学带来具体可感的图像，但由于它操作的专业性非常强，不能让教师根据教学的需要来制作教学图像内容，对汉语言教学的帮助亦未能凸显，人机互动性亦不强。

随着媒体技术特别是多媒体计算机及基于网络的教学多媒体的飞速发展，汉语言教学环境发生了显著的变化。而计算机多媒体就克服了视听媒体的缺陷，使学生可以从视觉、听觉、体觉三个方面来获取信息，它跨越了时空的限制，而且其易接收、易剪裁，制作课件简单、操作简便，人机交互性强，教师可根据教学需要来制作课件。通过运用多媒体，可以把不同语音的发音动程情况，通过和规范的读音配合，把发音部位、发音方法通过生动、准确的图像表现出来，让学生能清楚地模仿，同时对发音的整个动程能清楚地掌握。逼真和充满动感的画面能清楚地展示发音部位和发音的动程，解决了语音学习发音部位不易把握的难点，对语音的教学有着很强的针对性和可感性。尤其是在对普通话语音的学习上，首先我们通过课件制作，把我们母语方言的发音部位和发音情况通过课件展示清楚，其次再展示普通话语音的发音部位和发音方法的画面，并把两种语音的差异相比较，有针对性、有目的地纠正和掌握发音，从而达到最佳的教学效果。

（二）现代媒体的运用促进汉语言"教"与"学"模式的改变

多媒体辅助语言教学的应用，可以实现文字、图画、声音、影像的有机结合，创造一个立体的语言环境，为学生提供一个生动而逼真的教学场景，使学生能够充分利用视觉、听觉的认知，产生对语言学习的亲切感和兴趣感，从而激发对汉语言学习的热情，同时也促使基于这一环境下的传统教学模式乃至教师的角色都发生极大的变化。

1. 在教学方面

由于多媒体计算机辅助手段的使用有动态效果和非线性顺序，有时可以打破循序渐进的教学程序，可以灵活调整、按需取用。或分类呈现素材，或归纳整理素材，可将各设计模块运用于各个不同的教学环节中，交换使用不同的设计方案，在不同阶段突出不同重点，使教学形式灵活多样。教师可根据学生的实际情况，设计不同的教学程序，真正做到因材施教。

2. 在学习方面

一切设计安排都是以学习者能充分理解、易于接受、激发兴趣、乐于参与为前提，能最大限度地发挥学生的主体作用，从而提高学习效率为目的。利用计算机实现汉语言教学信息的表达和人机对话，彻底改变了传统教学中以教师为中心而忽视学生自立发展的状况。多媒体辅助语言教学的应用，让学生可以根据自己的兴趣爱好，结合自己的知识能力水平，选择相应的教学程序学习。如果遇到疑难问题，可以通过计算机直接查询，亦可通过邮件与教师及时进行交流，尽快得到解决。学生还可以根据反馈的信息了解自己的学习情况，分析自己在学习中的成败得失，改进学习方法，调整学习目标，使学生个性化发展达到最适宜自己的发展程度，即学生发展的最佳水平。

五、多媒体技术在汉语言教学中的积极作用

（一）生动教学，激发学生对汉语言学习的兴趣

多媒体教学能够有效地弥补文字学科枯燥、乏味的遗憾。教学方法生动而形象，把枯燥乏味的教学内容借助于多媒体形象生动的画面展示出来，以激发学生学习的热情。

（二）增大信息量，有效扩展课时容量

多媒体教学方法节省了大量的手写步骤，能够加大教学容量。同时，省去了大量板书的时间和内容限制。多媒体教学让学生能够在较短时间内接收大量信息，扩大学习范围，完成学习任务。

（三）开阔视野，培养和提高学生的综合能力

通过对信息技术的掌握，能够引导学生运用信息技术和技能，能够多方位地开展学习，培养学生的信息搜索、分析和处理能力，开阔视野，培养学生的思维能力和信息技术素养等综合能力。

（四）提高教学效果，改善教学质量

多媒体技术的应用可以降低对授课老师的依赖，让教师的授课水平与多媒体技术的优势结合起来，以提高教学质量。

（五）为语文教学发展提供资料，为教学改革带来新的契机

传统的语文教学实践很难给教学提供大量丰富的信息，其教学手段单一，而多媒体技术的应用给教学方式带来了更加直观、形象的效果，教师可以根据实际情况设计媒体教案，从而为课堂教学模式提供可操作的物质基础。

六、多媒体技术在汉语言教学中应用的局限性

（一）过多地依赖多媒体技术降低了教师自身的示范作用

虽然在教学中利用多媒体技术能够改善教学质量，但多媒体教学的手法在一定程度上也会让教师失去主导地位。

（二）过多地依赖多媒体技术妨碍了师生之间的知识与情感交流

教学活动是师生之间的一种双向沟通，大量地运用多媒体教学方法后，课堂的教学程序由最初的教师主导变成现在很大程度上的被多媒体课件控制，因此妨碍了师生之间的交流。

（三）过多地依赖多媒体技术降低了语言和文字的基础地位

多媒体课件更多的是课外拓展性的内容，虽然会使学生开阔眼界，但教师若过多地依赖多媒体课件，就会忽视课本语言和文字的基础作用。总的来说，现代媒体的发展对语言教学的模式有着深远的影响，尤其是在语音教学中语音的发音模仿和语音发音动程的展示方面，对语音的学习和掌握有很大的帮助。而在教学上，我们对多媒体课件的制作、运用及其教学效果有一个认识、观察、检验和不断完善的过程。重视对"教"与"学"过程的探索和研究，可以给师生极大地自我反思和自我调节的空间。只有在教学实践中本着求实进取的精神，我们才能走出一条切实可行的路来。

第五节　审美教育的影响

在我国目前高校课程的设置上，汉语言文学无疑是最重要的一门学科。汉语言文学教学旨在提高人们的文化素养，由于在实际教学过程中涉及的知识面广泛，教学方式比较灵活，受到学生的喜爱。因此，学生们学习的积极性很高，达到提高学生对汉语言文学知识的掌握和专业素养形成这一目的。作为汉语言文学的一个重要组成部分，审美教育的加强，不仅能够有效地提高学校的教育力度，而且有利于学生精神文化素养的提高，从而使他们能够积极地面对竞争日益激烈的当今社会，这将会是教育界的一大胜利。所以，我们必须高度重视审美教育在汉语言文学教学上的渗透，将审美教育和汉语言文学教学紧密地结合在一起，提高高校的教学水平。

　　我们到底怎样才能做到审美教育在汉语言文学教学中的良好渗透呢？可以从以下四个方面来考虑。

（一）加强对审美因素的挖掘

　　教师在汉语言文学教学的过程中，赏析课文时要引导学生去体会作者所用的艺术手法和文章结构以及课文内容所包含的某种情感，通过这一系列的思考，使学生们逐渐养成高水平的审美能力，感受作品的美好。我们不可否认，任何作品自身都具有一定的审美能力，充分利用这一特点，我们就可以引导学生感受文学作品中的美好意境，让这种美好体验转化为自身的审美情趣，提高审美的素养，利于品味的提升。

（二）加强对学生学习兴趣的培养

　　兴趣是一种无形的力量，是一个人走向成功所具备的充分条件。任何人做任何事情要想取得成功，都必须对这件事有很浓厚的兴趣，进而激发自己潜在的积极性和动力，否则是不能成功的，学习也是一样。好成绩的取得也是需要学生对学习有浓厚的兴趣。在汉语言文学教学中，必须要激发学生学习的兴趣，只有这样，才能更好地让学生们在汉语言文学的学习中提高审美能力。新时代的大学生，对未来有着美好的憧憬，肩负着建设祖国的伟大重任，对知识有着强烈的渴求。现代汉语言文学教学应该紧紧地抓住这一特点，向学生们强调汉语言文学知识的重要性，激发起他们学习的积极性，然后在教学中潜移默化地将审美这一理念灌输到学生的思想当中，让他们在对文学作品的品读以及自我写作过程中有意识地感受文字所蕴含的内在美。学生们有了这一美的感受，将会有意识地在后来的汉语言文学学习中加以体验，从而养成审美情趣，提高审美能力。这对我们的汉语言教师提出了更高的要求，只有把文学作品解读得有声有色，激发学生的兴趣，勾起学生对知识的欲望，才能让学生们有这样美的感受。

（三）提高汉语言教师的文化素养和教学能力

　　总的说来，文学作品实际上是作者内心情感的一种表达。汉语言教师在解读文学作品时，要将作品的内涵剖析得深刻准确，引发学生的联想与想象。仁者见仁、智者见智。鼓励学生表达各自的想法并交换意见，使大家能够真正地体会到作者当时创作时的心情，明善恶、辨美丑，使心灵获得美的熏陶。这就要求教师要对汉语言文学教学有着深刻的了解，对文学作品所蕴含的内涵要充分挖掘，激发学生们对文学的热爱，培养他们文学鉴赏的能力，使他们对现实中的美有更高水平的体会。除了以上一些要求，我们还应该结合单篇教学手法，把其中具有的三大优势特点（整体性、系统性、综合性）充分地运用到作品的品读过程中。抓住每一篇作品的写作特色，帮助学生养成一个良好的审美情趣，有意识地将自己的审美层次提高到一个更高的水平上来。

（四）合理地安排汉语言文学教学中的内容结合

随着汉语言文学知识内容的增加，存在的审美教育问题应该受到重视，要将审美教育与汉语言文学的学习融会贯通，强调审美教育在汉语言文学教育中的重要性，就要让学生在日常的汉语言文学学习中有意识地培养自身的审美情趣。除此之外，教师教学时要将感性的理解和理性的知识点放在同一水平线上，让学生真切地体会到审美与汉语言文学的内在联系，极大地拓展学生的审美视野，提高审美的能力，实现审美教育与汉语言文学教学的完美结合，从而提升学生们的审美层次。

综合以上观点，新的时代背景赋予了大学生新的学习任务，要想在竞争日益激烈的社会上立足，必须要全面提升自己的素质，尤其是要提升自身的审美素质。现代高校也认识到了这一问题的重要性，倡导在教学过程中将汉语言文学教学与审美教育结合起来，让学生通过对文学作品的欣赏以及对其内涵的深刻感知，实现审美素养的提高，达到素质教学的目的。

第六节　教学改革和创新研究

文化是国家、民族、社会有序可持续发展的根本动力，脱离文化规范的任何发展形势都是危险的。无论世界如何发展，在守住优秀传统文化中心地位的前提下吸收外来文化的合理因素，挖掘其现代意义，当是中国文化发展的基本路径。汉语言文学专业是传统文化和大学文化的双重载体，承担着提高学生文化内涵和更好地应对多元文化冲击的重任。在多元文化的背景下，汉语言文学专业的人才培养和专业教学改革必然要体现创新性、综合性、应用性和示范性相结合的时代要求，进一步深化教育教学改革，全面落实面向现代化、面向世界、面向未来的战略思想，探索适应时代发展要求的汉语言文学专业人才培养规格和培养模式，将传统与现代有机地结合，制定合理的课程体系、教学计划和教学大纲，更好地培养底蕴厚、素质高、能力强的创新型人才。

一、高校汉语言文学课堂的现状

目前，越来越多的高校受到应试教育的影响，将注意力集中在了专业课程的教学上，很多大学生认为学好专业课是未来找个好工作的敲门砖，他们认为汉语是母语，只要会说、会读、会写，就算是懂得汉语言文学，而不用浪费时间和精力在汉语言的专门学习上。结果，作为大学课堂中的一门公共基础课程，很多专业都忽略了该课程的教学，甚至有的老师教学积极性都不高，他们很难将精力投入到专业课的教学和研究上，而是以有价值的科研项目为主；或者有的老师难以静下心来对汉语言教学的方式方法进行探究和思考，也没有将汉语言教学的关键及目的搞清楚；或者有的老师的授课方式比较守旧，依然是以课本内容为主，读课本，写作文，这些传统的教学方法已经无法满足高校大学生的学习要求了。除了老师的教学模式方面，目前，从各个高校的科研经费来看，学校往往把科研经费都投在本校重点学科和专业上，对大学语文课几乎没有科研经费的投入，使得汉语言教学质量堪忧、课程地位下降，生存空间不断受到挤压。针对目前高校汉语言文学教学的课堂情况，我们应该重视起来，从各个方面弥补教学的缺陷和不足，努力激发学生们的学习兴趣，改变课堂的教学模式，发挥汉语言的文学魅力，通过让学生认真学习汉语言文学来重新塑造课堂的教学模式，提高该课程的教学质量，让学生们深刻体会到汉语言学科的重要性。

二、高校汉语言文学教学的创新途径

(一) 高校汉语言文学教学环境的改善

要想从根本上改善高校汉语言文学教学工作的质量，做到教学模式的创新，首先要改善该门课程的教学环境，努力创造出平等、信任、理解、相互尊重与和谐的课堂氛围，使得学生们渐渐对该课程的学习产生兴趣，让学生们从"被学习"逐渐转变为"要学习"的状态。例如，可在课堂上经常开展一些讨论及即兴演讲等训练，既可以锻炼学生们的胆量，又可以培养学生们即兴发挥的能力，开拓学生们的发散性思维。老师要起到以帮助及引导为主的作用，鼓励学生们活跃参与，帮助语言表达能力较差的同学大胆尝试。这种训练既可以增进师生感情，也可以促进课堂教学环境的改善，最主要的是还可以培养学生们大胆讲话，不怯场、不慌张的心理素质，为学生们在今后的求职道路上打下语言训练的基础。

(二) 培养学生们的创新性思维

所谓的课堂教学模式创新，最主要的是要将创新的思路带到课堂上来，培养学生们的创新性思维，让学生们切合实际地学到对自己未来发展有意义的知识。高校课堂是一个学知识的课堂，更是一个积累本领的课堂，这种积累不仅仅来源于书本，更多的是来源于一种思维的形成。因此，我们应该培养学生们的创新性思维，这种创新不单单针对简单的造句、组词之类的常规训练，而是应该从深层次的角度，让学生们体会到汉语言的无穷魅力，从认识世界，学习文学、史学知识开始，领悟语言的神奇作用，让学生们了解到语言的功能所在——它不仅仅是人与人之间交流的工具，更是体现个人素质与发挥人格魅力的工具。

(三) 拓展高校汉语言文学课堂的教学环节

对于师生之间的直接交流来说，课堂是最直接的交流环境，针对课堂教学模式的创新，要注意到教学环节的改进，过去的教学环节大多是以老师讲、学生听为主，将实际训练、软件教学、多维教学、小组讨论等形式忽略了，使得学生们无法认真对待这样枯燥的教学课堂，甚至很多学生开始厌倦这种课堂，将精力转移到了其他科目的学习上，久而久之，汉语言文学课堂将越来越不受大家的重视。因此，我们要优化课堂教学环节，改进原有的教学模式，努力让学生们真正意识到学有所得的价值，让学生们有拓展自己思维的空间。在课堂上，老师要将讲课与训练同步进行，以传授为辅、沟通为主。用实际应用的办法来提高学生们的语言表达能力和思维反应能力，在课堂中，尽量多地给学生们展现自己的时间，让他们从中获得学习的兴趣，获得展现自己的信心和提高自身各方面素质的意识。

（四）加强教师自身的创新型教学素质

从教师的角度来讲，教学模式的创新与教师队伍的整体素质有着很大的关系，要想全面改善汉语言学课堂的教学模式，就要从教师的教学素质的提高抓起。首先，教师的职责是教书育人，但是教书并不是唯一的目的，单纯的教书模式已经无法跟上时代前进的步伐了。我们不能只是机械地将课本知识传授给学生，而是要勇于探索、大胆实践，要有不拘一格的思维，在沉闷的课堂中融入自己的新思想和新发现。其次，教师的经验固然重要，但是经验毕竟只是日积月累保存下来的"真理"，这种"真理"只能引导我们把握基本的教学大纲，而不能作为一成不变的教学目的与重点。尤其是高校教师，要由以往的经验型转变为专家型和学者型，一名教师只有当自己对所教学科、领域里的知识达到了精、通、深、博的程度，才能对教学内容做到挥洒自如、游刃有余，才能形成自己独特的教学思想、风格和体系。

三、多元文化背景下汉语言文学专业教学改革

（一）多元文化背景下汉语言文学专业教学面临的问题与困境

多元文化间的相互渗透与影响对于文化选择带来了多重不确定性，导致汉语言文学专业教学内容难度把握不易确定。由于文化的趋高性影响，部分大学生容易受到外来文化的冲击，甚至出现崇拜洋文化而忽视本国文化的现象。汉语言文学专业由于内容上大多以传统文化为载体，往往与现实联系不甚紧密。

作为传统学科，汉语言文学专业教学手段和教学方法的创新相对文化多元化具有滞后性。伴随现代通信技术高速发展的直接后果是文化的日新月异，新的文化观点和文化现象层出不穷。汉语言文学专业教学方法和手段往往以传统形式为主体，跟不上社会需求和学生需要的现实步伐而出现创新性不足的滞后倾向。主要体现为过多重视教师的引导而忽视学生的自觉，教学之间呈现明显的不对等；重视知识的传授而忽视能力的培养，教学效果不尽如人意；重视教学过程的规范性而忽视学生情感的激发，直接导致学生专业积极性下降。

解决汉语言文学专业教学现实困境的根本途径在于改革教学方式和手段，增强教学过程的实效性和长期性，真正提高学生的文化内涵和实际能力。

（二）多元文化背景下汉语言文学专业教学改革措施

多元文化背景下汉语言文学专业尤其承担着弘扬本土文化的历史使命，并需要统筹文化教育、专业建设和能力培养等各项功能，既要巩固学生的专业深度，又要适应社会对学生知识的需要，着力加大专业教学改革力度。

1. 优化课程体系和教学内容，兼顾知识、能力和综合素质培养

汉语言文学专业的课程体系和教学内容由于专业性和现实需要之间的矛盾导致难以操作和把握，应该使基础课程具有专业深度以承载文化培养的功能，全面提升学生素质。汉语言文学专业课程体系主要包括专业和实践两个板块。二者相互交叉但分工明确，前者具有很强的延续性，后者的现实性和创新性更加明显。

专业课程包括基础课、专业课、方向课，以语言和文学课程为主体，体现专业深度和一定的研究能力，尤其是体现文化性。特别是古代汉语和古代文学等专业课程，要有意识地激发学生对传统文化的兴趣，讲清传统文化的线索和精髓，培养学生思考问题的角度和能力。其中一个重要内容就是传统的礼乐文化，可以以选修课或专章的形式加以强调，使学生了解传统文化中的善良、孝悌、诚信、谦让、尊重等美德，为以后的工作和生活打下良好的基础。

实践课程包括技能、素质、活动等内容，根据社会实际需求安排课程内容，重点在于培养学生的动手能力和应用技能，做好应用文写作、演讲与口才、礼仪训练等系列课程的落实，同时可以根据地区或用人单位需要设置特殊技能课程，真正提高学生的实际应用能力。

从全面实施素质教育出发，进行课程体系的重组和教学内容的精选与优化，加强课程间的整合，使板块间形成互补优势，不仅有利于学生个性和特长的发挥，拓宽学生的知识面和适应能力，还能更好地体现科学性、系统性和可操作性，使课程体系中的各门课程成为有机统一的整体。

2. 改革教学方法和手段，充分调动学生的积极性和主动性

汉语言文学专业课程由于枯燥难懂，往往会使学生产生厌倦情绪，在教学方法上应该围绕调动学生积极性和主动性的宗旨，实行教师引导、学生掌握，大力推进教学内容、教学方法、教学手段和考试方法的改革，激发学生自主性学习、研究性学习的积极性，不断提高教学质量。

课堂教学首先要树立平等的教学思想，从传统的以教师为中心向以学生为中心转变。围绕课程核心内容组织系列问题，让学生自主学习并解决相关问题，教师以对话教育和阐释引导的方式进行教学，积极开展讨论式教学、启发式教学，建立讨论课、自学课、辅导课、提高课、实践课等多种教学形式，要求根据教学内容确定各门课程相应的教学形式。教学内容应该更加灵活多变。教学计划应该具有一定幅度的浮动空间，给教师根据教学实际情况和现实重大问题调整教学内容的余地。同时可以进行适当的学习内容的分流，对学有余力或拟进一步深造的学生提高专业难度，进行一定程度的研究性学习。教学手段上要大力推进现代教育技术手段的运用，积极开展多媒体辅助教学改革研究，提高现代化教学能力和水平。多媒体的应用不应仅限

于课件的制作与应用，应该进一步加强自身平台建设，利用网络实现资料共享、问题交流、作业批改、课后辅导等多种形式的师生互动，提高学生的积极性和主动性。考核方式上不再以试卷作为唯一形式，应根据学生实际情况进行全面考核。试卷考试对应基础知识，平时成绩对应综合能力，加大平时成绩比例，采取论文、作业、讨论、讲解、开卷等多种形式给予成绩评定。

文化熏陶是一个潜移默化的过程，学生通过更多的自主性学习不断提高自身的专业水准和文化内涵，教师通过有效引导和精深阐述让学生体会到专业、敬业和关爱，以获得更多情感体验和审美志趣，从而能够更好地适应社会需要，以及抵抗负面文化的侵袭，为正确的人生道路奠定根基。

3. 加强师资队伍和教材建设

师资队伍和教材建设是一个老生常谈的问题，但在多元文化背景下又给汉语言文学专业教学改革赋予了新的内涵。汉语言文学专业因其学科特点具有更强的传授性，教师相对缺乏改变教学方法和手段的主观愿望。教师要想在专业教学中渗透文化教育，必须先提升自身文化底蕴，才能使学生心悦诚服地接受教导。教师还要更多地钻研新的教学方法和手段，改输入型教学为互动性、开放性、探究式教学，真正提高学生的积极性和自主性，提升教学效果并获得自我解放。由于汉语言文学专业知识本身的稳定性，教材选用也基本约定俗成，教师主要在辅助学习教材上下功夫，可以根据学校和学生实际，自主编订相应的辅助教材，集知识性、文化性、趣味性于一体。

（三）多元文化背景下汉语言文学专业教学改革应注意的问题

树立学生立德成人的中心地位。学校教育要体现文化性，实质上就是培养学生成人的过程，学生要成才，必须要成人，要有正确的人生观和价值观。传统文化的核心是德育文化，修身是个人发展的前提。汉语言文学专业作为文化教育的重要载体，不能跟风应世，应以培养学生的高尚人格和文化底蕴为目标，塑造传统文化的文人风骨和学术精神。

课堂教学围绕学生主体展开。汉语言文学专业教学改革的重点是体现学生的主体性，进而激发其积极性和主动性。课堂教学是改革的主战场，应该充分围绕学生展开，而不是传统的"满堂灌"，应给予学生明确的学习目标和任务，并设定完成任务的路径和方式，与全面考核挂钩，自主完成任务和实现目标，最终把知识转化为观察和解决问题的能力。

教师要转变观念、提升素质。学生主体地位的确立是以教师主体地位的让步为前提的，这就要求教师转变观念，不能固守自己的中心地位不放弃。如果教师不能做到有目的、有意识地调动学生的积极性，所有的教改就将流于形式。同时，多元文化和多变技术都要求教师不断提出新的问题，适应新的形势，与时俱进地提升自身素质。不明白现代教育理念、不使用现代教育手段的教师无法有效引领学生，也不能实现真正的教学改革。

汉语言文学专业作为弘扬优秀传统文化的主干专业，在多元文化冲击下应该给予更多的保护和重视。汉语言文学本身也必须跟随变化的形势而改变自己的教学方式和手段，重点在于突出专业内容的文化性以维持自身文化载体的历史使命，加强学生的主体地位，将文化的德育功能内化为学生适应社会的实际能力，把继承传统与现实创新相结合，为汉语言文学专业的长期可持续发展提供动力，亦为中华优秀文化的伟大复兴尽到应有的责任。

四、汉语言文学专业创新课程体系建设的探索与实践

汉语言文学专业是研究汉语言文学现象和规律的专业。该专业历史悠久，具有深厚的文化底蕴，是新闻与广告、编辑与出版、播音与主持、戏剧与影视等各类文化艺术学科的重要基础。近年来，全国许多高校都对该专业进行了不同程度的改良或改革，但大都还没有从根本上动摇它几十年一贯制的课程体系。

（一）创新课程体系建设的基本思路

（1）汉语言文学专业培养目标的确定。培养目标是创新汉语言文学专业课程体系应该解决的首要问题。培养目标的确定是指对人才类型、层次、规格等基本问题做出阐述和规定，同时涉及人才服务面向和评价标准等方面。根据区域高校服务于区域经济和社会发展的原则，结合汉语言文学专业毕业生的就业去向调研，按照"为沂蒙服务"的办学宗旨，临沂师范学院文学院确定的汉语言文学专业的培养目标如下："培养德、智、体、美全面发展，理论知识扎实，基本技能强，综合素质高，富有创新精神和国际视野，系统掌握汉语言文学专业知识，具有一定的口语表达能力、写作能力和文艺鉴赏能力，能够在中小学校从事语文教学与研究，或在机关、企事业单位从事文秘、宣传等工作的应用型人才。"

（2）汉语言文学专业确定培养目标的理论依据。只有准确地把握汉语言文学专业人才的培养目标和人才培养规格，才能正确地设计好汉语言文学专业学生的知识、能力和素质结构；只有正确把握了专业设置原则，才能更有利于汉语言文学专业教育的正确定位，做到健康、和谐地发展。目前，学生就业难已经成为一个社会问题。从根本上讲，就业难的原因并不是社会人才过剩，而是因为高校招生的计划性、专业课程设置的模式化、培养目标的专业化与就业的市场性严重脱节。所以，认真寻找学生就业的出口，并按照学生就业出口重新设置课程体系，将成为任何一所区域高校生存的必然选择。谁先迈出了这一步，谁就赢得了发展的优先权。

（3）汉语言文学专业确定培养目标的现实依据。汉语言文学专业创新课程建设的基本原则是按照"从出口往回找"的理念，要求每位教师都要努力建设最"有用、有效、先进"的课程。

（二）创新课程体系建设的突出特色

1. 汉语言文学专业创新课程建设的创新性

（1）坚持"培养专业人才与职业人才相结合"的原则。人才类型通常按"二分法"分类，即学术型人才与应用型人才。目前，大部分高校汉语言文学专业的课程体系都是以专业特征为出发点的，其核心内容基本上是偏重系统化、知识化、理论化的专业学科知识体系，较少系统

地考虑社会实际需要的人才素质特征及其背后的能力结构，培养出来的"专业人才"是文学学士，但目前社会急需的是中学语文教师、机关企事业单位文秘等"职业人才"。这就出现了培养的人才规格与社会需求的脱节。

（2）坚持"一个专业，多个出口"的原则。按照传统模式培养出来的人才一般只能满足某一方面的素质要求。在中国已全面融入市场经济时代的今天，我们必须走出传统的象牙塔，努力培养与市场接轨、能够多方位适应市场竞争的高素质人才。按照这个目标，汉语言文学专业分别开设了文秘和对外汉语两个不同的培养方向。文秘方向培养的是适应市场经济和企事业单位实际需要的德、智、体、美全面发展的，具有丰富扎实的公共关系与文秘专业理论知识和较强的公关能力、写作能力、综合服务和辅助管理能力的高素质技能型人才。对外汉语方向是应经济全球化、教育国际化、文化多元化的快速发展的要求，建立以对外汉语教学为核心、跨文化交流为辅翼的专业结构模式，培养的是具有汉语言文化和国际社会的基本知识、基本理论和现代信息处理技能，具有对外汉语教学和跨文化交际需要的广泛知识和综合素质的应用型人才。

2. 汉语言文学专业创新课程建设的实用性

（1）专业方向主干课程中加大了实践课程的比例。从近些年单位的招聘要求来看，"选才用人"观念比过去更趋于实际，大多数企事业单位根据自身的实际和所需职位对专业、学历、层次需求招聘人才，走出"人才高消费"的误区，不再片面地追求"高学历"与"高层次"，而更加注重学生的实际技能。针对这种情况，汉语言文学专业在专业方向主干课程中加大了实践性课程的比例，从一般的社会实践到课程设计，再到专业实习和毕业设计，体现了全面培养学生能力的原则。实践性的课程主要有"写作技能训练""文学解读与论文写作""应用文范例研读与习作""秘书应用写作""诗选及习作""词选及习作""文学创作""阅读与评论""中小学教师技能""文秘技能综合""新闻写作""速记训练""文化活动策划与管理"等。

（2）专业方向主干课程中加大了应试课程的比例。汉语言文学专业按照与时俱进的时代要求，不断更新教育内容，创新课程形式，构建起以学生"出口"为导向、以素质和能力培养为重点、以与国际融合接轨为标志、以资源配置为保障的实用的、先进的新课程体系。该体系强调学生的专业基础，最后一学年结合学生就业这个核心问题，灵活开设应试课程，很受学生的欢迎。如"考研专业辅导""中学语文教师上岗考试""教学设计的理论与实践""公务员应试""申论""事业单位人员录用考试"等课程，让学生真正成为既有理论知识又有实际能力的人，保证学生凭借在学校掌握的知识和技能，在社会上迅速找到适合自己的位置，快速地适应社会，更好地服务社会

3. 汉语言文学专业创新课程建设的国际化

（1)借鉴和学习国外或境外大学先进的课程体系。汉语言文学专业在创新课程建设过程中，借鉴和吸收了很多知名大学的优秀课程，主要参考了麻省理工学院、牛津大学、台湾大学、香港中文大学等相近或相关专业的课程设置方案。例如台湾大学中文学系的特色是发扬中国文化，

传授文学、文献学等专门知识，培养学生对于中国语言、文学、学术思想、文献资料等深厚的认知与研究能力，为以后工作打好基础；其课程模块采取多元化设计，基础课程与进阶课程并重，重视古典也不忽略现代，各领域皆开设多门课程，以求均衡，其课程模块包括本系必修课程、群组必修课程以及通识课程、选修课程等。

（2）加大单门植入课程引进的力度。为了实现"强配置、国际化、高质量、大规模"的办学目标，汉语言文学专业开设植入课程26门，有效地借鉴了国内外最先进的信息资源，对建设品牌大学的品牌课程体系形成了有力的保障。该专业主要从香港中文大学植入"逻辑学""训学""中国传统文化""历代文选"等课程；从美国麻省理工学院植入"中国现代都市文学""西方文化基础""西方小说导论""现代西方戏剧基础"等课程；另外植入的课程还有北卡罗来纳州大学的"文学解读与论文写作"、得克萨斯州立大学的"美学导论"、英国牛津大学的"二十世纪西方文学理论"等。

第五章　新媒体时代的汉语言文学生产机制

第一节　文学生产机制研究

文学生产机制指文学生产各环节、各部分之间的互动关系，包括文学生产的社会、经济、思想文化环境，文学生产组织形式、创作、传播、接受与评价，以及各个要素相互联系与作用形成的综合运行体系，它直接影响着某一时代的文学面貌。文学生产机制的构成要素主要有文学体制、文学制度、文学组织、文学生产者、文学生产方式、文学传播媒介与方式、文学接受和文学评价。中国当代文学的前三十年是"政治化"的文学生产机制，文学的组织、生产、出版、传播、阅读、评价等高度统一，全部纳入到文学生产的"准政治体制"当中，文学生产机制受到政治意识形态和行政机制直接影响。自20世纪90年代以来，随着市场经济的确定，旧有的生产体制发生调整，商品生产机制侵入文学生产领域，文学生产呈现出产业化倾向、消费倾向、娱乐倾向，这些文学外部环境的变化都表征在文学创作当中，如"私人化写作""身体写作""类型文学"……从文学生产机制入手，可以从宏观的角度认识和评价当代的文学活动。

如果说市场经济给当代文学前三十年所确立的文学秩序带来了一次强有力的冲击，20世纪90年代以来，经济规则越发地联结着文学的发展，那么新世纪以来新媒体在文学活动中的参与，则深刻地改变着文学的面貌。艾布拉姆斯在《镜与灯——浪漫主义文论及批评传统》中提出了著名的文学活动"四要素"，即世界、作家、作品、读者。"四要素说"给人以鲜明印象，关注着要素之间的互动与融合所形成的文学整体。不过，在当下时代文学活动的发生中，将各要素相整合的媒介也成为全部文学活动中不可或缺的要素之一，它给予文学活动不同的方式与面貌。因此，有学者提出媒介是文学活动的第五要素。文学的传播媒介对文学活动有着直接而巨大的影响，可以说，媒介塑造着新世纪的文学，渗透到文学活动的各个环节和各个方面。

媒介的革新是社会物质水平进步的产物。纵观人类文学发展，经历了口头文学、书写文学、网络文学三个阶段，事实上，这也是媒介的演进历史，从口语媒介到文字媒介再到电子媒介。19世纪末20世纪初清末文坛掀起的"文学革命"依赖了"报章"，而"报章"的繁荣则得益于印刷术与机械工业的联姻。现代传媒的发展彻底打破了"封建贵族"对知识文化的垄断，让广大的平民阶层有了接触文学的机会，而现代知识精英借助新的传播方式，创刊办报，也让知识精英有了"说教"的平台。在这一过程中，为了适应思想的表达，"报章"上出现了梁启超等人创造的"新文体"。可以说，19世纪与20世纪之交的"文学革命""社会革命"与"媒体革命"关系密切。当百年之后，20世纪与21世纪之交，互联网、智能手机、数字电视等新媒体的出现与普及，再次创造了文化新变的可能，给文学生产机制转变提供了现实条件和空间，使中国再次面临着"文学革命"。新媒体的意义不仅是信息传播载体的技术进步，其本身的网络化、开放化、个体化等特点，对当下的文学创作、文学传播、文学接受等文学活动的发生机制产生影响，既有的对于文学的认知也发生了改变，包括传统的文学观念、文学功能与价值、文学的题材、文学的表现手段、文学的美学品质、文学的评价标准、文化立场、审美标准等。

具体说来，进入新媒体时代后的中国文学生产受到政治、经济权力的双重规约，同时也受到科学技术的干预和影响。新的数字媒体创造了文学生产与传播、接受与评价的新平台和多重新的艺术空间，丰富和拓展了文学的传统构成要素。作家的组织形式突破"一体化"的体制规约，文学活动的主体实现了由精英向平民的身份转变，多样的文学社团以新媒体的交往方式在民间自发创建；作家的创作观念、作品的内容、艺术形式开始转型，出现了"类型文学"的繁荣，以及"小叙事"与"超长篇"等新文体；美学品质则是崇高、优美、滑稽、丑的多元并存；自媒体的写作和传播方式给文学带来新的空间和机会；"浅阅读"演进为时代的阅读取向，普通大众参与到文学批评活动中来；网络文学与主流评价的价值在冲突中调和……这些共同构筑了我们现时代的文学空间，文学活动的整体方式相比过去出现了不同的面貌。电脑、手机、平板电脑等新媒体在文学活动中的介入，创造了新的文学活动方式，即文学生产方式，显现着中国当代文学生产机制的重大变化。我们不得不进一步地去思考，这些切身感受到的变化给中国当代文学带来了哪些新形式与新内容？中国文学将如何发展？如何适应新媒体条件下的文学生产环境，创造符合时代发展的新文学？应该建立什么样的新文学理论与文学批评方式和标准？如何面对社会变迁给文学理论带来的新挑战？这些都是需要学界及时、深入研究的。

新媒体创造的文学活动环境，使文学处于开放、自由的状态，形成了前所未有的百花齐放、百家争鸣的文学态势，尤其是网络文学的繁荣，是当代文学所必须面对的一个文学事实。出于传统文学研究的局限，网络文学仍旧未能受到研究界的充分关注，然而对于网络文学的批评与研究又是必要的，因为网络文学呈现出不可抑制的生命力度，至于依托手机、平板电脑等自媒体形成的文学生产机制，几乎没有展开基本的研究。这就需要研究者针对文学现实，提出理论主张，给予及时的阐述和批评。当前，中国缺乏与文学现实紧密联系的新媒体时代的文学研究理论，因而缺乏对新媒体条件下出现的新文学现象的及时、科学的总结与批评。我们需要建立起符合新媒体时代的文学理论和批评标准。因此，本书将立足当下特定的文学生态环境，考察新媒体时代的文学生产机制，探讨新媒体时代文学的新的生产、创作、传播、接受及评价方式等。通过系统研究，总结和阐述中国正在发生的文学生产机制的变化及其现状。本书从媒介出发，以文学生产机制的视角看中国文学的新品质与新特点，为优化中国的文学生产与文学生活、创造良好的新媒体时代的文学生产与生活环境提供自己的研究成果。

第二节　新媒体改变了汉语言文学生产方式

新媒体在文学活动中的介入，首先改变了中国当代文学的生产方式。文学活动的环境、作家的身份和组织形式、文学的生产模式都发生变化。考察当下的文学生产，要特别地注意到市场和媒介两个因素的影响：在市场经济条件下，逐渐形成经济化的文学生产；新媒体的网络化、个人化、平等化、开放化等特点，使得文学活动的主体突破身份的限制，从知识精英到普通大众都尽情地参与到文学活动中来，并因共同的文化倾向，借助网络平台形成新的文学活动群体。

一、新媒体创造了文学活动的新环境

20 世纪 90 年代以来，中国逐渐进入"新媒体"时代。新媒体的应用，最开始只是作为一种新的传播介质，后介入到文学活动中来。新媒体所营造的文学新环境，创造了全民自由参与的虚拟时空，带来了新的文化逻辑，打破了传统的文学规约，改变着传统的文化观念，重建文学秩序，为文学发展提供了新的可能。

（一）全民自由参与的虚拟时空

新媒体创造的虚拟空间，打破了物理时空的限制，创造着人际交往新空间，给予全民参与以时间与空间的自由。哈贝马斯在《语言伦理学解释》中提出建立"理想的话语环境"：话语的潜在参与者，享有平等的权利，不论其宗教信仰、出身、文化背景如何，都可以表达其情感、欲望和好恶。哈贝马斯所构想的"交往乌托邦"，旨在实现一种交往的"真实性""规范性""真诚性"。这在新媒体时代实现了。新媒体创造了自由、平等、民主的话语环境，每一个人的意愿在这个虚拟的时空中可以得到充分的表达，也有机会得到充分的重视。每一种声音都需要被尊重，每一种声音也得到了尊重的可能。"有着众多的各自独立而不相融合的声音和意识，由具有充分价值的不同声音组成真正的复调。"任何人只需要一台能上网的电脑，或是能上网的手机，就可以从世界的各个角落在任何时间，实时地参与到话语活动中，让他人听到自己的声音，分享自己的作品，而摆脱掉自我和他者的压抑。实际上，大众在虚拟的网络时空中的自由参与、自我意识的凸显，不仅是表达的民主，更是挑战传统的话语权威，重塑社会秩序。

当新媒体介入到文学活动当中，其所创造的新的文学生态环境，则改变了传统媒体时代的文化规则和文学秩序。新媒体介入下所出现的"自由"文学活动不再受少数知识精英的特权掌控，而成为每个人日常生活的组成部分。文学活动参与者跨过传统媒体编审的限制，自由地写作、发表、参与评论。与传统媒体相比，作者有了时间与空间的自由，有了任意发表自己作品与评论的自由；有了选择不同文学观念与风格的自由；有了肆意显示个性与特点的自由……在这个自由的虚拟时空中，文化活动的参与者戴上狂欢节的面具，摆脱掉身份的束缚，还原本真的自我，暂时忘掉我是谁，而将"本我"从"超我"的压抑中解放出来。现实生活中他者的凝视和自我的凝视都被暂时搁浅，只要表达自己的所思所想即可，却也面临着另一重的异化，标榜自己的特立独行，刻意追求一种异质的写作格调，甚至突破道德底线攻击他人。但是，必须承认的是，新媒体创造的虚拟时空所提供的这些自由，使全民参与，文学回归生活自然、人性自然、个性自然成为可能。

（二）新媒体带来新的文化逻辑

媒体作为信息的承载物，随着社会的发展与技术的进步而不断更新。在人类历史上，信息的传播手段已经发生了三次巨大的革命：在文字诞生前，是以声音为介质的口头传播，信息转瞬即逝，难以流传，且在传播过程中容易发生变异；第二次是以文字为介质的书写传播，以镌刻、书写、印刷术为依托所留下的物质符号，使人类文明的流传成为可能；第三次是用"0"和"1"编码的数字化传播，以网络、手机等为依托，使世界紧密地联系在一起，加速了文化发展的全球化。

新媒体打破了文人知识分子的文化垄断，大众成为文化活动的主体；表现在文学创作中，呈现出深度模式的削平、主体性的缺失、历史意识的弱化、距离感的消失等诸特点，应和着后现代主义文化特征。以图像为主导的影视直观，借助感性符号的表现特征，只剩下能指的漂浮。

互联网对于滋生和传播后现代的文化精神起到巨大的推动作用，电脑和手机在其中扮演了重要角色。在新媒体时代，四通八达的网络通道编织成网，每一台电脑、每一部手机都是一个独立的接收信息和发出信息的终端，即使有电脑出现问题，也不会影响到整个网络中其他用户的正常工作状态；网络的平等参与性和自由随意性，打破了既有的话语等级秩序，出现了众声喧哗的场面，任何声音都很难成为权威。至于网络上的用户，除了虚拟的名字和一连串的IP地址，就再也找不到任何踪迹了。

新媒体创造的文学活动新环境给文学创作、文学接受、文学批评提供了多种可能，拓展和改变了文学的领域。从目前的文学状况来看，文学发展已经改变了传统文学的发展条件和由此造成的制约。全民自由参与的虚拟时空和新的文化逻辑共同为文学生产机制的改变提供了条件，社会的文学生产也面临着持续的调整与发展。不仅如此，也给文学自身的特点带来新变，使文学必然地要突破传统的文学规约。不同的媒体平台给文学生产、创作、传播、接受以多种发展的可能性。种种新变可能是传统条件下难以预测和接受的，已经出现的新变大大挑战了人们的文学经验、文学观念、文学理想。这都是我们需要研究的——正在发生和将要发生的新变会给文学带来什么影响。

二、新媒体改变了文学活动的主体与组织形式

新媒体时代，作家身份完成了由传统的启蒙者、社会精英向普通大众的转变，而文学的组织方式也打破了当代文学前三十年政治规约下的组织化和一体化。任何人都可以参与到文学写

作中去，不再受身份的限制，实现了"平民的文学"。网络文学社团、新的读书沙龙和微信平台是传统文学社团在新时代下的演变，其借助网络将更多的文学爱好者组织起来，进行文学创作，坚守文学。

（一）作家身份的嬗变：从精英到大众

纵观中国文化发展史，是一个文化不断下移的历史过程，也是知识精英分子不断平民化的过程。自有文字以来，在漫长的人类文化史中，掌握"文化权力"的始终是少数人。文化传播通过"权力－媒介（把关）－大众""达到社会控制"。在中国古代封建社会，封建贵族垄断着知识文化，普通百姓一般不具备读写能力，更何谈文学创作。到了现代社会，印刷术与机械的联合尽管给文学提供了新的物质条件，拓展了文学活动的空间，但是文学的创作仍然掌握在少数人手中，大众只是被动的接受者，尚未形成文学创作的自觉，直到新媒体时代的来临，大众才有了文化生产和接受的自由。

新媒体时代，文学创作的门槛更加降低，文学写作几乎不受身份的限制，只要有文学表达的欲望，依靠一台可以入网的电脑，会打字，就可以了。论坛、博客、空间里铺满肆意的文字，充满自由的声音。文学成为普通大众日常生活的一部分，成为记录和体验生活的方式。新媒体时代是一个全民作家的时代，文学不再是少数人的专利，任何人都可以进行写作，呈现非职业化、平民化趋向。文学创作主体在由"知识精英"坠落为"普通大众"的同时，也将文学推下神坛。

网络数字空间的平等性和包容性，使得年龄、性别、种族、相貌、财富、权势等一切与文学无关的东西在数字化的文学空间里都变得无足轻重。文学拆掉了"柏林墙"，每一个普通大众都参与到其中，而不必再受身份的束缚，文学的平民意识也滋生在人们心中。每一个所谓的文学圈外人士有了文学表达的机会，一种真正地归属于民间的话语权正在崛起，一个全民作家的时代正在到来。

（二）作家的组织形式：体制的"逾越"

中国当代文学前三十多年是"准政治"下的文学生产，作家在文联和作协的领导下开展创作——"领导出思想，群众出生活，作家出技巧"。自 20 世纪 80 年代中期以来，作家的组织形式改变了，文联和作协组织功能弱化，甚至有作家退出作协，成为"自由撰稿人"。在新媒体时代，又出现了因共同的文化立场、价值倾向所建立的网络文学社团和文学同人群落等新的组织形式。写作者的文学活动正超出"体制"的范围，并以新的方式组织在一起。

1. "体制内作家"与"自由撰稿人"并存

建国之后的很长一段时间里，国内的作家们作为党的文艺工作者，要按照工作计划完成写作任务。怀着写作梦想的普通人，必须要通过正规的渠道，通过向报纸、期刊杂志投稿，接受严格的审稿，才能发表作品。现代文学时期松散的文学组织和文学社团都不复存在了。生活有保障的同时，作家的艺术创造力也受到了极大的抑制。20 世纪 80 年代以来，随着文化体制改革的逐渐深入，90年代市场经济、大众传媒的出现，既有的文学体制瓦解了，给文学的存在创造了新的可能，"体制外作家""自由撰稿人"在文学界出现了。"体制外作家"的出现凸显着文学的多样性和宽容性。自由撰稿人或体制外作家的创作行为脱开文化管理部门的约束，直面市场和接受群体，实践着"独立之思想，自由之人格"。他们打破了过去30余年来严格的组织方式，摆脱了单位制度的束缚，开始在制度之外寻找自我价值。然而，作家身份转换的同时，体现着创作自由性与生存困难性之间的冲突。"自由撰稿人"在脱离单位后，没有了固定的经济收入，要靠卖文为生，其物质来源则有了很大的不确定性，因此，他们需要更充分的"表达空间、传播空间和市场空间"。然而，不幸的是，市场、传媒、资本等成为新的障碍，看似自由的空间，其实正在出现新的不自由。金钱的诱惑，生存的焦虑，让一些自由撰稿人受到了新的奴役，放弃自己的文学理想，为经济利益而写作。

新媒体时代，写作抛开了某种神圣的意味，成为每个人都可以涉足的领域。写作者的创作大体上可分为两类不同的价值取向：一种是标榜自己所拥有的文化资本，在抒发"性灵"的同时，展示出自己的精神品格，他们的创作成果可以划到"严肃文学"当中；而另一种则是以写作为生，文学创作成了生产，追寻文学的消遣性、娱乐性和经济性。总之，在新媒体时代，写作越出了体制的界限，在体制之外出现了文学的大繁荣。

2. 多样的新文学群落：文学同人的聚集

新媒体时代，产生了因共同的文学理想聚集在一起的同人团体，如网络文学社团、文学读书会以及微信朋友圈等。他们作为有别于传统组织化、一体化的文学组织形式，应该得到充分关注，这些新的文学群落为考察当下社会民间的精神生活以及文学生活提供了一个新的视角。

（1）网络文学社团。文学社团在现代文学发展史上占有重要地位。如文学研究会、创造社、新月社、莽原社、未名社等，它们的建立组织起来了中国的新文学队伍，丰富的理论成果和实践成果，对新文学的建立起到积极作用。然而，随着新中国的建立，在当代文学秩序的建立过程中，自发的文学社团不复存在，作家的文学创作被纳入到文化部门的管理当中。不过，随着新媒体时代的到来，互联网上再次出现了文学社团活动，在保有现代社团的某些特点外，也出现新特征。相比传统的文学社团，他们的发表周期短、作品容量大，给更多的文学爱好者实现文学梦想的空间。网络平台的交互性，又使文友之间得到及时的交流。他们以创作群体的身份出现，因相近的文学理想和文学追求而聚集在一起；每个社团都有各自的文学主张，且有组织原则与规章制度。与经济化的文学写作形成对比，一股纯净的文学力量正在崛起，成为鱼龙混杂的网络文学环境中的"绿化树"。在社团联盟主页上最引人注目的是名家评论专栏和理论专栏的设置，葛红兵、施战军、洪治刚、季桂起、曹建国、许自强、马原等知名作家、评论家发表专业评论；理论专栏则涉及重点作家、热点现象、知名作品的专题评论，如"80后"作家、"90后"作家、鲁迅研究、苏童研究、网络文化等。这些大大增强了网络文学的理论内涵，对于引导网络文学向高层次发展起到促进作用，有助于扭转网络文学发展的低俗化倾向，而严肃文学评论者的加入，也是严肃文学评论者在新媒体时代对文学活动方式转型的主动适应。

目前的网络文学社团基本属于民间自发组织的，他们的文学写作更为突出地直接和心灵相关，而不是和某一时期的审美趣味、某一群体的审美标准、某一类型的文学范式有关。互联网上发表的文学作品在专业技术评定的时候尚不计入成果，发表的作品也没有稿费，但正是这种不计回报的文学坚持，秉着自由的创作心态，更体现这些文学写作者的虔诚的文学姿态。他们对于文学事业的坚持，也正是文学精神的可贵之处。

（2）线上与线下结合的读书会。在新媒体时代，传统的"读书沙龙"重新出现，一些读书爱好者有组织地聚集在一起，分享读书过程中的心得体会，讨论当下的社会、文化现象，还会请相关专家进行讲座。全国各地都有读书会，在各高等院校以及一些初等院校中，有组织的文学读书会也成为文学教育、语文学习的一部分。这些读书会有组织地展开读书活动，给在繁忙生活中的人以新的精神的存活空间。

（3）微信朋友圈的文学分享交流。腾讯公司的微信平台，为文学爱好者提供了一个便捷的分享、交流平台。首先，因"物以类聚、人以群分"，决定了朋友圈的特殊性质——相似的文化程度、教育背景、生活经历，也进而决定了他们语言表述方式、思维方式的某种一致性。他们或是以"群""讨论组"的形式表达他们自己对热点问题的看法，产生争论，或是直接对一些文章进行转载，表明自己的立场。这种分享交流突破了传统时空的限制。其次，微信网民对朋友圈公众号的共同关注，间接地体现了相近的价值立场。这些公众号是传统刊物在面对新媒体时代新的传播形势下所做出的策略性调整，以争取更多的关注者，适应新的读者阅读要求。

三、新媒体促成了新的经济化文学生产模式

现代社会，写作者为了维持自我的生存和发展，必然与出版商、市场发生关系，其创造的文学作品也就具有了商品的属性。作者作为商品流通链条中的一个环节，不再是孤立的存在，他要时刻关注文化市场的需求，创造出符合消费者的审美口味的作品。文学期刊、出版社的转型是20世纪90年代以来文学适应市场开始主导文化生产的重要策略。畅销书生产机制的建立，成功地树立了经济化文学生产模式。如果说市场在文学生产转型中起到巨大作用，那么新媒体则促成了新的经济化文学生产模式——文学网站的文学生产线以及利用网络资源的文学生产。即以新媒体为依托，通过市场的文学消费要求，以最大化地实现经济收益为目标。

（一）文学网站的文学生产线

文学网站作为新的文学活动平台，在其下正在形成有别于传统文学生产的形式。文学网站成为文学生产、传播、消费的重要场地，为文学创作者和文学接受者提供了写作和阅读的场所，却更多地作为经济化的文学活动平台，受资本运行规律的规约，确立着新的生产模式。一群有别于传统作家，通过文学网站或网络平台发布文学作品，并通过点击率和作品排行获得稿酬的写作者，即网络写手，在经济化的文学生产模式中应运而生。但是，只有在网络写手的作品达到一定标准时——在文字的数量上或是读者的推荐下，写手的作品才能与网站签约，获得一定

的报酬。写手们通过与文学网站签约，完成协议规定的文字数量，并参照作品的点击率获取经济效益，而这种网站签约写作是有别于传统的文学生产的，更多地是以写作的名义追求着经济收益，作品的价值更多是在接受者的点击率下被衡量的。但是，对于大多数的写作者来说，收入都是微薄的，而成为"超级写手"或是"白金写手"，不仅要求更新跟进的速度，小说的质量也要达到相当的水准。

从各大文学网站的栏目设置来看，文学网站的文学生产模式在某种程度上促进了类型文学的兴起，玄幻、仙侠、言情、校园、军事等出现在网站的标头，还有女生专区、男生专区的设置，这些分类详尽的文学作品是标准的文化工业产物，文学也如生活用品一般被批量化生产。阅读者的"欢喜"将决定写作者写什么、怎样写；文学网站也会主打推出一些新的类型作品推荐给读者。写作者完全抛开对于文学写作的个人信仰，而彻底追求经济利益，通过"卖文"获得财富。"商业价值"在"审美价值"和"意识形态价值"之外成为新的文学评价标准。

然而，令人担忧的是，这种片面强调写作速率、追求经济财富的商业写作，将极大地损伤文学的审美品质，造成文学的粗制滥造，影响文学的健康发展。尽管不同品质、风格的作品出现在网络上，有崇高的、有悲剧的、有滑稽的、有丑态的，但是却以消费、娱乐为主导倾向。经济化文学生产创造了文学的繁荣，却也在经济利益下，无意地导致了文学的人文内涵、审美价值的缺失。我们要警惕文艺成为市场的奴隶。如何在经济化的文学生产中保障原创文学的质量，是一个值得思考的问题，也是对广大写手们在追求经济价值的同时，所提出的深深期待。

（二）利用网络资源的生产形式

新媒体更新了传统的笔纸书写模式，代之以键盘的输入。新的书写工具，加快了写作速度，便利了信息传播，已经实现了文学的即写即发。不可忽视的一点是新媒体的一项特殊功能，即复制技术，轻按鼠标右键，或是用"Ctrl+C""Ctrl+V"的组合键就可以轻松地将文字从一个页面复制到另一个空间。在这样的写作条件下，衍生出一种利用网络资源拼贴的文学生产形式——在某一主题的要求下，根据一定的关键词，生产团队在网上搜集相关文字篇章，再筛选出自己需要的网络资源，通过复制—粘贴技术，简单地排版后，加以精美的封面，不去考究文字的原始出处，就结集出版了。这种通过整合网络资源的写作方式，满足了消费者在某一热点文学现象下的即时阅读需求，却也造成了盗版图书问题和版权争议。

各种文学艺术形式借助互联网进行生产、传播。无论写作者还是分享他人信息的消费者，都很少关注成果的归属，版权意识淡薄。网络版权同传统著作版权一样，应当得到重视和保护。2005年实施的《互联网著作权保护办法》、2006年实施的《信息网络传播权保护条例》、2010年实施的《中国互联网行业版权自律宣言》等给互联网时代的版权提供了保护。网络版权是指将文学、艺术、科学作品上传到互联网的合法权利人，许可他人使用作品，并由此获得报酬的权利。传统著作同网络作品，发表平台不同，但是同属于智力成果的本质却是相同的，因此有必要也必须保护发表在互联网上的智力成果。网络的开放性、速度性、复制性，方便了信息的传播和资源的共享，但相对于传统的作品在版权保护上存在很大难度，开放的互联网文化与保护性的版权思想之间存在根本性矛盾。当下一般重视的是传统出版下的版权保护，而对网络上传播的信息还没有充分的版权意识，这也给一些不法分子随意使用他人成果，获取经济利益提供了相当的便利。盗版下，创作者得不到相关收益，影响创作的积极性。如2010年11月的百度文库侵权案，引起了社会的极大关注，让我们进一步思考互联网时代的版权问题。网络时代，应探索和建立网络服务商、著作权人和公共共赢的文学生产发展道路。

另一种利用网络资源进行生产的形式是利用网络的人力资源，充分发挥集体的效用。众包模式是指一个公司、机构把过去由职工完成的工作任务，以自由自愿的形式承包给网络大众去完成。企业不再需要用全职员工，而在虚拟的网络社区中，招聘有适当才能的人来共同完成某一项任务。通常情况下由个人来承担，但需要多人协作完成。Jeff Howe 在美国《连线》杂志上首先提到这一概念。众包是新媒体时代新的高效经济化生产模式，节约成本，短时高效，充分发挥广大网络参与者的智慧，既达到了经济目的，也实现了参与者的个人价值。网络众包的生产模式已经应用到文学生产当中，如《史蒂夫·乔布斯传》《抉择时刻》《失控》等的翻译。《史蒂夫·乔布斯传》被称作史上最牛译作，是半个月译出50万字、600页的"超音速翻译"。美国出版公司计划在2011年11月推出《史蒂夫·乔布斯传》，可是因乔布斯的突然离世，将计划提前到10月24日，以赶上节点热卖。随后，中信出版社宣布与美国出版社同时推出中文版的《史蒂夫·乔布斯传》。这意味着要在最短的时间将英文原作翻译成汉语，这就同过去的独立翻译的形式相区别。因此，为了适应畅销书的销售模式，《史蒂夫·乔布斯传》采用了众包的翻译模式，通过在网络海选译者，在团队合作下，以"日译万言"的速度向前推进。国内的乔布斯崇拜者在美国发布的同时间看到传记，无比兴奋，却引来担忧——"快餐化"的翻译是否会因多人完成，造成风格的不统一、质量的不达标？虽然外文翻译与中文文学创作还有着一定的差异，但是翻译本身也是一种再创作，它需要译者对作品本身融会贯通，灵活地掌握两种语言，在翻译过程中既要保持原作的风格，也要考虑到目标语言接受群体的审美趣味。从《史蒂夫·乔布斯传》的翻译效果来看，受到了广大读者的诟病："中文翻译弱爆了""翻译太烂了""毫无美感"。不过，无论怎样，《史蒂夫·乔布斯传》的销路很好，在未正式上架前就已经有100万册的预定，并在上架之后短短的三天内卖出去40万册，实现了可观的经济收益。

第三节　新媒体改变了创作观念

文学观是指如何理解和看待文学。新媒体改变了传统的文学创作观念。在这个多元化的社会环境当中，文学很难再承担唯一的价值和意义，不同的作家也因不同的文学追求，在文学活动中践行着言志载道或是娱情快意的文学观念。文学作品的内容、艺术样式和美学品质因数字技术的介入出现了新的思想意蕴和审美品质。

一、文学创作观念的重塑：从言志载道到娱情快意

作家的文学创作观念是同一定社会历史时期的政治、经济、文化、思想状况密切相关的。"一般世界情况"所形成的"普遍精神力量"塑造着作家的人格，也影响着他们文学观念的形成。在漫长的中华文明发展中，正如周作人在《中国新文学的源流》中所言，中国的文学史是"言志"与"载道"两种潮流的起伏，教化功能与审美功能共存。

20 世纪 90 年代以来，文学所赖以生存的社会条件发生了巨大的改变，市场经济的确定促进了物质的繁荣，随之而起的是崭新的文化姿态，大众文化、消费文化盛行，传统的精英文化在商业利益的驱使下走向边缘。尽管文学在此之后开始甩掉"启蒙"或是"救亡"的沉重翅膀，有了自足的发展空间，但是受"经济力"的驱使，越来越多异质的声音盘旋在"纯文学"的上空。

进入新媒体时代以后，文学在政治的或是经济的功利主义束缚外，更加注重抒发自我的功能，回归到袒露心性、娱情快意的自由本质，表现人的精神世界。尽管一部分作者与接受者仍然将文学视作神圣，但是更多的创作者秉持着一种自由的创作心态。他们多数"躲避崇高"、独抒性灵、不拘格套，在网络的自由空间内表现自己的内心生活和情感世界。新媒体时代的文学创作观念是从"我"出发，再回归到"我"。不过，有时一些作者会全然将文学当作游戏的、娱乐的、发泄的。不过，这种"快感"是脱离了"性"本能的，是思绪所到的情感喷发与流淌。

正是这种任意的姿态，让我们看到了文学的活力。我们也在自由的文学创作当中看到了现时代人真实的精神世界、价值取向和文化立场。透过文学的窗口，更加关注人的存在。而这些是与新媒体时代自由的文学生产与传播平台密不可分的。"自由是一切艺术的人文原点和终极母题，也是文学本体的精神之根。"新媒体时代，文学正在找到它的自由之精神，努力摆脱各种社会因素的影响，正如最早开始网络写作的邢育森所说：

开放，是网络作家和网友读者对封闭和狭隘的摒弃和拒绝。

自由、真实和开放，便是网络原创文学的宗旨。这也是网络原创文学赖以生存和发展壮大的基础和核心。当一切都被放弃之后，这是我们所必须坚守的原则和立场。

自由，是指对传统文学框子的突破和革新。

真实，是指以一种不回避、不畏惧的勇敢态度来面对生活和世界。

受经济利益的利诱，网络文学正在脱离它最初的"自在"本性。新媒体时代，文学尽管摆脱了政治强权的控制，写作的目的有了多种可能性，可以为政治、为经济、为道德、为娱乐，但是文学的最终目的是要超越物质而营造精神的圣地，使人在日常生活的烦、怨之后，迎来精神世界里的诗意栖居。但是，无论怎样，对于那些有些良知的作家来说，都要怀着一种人世的情怀，不能只把文艺看作审美的自足，把文艺看作自娱的游戏，或是把文艺当作赚钱的工具。

二、作品内容与艺术形式的转型

新媒体在文学中的介入，改变了文学的内容和艺术形式。文学体裁、题材到表现手法都出

现新的样式，文学发展出现新的趋势："小叙事"与"超长篇"是新媒体环境中出现的新文体；类型文学则是商品化文学生产的产物，充满本能欲望；多媒体技术丰富了文学的表现形式。新的社会文化环境和媒介环境给文学发展带来了新的可能，也是当下社会生活对文学提出的要求。

（一）网络新文体："小叙事"与"超长篇"

所谓体裁，是指文学作品的具体样式，文体的变革与时代的变迁息息相关。新媒体时代，体裁的稳定体系遭到破坏，新的文体应时而生，而已存在的文体正消亡、整合，传统的文类划分已经无法适应如今的文学新发展，新出现的文学样式正在打破传统文类的既定规约，网络文体正在迅速发展，并逐渐形成了新的审美范式，被普通大众接受。

反体裁已经成为我们时代的主导模式。在全民写作的时代，大批非专业作者由于没有受到过正规的文学训练，文体意识淡薄，只是即兴创作、有感而发，而不像传统的精英写作，往往要在深思熟虑过后，根据所要表达的内容，选择适合的文类。网络时代，率性而为的写作姿态，导致了文体的泛化、界限的模糊，文学文体出现了无序化状态，传统文体的严整性消弭了，自由散漫的文体正在成为主流；写作者抛开传统诗歌、小说、散文、戏剧的文体规约，肆意地在键盘下流出所闻、所思、所想。在这个过程中，一些新的文体随之出现，比如一些短小精悍的"小叙事"，如"博客体""日志体""短信体""微博体""微信体""网络民谣（段子）""电子广告"，或是"超长篇"小说等。

1. "小叙事"

现代生活的飞速旋转，文化娱乐的快餐式消费，都对写作规模提出了新的要求，那就是必须简短有效、切中要点。这是与当下的即时写作、碎片阅读趋势相符合的，实现了内容与形式的统一。传统长篇作品的复杂情节、纵深结构与深度思想都无法适应当代的审美阅读需要了。现代社会的快节奏生活方式和社会风气，让人更倾向于文化速食。写作者在狭小的文本空间中，用极为直接有力的方式传达自我，而阅读者也追求着转瞬即逝的审美快感，而不去探寻深度与意义，甚至一笑了之。这种新的文体孕育着新的内容和新的精神，这些新的内容和精神反映着当代的现实生活。在各种平台上，每天都有无数这样的文字刷新，但却呈现出对宏大主题的告别，民族、国家、社会、责任等的规避，原因在于网络时代正在全面进入"我时代"。在这个时代，一切以"我"为出发点，以"我"为最终的旨归，只关注个体的生存，这也是称为"小叙事"的原因。"小叙事"的凸显是对个人价值的确认，然而这样的价值取向或是意识形态也是危险的，自我的无限膨胀必须引起我们的警惕。

2. "超长篇"

"超长篇"是新媒体时代出现的一种新文体，其打破了传统文体中对小说，尤其是长篇小说的概念界定。传统长篇小说的文字量在10万字以上，通过对复杂而广阔的社会现实的把握，展览出一定时期范围内的社会风俗人情。作者在波澜起伏的情节中，在众多人物的纠葛中，在多条线索的并进中，结构全篇，并通过文学语言艺术地表现出对社会人生的思索。"超长篇"

小说的出现，是与传统长篇小说的兴盛有着不同的社会历史环境的，既不同于古代社会士大夫的缘情而发，也不同于现代社会知识分子的干预社会，而是在市场经济条件的作用下产生的，并与新媒体的写作环境密切相关。网络文学写手的经济收益以更新的文字量计算，所以，为了更多的收益，也促使其越写越长。网络空间的无限性，打破了传播出版的有限版面限制，为"长篇小说"的无限延长提供了现实的可能。"超长篇"小说文字数量通常都在百万以上，采取网络连载的方式在各大文学网站上更新。网络小说有即时更新的要求，因此缺少草创后的修改而匆匆挂到网上，而导致结构缺少精密构思。在网络"超长篇"小说中，写作者更多地是为了讲述一个吸引人的故事，而并不去考虑"艺术真实"的内涵，既没有写作者的情感真实，更不去在故事的讲述中像传统作家那样反映社会人生的情状，传达出深层的价值和意义。

（二）类型化题材：充斥着本能欲望的虚构世界

现代文学以来，根据对文学题材和主题的认识，分为武侠、言情、推理、历史、恐怖等；新媒体时代以来，传统的题材划分根本囊括不住当下的文学内容，出现了新的题材形式。通过扫描各大文学网站主页，题材分类大致有玄幻、奇幻、科幻、仙侠、武侠、言情、都市、历史、军事、游戏、竞技、灵异、同人等，这些题材既有超越现实的想象，也有基于现实的讲述，还有再现历史的回望，不过终于指向那些在现实中无法实现的欲望，直指人们对于权力、爱情、新奇的向往。写作者通过对生活的深入挖掘，将文学题材延伸到每一个角落，无所不包、无所不谈，使得当代文学得到了极大的丰富，许多话题禁区也被打破，而这一切都要归于网络写作、发表的自由，不再受到传统文学生产、审查、发表的严格限制。网络为类型小说的消费提供了超市化的服务，也为写作和接受提供了新的互动模式。在这里，终端（读者）决定了一切，读者的欲望被无限地放大、细分，像享受按摩一样，各部位都可以得到专业性的照料。

众多的文学类型满足了不同读者的阅读偏好，不过，类型文学的创作本身却遭遇到标准化、平均化的命运，变得同普通的消耗品一样，失去了其作为精神产品的独特性。类型文学是文化工业、文学商品化的必然结果，已经被纳入到文化产业的经济效益产出之中。写作者只要紧跟读者的喜好，然后根据固定的模式进行写作就行了，而不再去考虑生活真实，甚至出现了大量相同内容的复制、拼贴，这也导致了网络文学的粗鄙化倾向。但无一例外的，在这种"高度架空"的写作中，都创造和满足着阅读者的欲望，反映着特定时期的社会文化心理。

三、多媒体语言：声像并茂的逼真体验

文学是一种语言的艺术，作家通过文字来创造艺术世界。新媒体时代，科学技术被应用到文学创作当中，于是在文字之外，声音、图片、视频、动画、录像、数码摄影、影视剪辑等成为新的"语言"，丰富了文学的表现手段。应用多媒体技术，可以在同一时间之内，调动人类的多重感知，创造出身临其境的感觉；"瞬息之间的由许多形体组成的风景，需要几页散文才能表现出来"，却可能在新媒体创造的一个影像中就被表现出来，使得文字表意的有限性得到

补偿，让读者更快地进入审美状态，并且"将物体从同一和连续的印刷文字空间里解放出来"。

传统单一的文字表意是间接性的，需要转意、思索、领悟，如果不具备一定的阅读能力和理解力，是无法将抽象的文字符号在大脑中连缀成意义，并生成具体的"想象画面"的。文字在某种程度上的抽象性，限制了读者的欣赏。多媒体语言在文学写作中的应用，形成的互文阐释效果，有利于加深对事物的认识和理解。随着自媒体的发展，大众通过个人的用户终端，将即时的见闻、感触，以"文字＋图片"的组合形式，发到互联网上，与人分享交流。在微信6.0中，甚至增加了视频应用功能，直接代替了文字语言。从日常生活中可见，人们更愿意用直观的声像代替文字去直接地表现和体验某种情绪。在毫无巨细的展示中，一种新的写实主义正在流行，营造着一种身临其境的感觉。

多媒体语言在带来新的审美范式的时候，却也导致了一些负面的可能。图像化的结果造成了审美的直观，剥离了文字所蕴含的言外之美，传统文字文本中的留白都被图像填补得满满的，失去了反复体味的美感。阅读者想象、思考、分析的能力也受到影响。电子技术挑战传统的真实观，不再是对现实生活和客观世界的真实再现，而是一种"超真实"，比真实还真实。影像不是再现或是一种虚假的意识形态的遮掩，而是成为真实本身。

字、音、图、像等多媒体的联合应用，正在突破文学与艺术的界限，挑战文学的内涵，扩充着文学的外延。各国早期的文艺都是"诗、乐、舞"的多位一体，新媒时代的文学正在成为一种综合性的表现艺术。当"高科技"被应用到文学当中，文学研究者应使用开放性的眼光来看待文学，并建立适应当代文学发展的开放的文学观。不过，如何在新的时代重新界定文学内涵是一个难题，如何在多媒体技术的"镜像"下融入深度的判断也是当今需要思考的一个问题。

四、文学美学品质的变异：从追求崇高到美学追求的多元化

文学作为一种社会性存在，其本身必然打上清晰的时代烙印，特定历史条件的社会风尚会对创作者造成影响，并间接地投射到作品中。因此，文学的美学品质与时代有着密切的关系，反映着特定时代的精神气候。21世纪，新的传播媒介不再只是作为一种工具、手段，甚至已经融入到被承载物当中，成为审美价值的一部分。互联网给文学提供了新的生态环境，其后现代的意义指向、中心的消解、个体的凸显正在消解集体价值下的唯一的崇高文化，生成崇高、优美、喜剧、悲剧、丑、滑稽共存的文学现场。

躲避崇高是日常生活的回归，而日常生活的回归开启了世俗化之路。日常生活确认人的价值，使人脱离了"神性"而存在，从而沾上人间的烟火。在新的历史条件下，人的基本生存欲望得到了满足，有关"性""物质""情感"的欲望都获得了合法化的确认。当"活在当下"成为现世的人生追求，摆脱泛政治的压抑变得迫不及待，美好的彼岸"天堂"也在现世的美轮美奂中显得愈加遥远。

网络、手机等参与到社会文化的塑造当中，为世俗化的快乐审美、感官刺激、文化消费提供了新的可能。新媒体的交互性、自由性、即时性、随意性，吸引了大众的广泛参与，为文化

的生产和传播提供了有效的工具手段，更为多元的审美提供了生长条件。多元的审美反映出文学的生命力，也为产生优秀的文学作品创造可能。在"躲避崇高"之后，文学审美呈现多元化的趋向。传统文学中的"崇高"与"优美""悲剧""喜剧""滑稽""丑"等美学品质共存在当下的文学创作当中，然而，却趋一致地出现了"世俗化"的美学倾向。"世俗化"本身并不具有贬义，它只是一个中性的概念，不过要警惕由于审美自由所带来的鱼龙混杂。我们尊重多元的文化选择，但是我们也要看到多元背后的世俗化倾向，以及其中隐藏的消极因子：缺乏人文精神、丧失批判意识、深度的削减以及感性的泛滥，放弃传统民族、国家的集体精神，而愈加地关注个体的价值，避开崇高价值的言说。习近平总书记在《纪念延安文艺座谈会 72 周年的讲话》中说，"低俗不是通俗，欲望不代表希望，单纯感官娱乐不等于精神快乐"。"全球化"正在影响包括文学在内的社会生活和日常生活的各个领域，信仰危机也不只发生在中国，其已经成为一个全球性的文化问题。因此，作家们在创作过程中，在创造文学的娱乐性的时候，还要坚持社会主义核心价值体系，注意恰当地反映当今时代的精神，展现出中国风格，并形成自己的价值立场，实现"寓教于乐"。

第四节　新媒体改变了传播方式

新媒体突破了传统媒体发表空间的有限性，实现了超时空的即时的无线传播。各种数字化的信息交流平台，为大众提供了一个尽情言说的空间。以网络文学为核心，实现了包括传统纸媒、影视、游戏、广告、动漫在内的"多层次的衍生品"的共存，大大激活了网络文学的生命力，丰富了文学的生命形态，吸引了不同趣味的消费者，获取了巨大的经济效益。

一、数字媒体实现了超时空的即时传播

工业时代，是机械化生产的时代，也是原子的时代。信息传输依托印刷术与机械的结合，在特定的时间和空间内来完成。工业时代主要的传播介质有报纸、杂志、书籍等，而这些媒介由于原子的有限性而在某种程度上束缚了信息的传播。随着人类科技的发展，在蓬勃的 21 世纪，我们迎来了信息传播的新纪元。信息传播介质革命性地再次发生改变，由"比特"构成的互联网、手机等，将以数字化的方式，挣脱时间、空间的限制和"原子"的束缚代替纸质传播媒介。数字化生存能使每个人变得更容易接近，让弱小孤寂者也能发出他们的心声。

网络空间的无限性，让每个人都有了表达的机会，有了自由表达的权力，人们在现实的有限的物理活动空间之外，在虚拟的网络空间自由飞翔。网络空间的无限性，增加了信息的承载量；对文学来说，扩大了其存在空间。如果 2 B 可以存储一个汉字的话，那么 1 GB 就可以存储 5 亿 3 千 6 百多万个汉字。假设一部长篇小说有 20 万字，则可存储 262 351 部小说。如果用实体图书馆收藏 27 万册图书，则需要占据相当大的物理实体空间。传统期刊、杂志、报纸、

书籍因版面的有限，期刊周期过长，只能在投稿作品中千挑百选，而一些有价值的作品最终错过了发表的机会。新媒体所创造的文学空间，使文学彻底从狭窄的纸媒空间中解放出来，任何有意愿发表作品的人都可以将自己的作品与他人进行分享。电子技术突破了传统物理传播时代的信息壁垒，物质、时间、空间的阻隔与冲突在数字媒体时代得到了解决。写作者只要将在电脑或手机上敲打好的作品点击发送，就可以将没有重量的比特传输到世界各地，同时，其他用户也可以即时地收到发出者的信息。数字媒体实现了信息发送的即时性、超时空性和无限性。

数字化生存是人类社会的未来走向。印刷媒介和电子媒介的斗争是不可避免的，然而在相当长的一段时间内，它们将共存。比特媒介的成本远远要低于原子媒介，它可花费极低的成本来传播大容量的信息，并且比特媒介的快速传播也要比传统信息媒介具有优势，甚至实现了同步性、实时性。同时，无论从存储的角度还是从环境保护角度来说，数字化都将成为必然之路。因为"以一个容量为 4 GB 的电子阅读器来说，它一般能容下 3000 本电子图书，而同样版本的纸质书，如果按照每本书平均 500 克计算，3000 本书需要 1.5 吨的纸张。如生产这么多纸，就要砍伐 30 多棵树龄在 20 至 40 年的树木，需耗费 150 吨水、900 度电、1.8 吨煤和 450 公斤化工原料。也就是用一本 4 GB 的电子书阅读这 3000 本书，不仅能少砍几十棵大树，而且还能减少水电煤的消耗。"然而，就在比特传播趋向未来的时候，我们不能因此断定"书"没有未来，纸质传播失去其优势，毕竟，那墨香和手翻书页的触感所带来的美好的感受，将吸引读"书"爱好者。

二、新媒体提供了自由选择的传播平台

进入新媒体时代，互联网、手机等的广泛应用，不仅更新了信息传播介质，方便了信息的传递，还给文学的发展提供了具有互动性、开放化、个人化的新平台。依托互联网、手机存在的 BBS、博客/个人主页、微博、微信等个人化写作空间，为大众开辟了语言狂欢的场所，也为迎来文学的全新写作时代创造了必要的条件。这些自媒体的出现，让每一个人都成为信息的发布者，实现了自己的说话权。"网络文学'多源性'的参与机会，凭借技术实现了印刷文学梦寐以求的'互为间性'的理想效果，即作者、读者、文本和环境在一个开放'场域'共生共舞"，因为传统媒介的信息传播方式是单向传播，接受者只能被动地接受信息，新媒介则实现了互动式传播，参与者既是信息的接受者，也是信息的制造者。

借助一台电脑、一部手机，通过个人主页、博客、微博、微信等平台，作者就可以开始他的心情日记。网民通过网络编辑、发送、转载信息等也成为普遍的现象。作者不拘泥于特定的文体，不按照特别的格式，或许干脆连标点等都省去，发一个表情、写一段话，或是一段视频，随时随地记录情感,而无所顾忌。博客/个人空间、微博、微信等相对于传统发表平台有许多优势。第一个优势就是写作者在新的平台里实现了即见、即写、即发，表达此时、此刻、此地的心情，并实现视频、图片、声音、文字的互文表达，让文学不再是单一、枯燥的文字叙述。多媒体的参与，使表达变得"声情并茂"。新的发表方式在"正统"的文学写作之外开拓出一条新路，

不再受篇幅的限制，不再受时地的限制，不再受传统文学规范的限制。第二个优势就是转发功能与回复功能，为广大用户搭建了一个信息化的社交平台，实现了双向的互动与交流，去除了中心，也彰显了每个自我，实现着民主。第三个优势是在真实世界的社区之外，突破地缘的限制，基于共同的兴趣、爱好、经历等建构虚拟社区。"状态发布者"可以在圈内获得情感支持、友谊和归属感。新的表达平台一方面强化了写作者"自恋"式的"表白"欲望，一方面也满足了他人的窥视欲望。借助新发表平台的写作，是极具个人色彩的写作。用户在这个紧张与焦灼的时代里，找到了倾诉与宣泄的平台，缓解了他们的焦虑。这些空间在某种程度上的虚拟性，又让他们获得了另外的虚假身份，而减少顾及，真实地释放自己、认识自己。专门的中文文学网站降低了文学的门槛，让文学爱好者的才华得到尽情的展示，文学梦想不再因发表的障碍而无法实现。文学网站的商业化运营模式还给写作者创造了经济收入。

三、全媒体融通促进了文学多种艺术形式的传播

网络文学通过传统出版、影视改编、游戏改编等全媒体的跨界合作，再次扩大了其传播空间，赢得更多的消费者，实现了其经济价值的最大化。网络文学原创作品，通过与影视、娱乐、广告等的深度合作，正在形成一条引人注目的产业链条，已经实现了"一次生产，多次利用，全版权获利"。更重要的是在"视觉"时代，找到了文学的生存出路。

（一）线上文学的线下出版

未来的网站经营将会是跨产业、多种模式的综合发展，会员制、出版与周边开发将会成为三足鼎立的盈利途径。

网络文学的跨界出版，既是文学网站增加收益的手段，也是传统出版业寻找发展生机的出路，更是网络写作者的自身要求。

对文学网站来说，必须将其丰富的网络文学资源与传统出版相结合，才会有盈利点，这是文学网站造血机制的根本，这样做有助于实现文学网站发展的良性循环。网络文学的实体出版，既可以吸引原有的线上读者，也可以赢得新的读者，而实体出版的作品又通过数字化技术，转化成数字图书形式。文学网站的实体出版战略，是其扩大市场的重要手段。在网站和出版商的合作下，打造的实体畅销书吸引了很多读者，尤其是年轻读者。

正当文学的网络出版风华正茂，大量作者依靠网络实现自己的文学梦想，却出现了作品发表的逆向生长。早期在网络上写作的人渐渐地淡出了网络空间，而回归到线下写作，并通过传统媒体出版。曾几何时，安妮宝贝、慕容雪村等早期网络作家在互联网上发表作品，看重的是网络写作的自由，在网络里，他们内心的真实情感得到释放，而不用顾及他者的眼光。网络文学发展到今天，却与他们的初衷相悖。那"自我的文学""真实的写作"现在蜕变成了娱乐性、消遣性、轻便性的"快餐文学"，除了创作、传播、接受的在线性没变，其内涵与意义发生了变化，更多地与商业经济、消遣娱乐相联系。随着网络文学的经济化发展，为生存而写作的

写手大量繁殖。写手为获得经济利益，逐渐背离早期写作者的写作初衷，而沦为受众和经济的奴隶，写作质量下滑。于是，早生代的写作者们纷纷退出网络平台，回归到传统的出版路径。早期的写作者向传统写作的回归，可能深受"出版才是硬道理"的精英思想影响，更试图与当下的网络写手们划出分明的界限，并告别"草根身份"。"因为纸质出版是传统文学的出路，传统文学有其权威性；而网络文坛芜杂混乱，写手们需要获得一种权威的认可。说白了，纸质比网络更有面子。"然而，对于更多的网络写手来说，选择实体出版不仅仅是"面子"问题，更多的还是"生存"问题。网络写手的实际生存让人惊心，为了留住读者，每天都要进行更新，透支身体和青春。实体出版的稿费较高，并且还有相应的版税。

总的来说，纸媒出版有相对严格的出版程序，其发行的设限有利于提高文学的品质。网络文学的超大容量，给出版商带来了巨大的选择空间。纸媒的出版发行通常选择点击率高的作品，在泛滥成灾、泥沙俱下的作品中选出精品，也给网络文学经典化提供了可能。然而，网络文学在传统出版"招安"的过程中，在线性的丢失，也必将丧失网络文学本身的特质。网络文学的高使用量，在于其依赖电脑、手机等新媒体的便捷式阅读，还在于阅读的流行、时尚、开放、轻松等，至于日日更新中上文所留下的那份悬念，更是吊足了读者的胃口。当网络文学离开网络，离开它赖以生存的土壤，其存在也面临合法化危机，更无法同具有高品质的传统文学相比。

（二）畅销作品的影视改编

文学作品的另一条发表途径即影视出版，将文字转化成影像作品。近年来，通过网络文学改编的电影或电视剧备受青睐。通过影视发表的经典畅销作品有《平凡的世界》《狼图腾》《白鹿原》《红高粱》等。影视化改编是文学在生存困境中的自我拯救，是文学适应市场化、产业化，扩大发展空间的重要选择。图像代替文字，正是这个时代所正在发生的，以声、光、像为主导的影视产品，越来越受到大众的普遍喜爱，复归人类形象思维的原始天性。影视作品相对于单纯的文字作品有很大的优势，其作为一门综合性艺术，通过声音、语言、画面、动作、行为、场面等多种符号进行表意，因其生动、形象、直观、动态、多维的相对优越性吸引了更多人的眼球，而文字的抽象性则需要将观念转化成形象，因而对接受者的文化水平、思维能力、鉴别能力都提出要求，也就天然地将许多参与者拒之门外。多角度的图像呈现，虚拟的仿真情境，充分结合了欣赏者的感官系统，如听觉、视觉、触觉等，让接受者产生身临其境之感，实现融入性体验，进而加深对作品的认知，因而，传统单靠文字进行表意和审美传达的作品自然地陷入危机。

网络文学的影视改编，通常选择点击率高、已经经过市场检验的作品，这样可以避免许多风险。文学作品改编成影视剧后，原有的读者会怀着不同的心理期待加入到影视作品的观看队伍中，而电影票房获得高收入的同时，又反过来促进了原著的点击率，许多原本没读过小说的人也纷纷开始阅读。然而，在改编过程中，编剧或者导演的误读又会限制接受者的理解，甚至给原作造成巨大的伤害。不仅如此，文学的影视化改编也给文学创作带来影响，如思想的浅显化、语言表达的简洁化、情节的戏剧化、矛盾的冲突化，而传统文学的细腻的情感、复杂的心理、张力的语言、精致的环境等不符合影视的"平面化"审美需要，一点点从文本中淡去，一些写作者甚至在写作的时候，为方便可能的影视改编，从选题、题材、形象、情节、结构等方面，自觉地靠近影视剧对文本的要求。文学正在失去其作为文学存在的独特属性。

"文学性"是文学之为文学的必然要求，而当影视观赏越来越成为人们业余时间的休闲方式，那么影视文学也应发展其独特性，除了要注重传统叙事中人物、情节、结构、矛盾等的设置，还要更多地利用拍摄手段和技术制作。当视觉文化代替文字审美成为新的消费风尚，"开掘数字文学性"成为新的任务：复归影视文学的文本特性时，突出语言的表现力，并结合超文本、多媒体、3D 等新媒体技术，以丰富表现手段；新媒体时代网络的虚拟技术在影视作品中的运用，突破了现实条件的制约，实现了不可能的图式、场景、模型的想象性构建；充分发挥摄像机的作用，通过位置、速度、角度来增强神经系统的刺激，增强观看者的审美快感。

影视的直观性，决定了影视改编后的文艺作品所传播的范围要更广些。这些改编的影视作品演员多时尚、靓丽，一些时候观众对剧中人物"形式"的关注超过故事情节、精神内涵本身，剧中人物同款的服饰、挂件等很容易激起新一轮的消费欲望，如郭敬明指导的电影《小时代》，是一个场面奢华的当代幻梦，各种奢侈品频频出镜，它们反映出了这一时代的文化风俗——追求光鲜，商品拜物。在以获得高收视率的目标推动下，古代历史题材普遍关注皇家秘史、宫廷政变、宫闱传闻、情爱绯闻，在矛盾冲突的制造中，我们看到的甚至是封建思想意识的复苏——皇权、等级、纲常等，它们在当下中国的发展中，像一只无形的手，仍然操纵着社会生活，但观众并不反感，它们作为人们无意识的一部分，得到整个社会的认可。在消费主义流行的今天，物质取代精神，各种形式的文艺作品更要思考和反映人的现实存在，尤其是影视作品，因其受众之广、影响之大，更要超越现象世界的表现，要有穿透生活的力度，将属于未来的健康的东西展示出来，并要以艺术的方式将我们思想、情感、行动中最珍贵的东西保存下来。

（三）网络文学的游戏制作

网络文学的跨界发展中，网络游戏也是重要的一部分，因为游戏天然的与文艺有着某种密切的关系。网络游戏是网络文学产业链上最重要的一环，是新媒体时代文学在传统出版、影视改编之后的新出路，其蕴含的巨大商业利益成为新的掘金之地。文学作品转换成其他媒体承载的形式，既是文学的生存需要，也是经济价值的追求结果。大众对市场提出越来越多的文化形式要求，以满足不断扩大的精神需要，网络游戏应时而生。当网络游戏越来越多地出现在我们的视野，越来越大众化、越来越强调人性因素的时候，网络文学与网游的结姻结合的硕果，为一度匮乏的游戏文化填补了宏大严谨的世界观、深远的文化背景与内涵，也成为填补玩家精神寂寞的一个重要手段，能够让玩家在游戏之外找到更多活动的内容。自网络文学改编的游戏，打破了传统游戏的单一性，网络文学的故事性、情节化丰富了游戏的内涵。开发商的高水平制作所营造的艺术氛围，让玩家在娱乐之外，也参与到一种审美活动当中。网络文学中的玄幻、科幻、仙侠等类型作品又同游戏有着密切的关系，其所构建的想象世界与网络游戏的虚拟世界有内在的相通性，数字化技术的应用，再现文字所描述的假想世界，尤其是玄幻类作品，宏大奇特的构思，超长篇的文本架构，非常适合改编成游戏。网络游戏有资深玩家，而人气高的网络文学作品已经有稳固的读者群，这些网文读者有成为新玩家的潜在可能。游戏开发商通常以网络文学的人气量和点击率作为改编前提，这样能够争取到更多潜在的用户和社会关注度。网络游戏的情节通常以原作的故事为蓝本，在经过去粗取精的加工之后，实现对原作的经典再现。2014 年 8 月 1 日亮相的国内首个网络文学作品游戏版权拍卖会，将从源头上为网络游戏注入活力。当前中国的网络游戏市场面临的问题是原创力的缺乏，网络文学的原创故事的版权拍卖，为游戏开发商找到了一条新的出路。

第五节　新媒体时代下中国文学存在方式转型

新媒体对文学的挤占、文学本身的激变、读者注意力的转移，在这三股力量所形成的强大合力的作用下，纯文学到当下几乎已经到了自娱自乐的地步。文学的困境与危机，决定我们对文学存在方式的研究，应该由对文学本质的阐释转向对文学现实、文学实践的关注。而实质上，当下的文学也正以大量的文学实绩和实践活动，彰显文学存在方式的悄然转型。从审美创造到复制生产、从意识形态到话语狂欢、从道德的象征到消费的象征，文学存在方式的转型虽不免让人对文学的命运感到沮丧，但这却是文学自身在风云激荡的新媒体时代被迫做出的无奈抉择。

一、从审美创造到复制生产

文学的创作方式由审美创造到复制生产的改变，标志着文学从艺术作品到精神产品的转型。文学不再是作家对生活进行体悟、深思后的艺术创造，而是沦为一种机械时代下的简单复制。这种复制将导致文学的神圣性、批判性、唯一性丧失，文学最终的归宿只是作为一种产品而已。当下中国的文学审美教育，尤其是中学文学教育，真切地诠释了文学作为一种产品的概念。文学教育的功利化、模式化导致了文学教育的异化。当下的中国文学离人的自由越来越远。人们尤其是年轻人对文学的期待和关注越来越低。

（一）机械复制时代下的文学生产

文学对现实的再现、反映，乃至发现、反应，都体现出文学所构筑的是人类栖居于世界的情感家园。作家们通过审美创造的方式创作出人类历史上灿若星云的文学作品，这些文学作品所代表的审美价值象征着人类对于未来的祈求。尽管历代的文学作品千千万万，但是能够在穿越时空之后，仍旧得到当下人们追捧的文学经典总是屈指可数。然而，这种大浪淘沙式的文学传播方式到了当下就发生了质的变化。新媒体对文学传播提供的强大技术支持，使得文学作品对于普通人来说不再难以获得。特别是博客、日志等网络泛文学形式的快速发展，使得全民都能够轻而易举地拥有创作文学的权力。面对当前极度发达的出版传媒业，文学作品包括传统文学、网络小说、青春小说、玄幻小说，乃至于一些泛文学类的情感、时尚读物的海量涌现，使曾经长期横亘于普通读者和精英文学之间的鸿沟被填平。

这种距离感的丧失，让当下的读者感觉到文学作品是如此的容易获得，甚至他们自己本身就是文学作品的创作者。当下的文学作品在大量复制和传播的过程中，虽然能够使文学的价值得到几何级的扩散，但是也由此导致了文学作品丧失了它的"即时即地性"，即文学的"原真性"，并因此引发文学作品"光韵"的沦丧。按照本雅明的观点，"光韵"指的是"在一定距离之外但感觉上如此贴近之物的独一无二的显现"。当下文学带给人们的这种极易获取的占有感、满足感，彻底解构了文学作品的独一无二性，文学的"光韵"和神圣遭到了彻底的颠覆。数量如此庞大的文学作品堆积在世人的面前，尽管有人认为这是文学欣欣向荣的表现，但是对于那些早已失去阅读耐心的读者来说，他们不免要质疑文学是否还需要审美创造。抑或是当下的文学就是一种机械复制，当文学从创造性的审美转变为机械性的复制，文学作品也就从一种深度的艺术作品沦为简单的精神产品。

从审美创造到复制生产，传统文学的审美性、创造性、神圣性遭到了彻底的颠覆。而让传统文学的命运更加雪上加霜的是当下的中国文学审美教育已被异化。相较于其他文字作品的特点，比如科学、历史材料强调真实客观，传统文艺作品特有的虚构性、审美性、象征性要求接受者对文学作品的形式、语言、内涵有着特别的接受心理和审美习惯。纵观中西文学发展史，对接受者尤其是广大青少年进行规训和审美教育，不仅是提升国民人文素质的需要，更是文学得以接续和传承的重要前提。然而，在当下的中国，作为培育中国文学后续力量的中学文学语文教育已经被异化成一种功利化、政治化的工具。

进入新时期以来，人们对我国教育制度的质疑就不绝于耳。尤其是随着素质教育理念的勃兴，人们更是深刻反思长期以来以高考为旨归的应试教育的弊端。尽管在当下不论是教育专家还是普通家长，对于教育到底是培养一个"高分制造者"还是培养一个全面发展的"人"，已经取得了广泛的共识，但是不得不令人正视的是素质教育的理念还远没有深入人心，教育规划者所制定的以培养"人"的教育方针并没有得到彻底贯彻。在素质教育和应试教育的两级对决中，高分和名牌大学依然是绝大多数家长基于现实的无奈选择。当前的中学审美教育涌动一股浮躁，数以亿计的家长在"不要让你的孩子输在起跑线上"之类广告的怂恿下，纷纷将自己的孩子送入名目繁多的艺术培训班，而目的却只是让他们通过类似于钢琴十级的艺术等级考试而获得高考加分。在这种以应试为主要目的的教育模式中，原本以培养人的审美能力的艺术教育，被异化成获取加分等高考资本的工具。然而当家长们窃喜孩子获得各种艺术等级证书，又多了一条通往名牌大学的捷径时，他们不知道缺乏文化底蕴的支撑、缺乏人生经验的历练，艺术已经衍化成可机械复制的技术。

令人遗憾的是，这种情况在中学语文教育，尤其是作文教育中更为严重。在各种层出不穷的作文速成训练班以及各式令人目不暇接的作文培训教材中，作文这种原本需要依赖人生经历和审美体验才能获取一定高度的文学形式，已经被宣扬和教唆成为只需依靠特定的技巧和模式就能达到"完美"。而且更令人担忧的是，一大批中学语文教师由于自身视角的偏狭，对学生的作文进行过多的道德绑架和政治教化，使学生陷入模式化、概念化的深渊不能自拔，作文原本应彰显的美感、情感、灵感被异化成机械死板的道德政治教条。每年高考过后，网上流传着各种样式的高考零分作文，它们极具恶搞挖苦之能事，对当前审美教育的弊端进行了辛辣的嘲讽。虽然诸多网友质疑这些零分作文是否真的出自高中生之手，但是从众人对这篇作文的态度不难看出人们对于机械化、模式化、功利化作文的极度厌倦与憎恶。

（二）当下中国文学与青年的自由

这种严重功利化的文学审美教育不仅导致了年轻一代文学素养的低下，更使得文学自身离年轻一代越走越远。而且，当下的文学还存在着一个极大弊端："许多作家和作品在回避我们的现实""脱离正在发生如此巨大变革的中国现实"。在以"60后""70后"作家为创作主体的纯文学那里，当下中国文学所描绘出来的文学图谱，绝大部分的时间线还停留在 20 世纪80 年代以前，甚至更早的 70 年代以前。他们对于中国现实的书写，几乎都是基于自己的回忆和想象。也就是说，他们笔下所呈现出来的社会与当下飞速变化发展的中国现实有着某种隔膜。尤其是对于从未经历过革命斗争和政治运动的"80后""90后"年轻一代来说，由"60后""70后"作家回忆和想象出来的文学世界，并不能让他们产生切肤的真实感和亲切感。而且在直面升学、工作、住房、婚嫁等生存困境时，当代文学并没能给长期生活在精神和物质重压下的"月光族""蚁族"以精神上的寄托和慰籍。当下纯文学要么还在续写文革时期的尴尬，要么还在捕猎农村的奇事怪闻，但这一切对于那些还艰难跋涉在社会底层的年轻一代来说，是如此的无关痛痒。然而，当下中国却是这样的"锋利、粗糙和惊心动魄"。当下的纯文学，不仅以青年生活为题材的文学作品少之又少，而且以青年为主体的纯文学作家更是寥寥无几。在整个中国作协的成员构成中，代表年轻一代的"90后"作家，除了早年被作协"收编"的郭敬明以外，实在"泛善可陈"。当下的纯文学已经出现了文学不关心青年、青年不关心文学的状态。文学离年轻人越来越远，离人的自由也越来越远。尽管马克思、恩格斯曾多次强调文学的发展与经济基础之间存在着不平衡规律，但是时下的中国文学却在真实地上演着经济基础决定上层建筑、理想无法照进现实的真实。

二、从意识形态到话语狂欢

从意识形态到话语狂欢的转型，是当代中国文学在危机时代下基于理想和现实的无奈选择。然而，当文学除去自身背负的意识形态加锁，意图回到自由的文学时代时，却发现自身已经被泛化了的文学重重包围。于是，背叛、回归，乃至以一种行为艺术的方式，悲壮地诊注着纯文学在当下的无力与失落。而日常生活审美化也注定无法挽回文学的频势，文学语言和话语的狂欢更像是一场世纪末的盛宴。

（一）重返文学的娱乐时代

不管文学是作为一种意识形态，还是作为一种审美意识形态，过于强调文学的意识形态功能，导致其承担了许多原本并不属于自己权责范围之内的职责。从古希腊的"净化"到中国古代的"兴观群怨""经国之大业"等，文学背负的是一个国家、一个民族，乃至整个人类的信仰。正是这些意识形态的东西，总是试图让文学走向一条故作深沉和严肃的道路。当然，文学有益于人心教化、有益于人类对于梦想和未来的追求，这无疑是正确的。但是过于强调文学的意识形态功能，总容易导致人们淡忘文学在除却庄重和严肃之外，还有一张轻松活泼的面孔。而这正是文学在不断意识形态化的过程中被人批判，乃至被人遗忘的娱乐功能。文学具有娱乐的功能，这在中西方文论史和文学史上早有相关呈现，譬如贺拉斯的"寓教于乐"，又譬如席勒的"游戏说"，再譬如中国古代文学中"词"的原生意义。只不过在传统媒体时代下，尤其是在中西方古代文论史上，它常常是作为被批判的对象出现的。比如，柏拉图一心要将诗人逐出他所构建的"理想国"，理由之一就在于他认为诗人创作的诗歌逢迎了"人性中低劣的部分"。他说"性欲、念恨，以及跟我们行走的一切欲念，快感的或痛感的"，"它们都理应枯萎，而诗却灌溉它们，滋养它们"。在今天看来，所谓"人性中低劣的部分"只不过是普通人的一些基本欲求，柏拉图所批判的正是文学本应具有的娱乐功能。随着新媒体时代的到来，娱乐在某种程度上已经成为这个时代人们精神消费的一个重大主题。从八卦事件到花边新闻，从电影明星到体育巨星，娱乐俨然已成为市民社会里最热门的词汇。同样，活在当下的文学也注定无法逃避被娱乐的命运。尽管文学早就具备娱乐的功能，但是市民社会里无节制的娱乐，还是常常让文学陷入极度的狂欢之中。涌动在中国当代文坛的各种闹剧，几乎让一向严肃的文艺圈演变成了娱乐圈。

（二）作为"行为艺术"的诗歌

历览中国古代文学的发展历程，诗歌一直是传统文学中最为古老、最为正统的文学形式。尽管一个时代有着一个时代特有的文学形式，譬如宋代的词、元代的曲、明清时期的小说，但是不管这些文学形式在当时是怎样的蓬勃发展，却丝毫没能动摇诗歌在精英知识分子心中的崇高地位。在这些立志为往圣继绝学、为万世开太平的传统儒家文人眼中，与其说诗歌是一种寄寓情志的文学形式，倒不如说它是一种道德和理想的象征。而这也就是为什么历代以来中国传统诗歌的头上总是盘旋着一层神圣的"光韵"。因此，从《诗经》（又称《诗三百》）开启的中国传统诗歌之潮，诗歌本身的形式尽可以千变万化，从不对称到对称、从不押韵到押韵。但是蕴含于字里行间的"诗性"，却是诗歌的精魂，不能动摇。正是这种"诗性"凝聚了中国数千年来的诗歌创作成果，它像一面旗帜，承载和召唤着一个民族的情趣与理想。

然而到了当代，这种曾经寄寓了千万传统知识分子梦想的文学形式，在各种因素的共同影响下，已经发生了本质性的改变。从胡适提倡用白话写诗，以变革传统诗歌的外观，到20世纪80年代中后期，以韩东、于坚为代表的"第三代"诗人主张"诗到语言为止"，对长期以来附注于诗歌身上的意识形态价值进行反拨，再到20世纪90年代以后，以沈浩波、徐乡愁为代表的"下半身派"诗歌和"垃圾派"诗歌，以极其放肆的情色感官描写彻底改变了传统诗歌的一切。在历经近一个世纪的发展后，传统诗歌的改变不仅从形式上的文言旧体演化成白话文体，更重要的是诗歌的魂魄——"诗性"遭到了彻底的颠覆。这种颠覆相较于诗歌语言与形式的转变，改变的不是诗歌的皮肤毛发，而是将坚守了数千年的价值和理想连根拔起。当代诗人在力图解构诗歌意识形态机锁时，却将自身的诗意全部放逐。"诗意"和"诗性"的丧失，对于中国当代诗歌的打击无异于釜底抽薪。令韩东等先锋诗人们没有想到的是，将诗歌从神坛上请下，原意是寄望于还原诗歌的语言特征，但带来的后果却是整个当代诗歌的逐渐沦丧。尤其是在文学遭遇到"终结"的语境下，作为传统文学中最为古老而正统的文学形式，诗歌更是首当其冲地遭遇了从未有过的溃败。除却当下的诗歌刊物不多于 20 种甚至更少不说，调查显示，读者不再读诗的情况也愈演愈烈。当下的诗歌俨然已经成为一门行为艺术，当代诗坛也俨然成了诗人们进行集体狂欢的娱乐圈。然而，被娱乐的仅仅只有诗歌吗？当我们仔细审视，对于普通大众而言的文学，还有哪一种文学形式值得人们给予充分尊重和膜拜？

（三）被泛化的文学

当下，人们每每怀念著名诗人海子，但令人沮丧的是，越是怀念海子，越是说明当下诗歌的悲哀，因为海子的自杀象征着整个诗歌神话的破灭。而这种破灭则标志着整个诗意和诗性王国的坍塌。而且诗意和诗性的逐渐沦丧不仅存在于诗歌当中，在整个当下的中国传统纯文学中也是一个不可回避的问题。与诗歌的遭遇稍有不同，当下的小说还在艰难的抉择当中。到底是坚守严肃的文学领地，还是走向纯粹的商业化之路，中国文学还无法找到自己的确切定位。无论是作家还是文艺评论家，他们一方面依然对纯文学的传统身份念念不忘，执着于凸显纯文学赖以区别网络文学等通俗文学的高贵血统，而另一方面面对文学在当下的严酷现实，他们又不得不时常采取一些具有嫌疑的举动来谋求人们对纯文学的重新关注。作家们也无法寄希望于这些没有经过专业文学训练的普通读者，能够深刻体会到作品中试图展现出来的悲伤和人文关怀。对于生活在新媒体与娱乐时代下的普通大众来说，文学是一种泛化了的"文学"。他们所理解和接触到的"文学"，就是情感知识读物、时尚休闲杂志和电讯传媒。他们对于广告、流行歌曲、电影以及时装的关注，并无意要从这些时尚的文字叙述中发现多么深刻的人生意义，他们所追求的只是在阅读的过程中获取短暂的愉悦和快感。

这种读者注意力的转移导致文学产生了重大危机。20 世纪 70 年代末、80 年代初，《人民文学》的发行量曾高达 80 多万册，然而到了今天，"抢救地方性纯文学期刊的呼声此起彼伏"。为了应对文学的危机，我国的文艺理论界发生了一次是否将文学研究转向为文化研究的论争。这次论争的理论前提正是米勒提出的"文学终结论"，因为按照他的逻辑，既然文学都将不复存在，那么以文学为研究对象的文艺理论研究还有必要存在吗？即文学的终结意味着文学理论研究的终结。这次争论中，以童庆炳教授为代表的老一辈学者坚决否认文学会走向终结，因为他们认为"文学有属于自己的独特审美场域"，"不论如何边沿化，都永远不会终结"。然而，以陶东风教授为代表的中青年学者却提出截然不同的看法，他们认为当下"占据大众文化生活中心的已经不是传统的经典文学艺术门类，而是一些新兴的泛审美艺术现象"。因此，陶教授提出"日常生活审美化"，在文学研究的领域内进行"越界"和"扩容"，从而使文学研究转化为文化研究。但不管是"日常生活审美化"还是文学研究的文化转向，都反映了我国文艺理论家内心的纠结与复杂。一方面他们为当下文学和文学研究的前途感到焦虑，另一方面他们又没有足够的勇气直面文学的失落乃至"终结"。然而，当下的文学真正需要怎样被正视呢？

三、从道德的象征到消费的象征

文学从审美创造的艺术作品转型为机械复制的精神产品，使得文学将不再承载意识形态赋予的历史与政治价值。随着消费主义时代的来临，作为文学作品消费端的读者的身份得到了空前的提升与尊重。自此，文学生态领域内由作家、评论家、读者三股力量保持的平衡被打破，消费最终完成了对文学市场的天下一统。文学生产机构所倾心关注的也不再是文学本身所持有的诗意价值，而是文学作为一种消费品所潜藏的商业价值。文学由作品到产品再到商品的转变，标志着文学不再是道德的象征，而是消费的象征。

（一）消费时代的艺术秩序

正如波德里亚断言的，从来没有哪一个时代能像今天一样，在人们的周围急速增长着由服务和物质财富所构成的"惊人的消费和丰盛现象"。当下的人们"不再像过去那样受到人的包围，而是受到物的包围"。物质财富和服务的极度丰盛带给人们的不仅是享受的快捷，更重要的是它带来了一场人际关系的变革，它瓦解了长久以来以权力为纽带的人际网络。"正如中世纪社会通过上帝和魔鬼来建立平衡一样，我们的社会是通过消费及对其揭示来建立平衡的。"消费的横行抹平了过去人们在权力关系上的差异，建立起了商业社会里以消费为准则的交往秩序。这种新的平衡完全模糊了人与人之间的关系，而唯一得到凸显的是人与物的关系，即消费者和商品的关系。世界上的一切物质和个人，都能够在这个二元交易的模式中找到自己的定位。消费就像一张巨大的弥天之网笼罩了整个时代——要么作为消费者，要么作为商品，除此之外，别无第三种角色可供选择。任何事物都能找到其存在的商业价值，成就了当下消费时代的神话。这种消费的力量是这个时代最隐秘，但是却又最无法阻挡的势力，它对人们的诱惑就像迷药一样令人眩晕。

巨额的经济收益几乎可以横扫一切话语禁忌，它呈现给人们的虽然是赤裸的金钱，但是它留给当局者的却是直白的快感。因此，当代艺术，包括文学在内都无法回避这个最现实的语境。在消费社会里，早就沦为精神产品的艺术遭到了再次贬值——由精神产品沦为精神商品。尽管在消费时代来临之前，艺术和美一直被学者们认为是超功利的。为此，德国哲学家康德还专门在《判断力批判》中辨析了美与善、美与快感的区别，并以此来强调艺术和美的超功利性。但是当消费时代真正到来，艺术却无法对抗如此强大的潜在力量。因为"顾客是上帝"是消费时代中千金不换的市场准则，消费者对精神商品的选择决定了艺术很难坚守自己的原则。眼下，一个以消费者和商品为核心建立起来的游戏规则，号令了整个艺术市场，并将重建整个艺术领域内的秩序。

（二）先锋艺术的"末路"

消费重建的首先是先锋艺术的秩序，使得曾经风靡一时的先锋艺术走向"末路"。作为中国先锋艺术的代表，摇滚乐曾经在20世纪80年代引发了一股热潮。但到了90年代，直指时代病，挖掘人类心灵、浇筑理想家园的先锋艺术随着消费主义带来的世俗化而化为一场迷梦。先锋艺术在消费时代走向"末路"的还不止摇滚音乐一家，曾被文艺理论界寄予厚望的先锋小说遭遇了同样的尴尬。

在当代文学步入世纪年代，一向被学者们认为是代表着中国文学未来的先锋小说似乎在一夜之间崩溃。以马原、李冯、余华、刘震云为代表的一大批先锋作家，包裹着他们的锐气和锋芒，从文学的实验场中纷纷撤退下来。先锋小说从反叛传统开始，但最终的归宿却只能再次回归到传统的文学秩序。而此前，先锋小说却因为不断尝试艺术形式的实验，而成为文学领域内最为超功利的代表，更被人们尊崇为思想与深度的标杆。尽管绝大多数受众对于先锋小说的理念和形式都有一种前所未有的陌生感，但是这并不妨碍他们对于先锋小说的追捧。或许，先锋文学向人们叙述的不是有待解读的文字与形象，它只是在树立一种与世俗永不妥协的精神姿态。造成先锋小说集体溃退的原因是多方面的，其中固然有过于追求形式上的前卫性、反叛性，使得先锋小说更像是西方文艺理论与中国本土语言的嫁接品。但最重要的原因在于，无论是先锋作家们，还是曾经给予先锋文学鼓励与支持的文艺评论家们，都没有意识到进入新年代的当代中国文学是一个被读者消费的文学。

（三）被消费的文学

准确地说，当今的文学是被读者消费的文学，消费者才是文学隐在的上帝。纵观当下的文艺生态圈，存在着三股力量——作家（包括传统意义上的作家和游离于文坛之外的网络作家、青春写手）、文艺评论家、读者。这三股力量分别代表着三种话语权力在文学的名利场中进行博弈。其中，作家、文艺评论家在以往的文学活动中拥有绝对的话语权，他们长期凌驾于读者之上发号施令。一直以来，是作家和文艺评论家在给作为文学消费者的读者限定阅读的内容和方式，他们早已习惯了充当读者的启蒙老师和引路人。在作家和文艺评论家的共谋下，读者也早已习惯于精英话语对于他们的规劝与训导。主动地给予和被动地接受，这是20世纪90年代以前中国当代文学的生态秩序。但是这种秩序在消费时代来临的时候开始发生剧烈的变革，作家、文艺评论家、读者三者架构的生态平衡，由于消费者身份的提升而被彻底打破。在以往的文学活动中一直处于失语和缺席状态中的读者，一夜之间突然暴长为文学的上帝。读者的审美趣味、接受习惯成了文学活动的风向标。读者是否愿意掏钱为文学作品买单，决定了包括作家、出版社在内的文学生产环节的态度。比如，当下的一大批出版公司就根据网络小说在文学网站中点击率的高低来决定出版哪一部作品。这种话语权力的突然倒置，让习惯处于文学上层的作家和评论家感到了一种无形的压力。然而他们依然不愿意进行角色的转换，他们斥责某些作家的背叛、某些出版商的媚俗，但就是不愿意直面文学秩序的变革。然而正是这种文学秩序的变革和文学地位的颠倒，造成了包括先锋小说在内的传统纯文学的"末路"。

进入崭新的 21 世纪以来，中国当代文学的命运并没有因为跨过世纪的门槛而有所改变。文学对于普通大众来说依然还是那样无关痛痒，文坛和文艺理论界也依然没有足够的勇气直面当下文学的惨淡。新媒体的挤兑、网络文学等新兴文学形式的冲击，并没能从根本上完全扭转文艺理论界对于文学观念的偏见和执拗，而纯文学则依然以鸡肋的身份行进在困窘的旅途之中。质疑、回避、激辩，都无力挽回文学在世纪年代的春天。或许，只有直面新媒体、娱乐消费、读者的重重逼问，才是文学在眼下最现实的宿命。然而，问题毕竟不在于解释，而在于改变。面对中国当代文学的惨淡现状，需要的不是文坛和文艺理论界的集体沉默，而是全体文艺工作者的相互扶持与共同努力。本书的意义就在于希望警醒人们，当下的中国文学最理应受到大家重视和关注的焦点，不在于持续争论文学的本质究竟是什么，而是改变当下中国文学现状的出路和策略是什么。以下为笔者的一些建议。

第一，直面现实，树立以当下为基点的文学创作新方向。

回避现实、拒绝当下，正是造成普通大众，尤其是"90 后"年轻一代疏离传统纯文学的重要原因。因此，要改变这种现状，纯文学就必须直面现实，树立以当下为基点的文学创作新方向。首先，纯文学必须实现作家视线上的转移。尽管当下的纯文学作家依然是以"70 后""80 后"作家为主，但是这并不意味着整个当代文学的表现对象也要以 20 世纪 80 年代以前的事情为主。文学不应该只是一度沉迷于回忆和想象之下的闭门造车，作家对生活的体察应该有着和当下人一样的切肤之痛，而不是经过专门的"体验"臆想出来的。而且就人生的历练和写作水平而言，"60 后""70 后"作家的确要远比"80 后""90 后"作家成熟。因此，如果传统作家们能够将他们的视线转移到当下，那么由他们所书写的现实图景就又要远比"80 后""90 后"沉迷于虚幻的浪漫来得真实。所以，要求一部分，乃至绝大部分传统作家，将他们文学创作的视线聚焦到纷繁复杂的当下。当代作家创作的当代文学作品，应该是他们通过对当下社会切身的体悟和反思后的产物。其次，纯文学必须实现作品题材上的转变。当下纯文学的弊端不仅在于绝大部分传统作家们将视线定格于世纪年代以前，更在于他们对于当下现实的回避，尤其是缺乏对当代年轻人生存困境的关切。在当代纯文学的表现题材上，绝少作品是以当下年轻一代的现实为主。然而纯文学唯有直面这个时代的人民，尤其是年轻一代的真实苦痛，才能得到普通大众的认可与拥戴。因此，在一定程度上放弃对传统题材的关注，而将纯文学表现的重点聚焦于当下人民的生活，尤其是郑重关切"80 后""90 后"年轻一代在物质和精神上的困惑与迷茫，纯文学才能走出与当下以及年轻一代无关痛痒的困境，从而最终得到当下人们的谅解与支持。最后，纯文学必须实现文学批判精神的回归。笔者认为，任何时代的文学都应该是在对自身所处社会的沉思和批判当中提炼出来的。对于社会的弊病和不正当现象，文学不应该缺席和失语，而应该对当时社会的纷乱与复杂进行反思和批判。当下纯文学回避现实、拒绝当下，而且常常沉迷于对个人权力和欲望的不断渲染，说到底是由于文学批判精神的失落。当然，我们不要求，也不寄望于当代文学能够实现对时下人民的思想启蒙，但是传统作家们却要重新拾起批判的精神和勇气，敢于以文学的武器批判现实弊病。只有实现了批判精神的回归，文学才能够像一盏人性的航灯，引领人们走向真、善、美的彼岸。唯有这样，也只有这样，文学才能重塑自身在当下社会的公信力，成为人们在烦闷与绝望时，仍然可以信赖和栖居的精神家园。

第二，回归大众，构建以读者为中心的文学生态新秩序。

正如笔者前面所述，在当下的娱乐和消费时代下，纯文学的传统生态平衡已被打破，读者成了当下时代里抉择文学的"上帝"。目前这种文学秩序的失衡还没能得到文坛和文艺理论界的高度重视，甚至还出现了文学批判家、作家和读者三方之间的意气之争与相互指责。这种混乱的文学生态环境如果任其长期发展下去，必然会带来文学的内耗与损伤。因此，必须重新构建一个文学批评家、作家、读者三方能实现良性互动的文学生态新秩序。而鉴于读者对于文学存在的绝对意义，重构后的文学生态秩序必须以读者为中心。首先，在这个新型的文学秩序中，作家要找准自己的定位。作家们应当明晰在数千年的人类文明史中，文学一直是与人类的理想和精神家园休戚与共的，文学守望的是自由和美的诗意王国。因此，作家始终所要坚持的应该是文学精神的独立，尤其是批判精神的独立。文学始终应当坚持"诗性"的精神追求，而不应该堕化为纯粹的肉体愉悦和感官刺激。其次，文学评论家们要切实地担当起文学健康发展的鞭策人。评论家们所做的文学批评不应该是应景式的廉价吹捧，也不应该是西方文艺理论辞藻的简单堆砌，真切的批评应该是基于对整个当下文学现实和文学作品深思熟虑后的真知灼见。文艺评论家必须真正承担起对当代文学的基础和鞭策，以使大众的趣味不至于沉沦到低俗和恶心的地步。但是必须指出的是，新世纪的文学大众不需要莫须有的"精神之父"，他们的审美选择也不需要进行专门的"把关"。文艺评论家们必须放下自己的身段，和读者站在平等的位置展开良性的互动。最后，尊重读者的选择。在重构后的文学新秩序中，读者的地位应当被重新看待。作家的创作、文学评论家的评论都应当以读者为中心，评价文学作品是否成功的标准，应当是文学是否真切地表现了读者的苦痛与欢乐。文学应当永远是为人民服务的，所以对于读者在高雅和通俗的选择上应该给予充分尊重。更何况关于文学的通俗和高雅之分，在历次的争论和激辩中从来就没有达成过共识，更别说每个时代定制的文学观念和文学标准还在不断发生变动。而且将文学硬性区分为通俗和高雅的做法，丝毫无损于那些能够超越历史的文学作品的价值。因此，对于读者的选择，我们不妨坚持多元的文学观，多一份包容与尊重，结果可以由人民与历史来共同裁决。除此之外，对于文学的外观、文学的形式、文学与大众传媒的结合等，不应当过于吹毛求疵与求全责备。也只有这样，文学才能在理想与市场的双重博弈中找到自己的平衡点。

第三，面向未来，重建以审美为旨归的文学教育新体系。

艺术审美教育的异化，包括中学语文作文教育的概念化、机械化、模式化是目前审美教育领域内不容忽视的顽症。因此，直面当代中国文学在接受与创作上的双重困境，文学必须面向未来，培养以青少年为主体的接创队伍，重建以审美为旨归的文学教育新体系。其一，将文学审美教育体系的重建，纳入到整个中学教育体制的改革当中来进行。如果不对以高分和名校为旨归的中学教育体制进行彻底改革，形成真正意义上的素质教育体系，那么将永远也无法从根本上实现对文学审美教育体系的重建。在笔者看来，审美的超功利性与当前被严重功利化的中学教育体制之间的矛盾是无法从根本上调和的。因此，必须完成中学教育体系的去功利化。而要完成中学教育的去功利化，国家就应当首先优化整个高等教育体制的结构，让职业专科院校、普通本科院校和重点院校形成合理的比例，并以此来引导中学教育的发展方向。在优化后的教育体制中，录取分数线低，但是被国家大力扶持且就业前景广阔的职业教育，应当成为人们现实和理性的选择。唯有用现实的举措击破人们的高分情结和名校情结，才能让中学教育，包括语文作文教育走向真正的审美之路。亦即当高分、名校、升学率不再成为人们和学校之间互相攀比和趋之若鹜的对象时，整个中学教育里泛滥成灾的功利思想才能从根本上被祛除。素质教育，包括审美教育才能是在真正的意义上培养一个全面发展的人才。其二，变革高考作文的评分准则，让审美化的作文真正成为中学作文教育的风向标。笔者曾亲身参与过一次高考阅卷，尽管作文阅卷组领导一再强调在高分作文上，一定要以人性化的审美之文取代机械化、模式化的概念之文，但是在实际的操作过程中，仍有一大部分阅卷老师无法彻底改变他们长期形成的评分习惯。不仅如此，由于缺乏媒体对高考作文的审美标准的大力宣传，公众包括未曾参与过高考评卷的中学老师和学生，还在一如既往地在误读着高考作文的一切。因此，加大对阅卷老师和语文教师的培训，加大媒体对高考作文评分标准的宣传，切实执行高考作文的审美标准，才能让审美之文真正引导中学作文教育的健康发展。其三，培养以青少年为主体的接创队伍。由于长期处于模式化、功利化的教育体系当中，我国青少年对文学已经产生了习惯性的"厌食症"，这不免让人担忧早已陷入重重危机的传统文学的未来将后继无人。尤其是在当下新媒体的文学危机背景下，以中学生、大学生为主的青少年群体就成了文学面向未来唯一可以信赖和依靠的力量。而要弥补文学创作队伍的"断裂"，就必须培养以青少年为主体的接创队伍。除了在文学的接受和传承环节上，中学语文作文教育要切实实现审美教育外，在文学的创作和生产环节上，中国作协应带头扶持和培养青少年队伍。毕竟，新时代的青年作家不应该只有韩寒、郭敬明等少数人才。为此，中国作协可以吸纳更多有潜力、有才气的青年作家加入作协，并加强对他们的培养和教导。而在往常以传统作家为主导的纯文学期刊上，可以增加刊登更多的青年作家的作品。在各种文学评奖规则中，尽量减少对网络文学、青春文学等通俗文学的体制性限制，真正以质量而不是以身份来评判文学水平的高低。同时，也不妨尝试加大纯文学与影视的联姻。只有让更多的青年作家及表现年轻一代的作品出现在公众视野当中，年轻一代才会重拾对文学的兴趣和信心。总之，当文学勇敢地直面现实，真切地关注到当下人民的苦痛与欢愉，当作家、文学批评家、读者三者之间不再相互埋怨和指责，实现真正意义上的对话，当以审美为旨归的文学教育体系被重建起来，以青少年为主体的文学接创队伍被培养起来，当代中国文学还是可以劈开危机，走向未来。一言以蔽之，一个民族的诗意和理想需要文学的托举和鞭策。新世纪的中国文学留给后世的不应该是一个卑微前行的落魄者形象，而应该是一个披荆斩棘的开拓者形象。

第六节　新媒体对汉语言文学教学的影响

新媒体使中国文学产生新的接受和批评方式。普通的读者在阅读中追求娱乐和休闲，专业的文学批评者在网络文学面前，面临着前所未有的尴尬。旧有的文学评价体系已经无法对现有的文学现象进行阐述，而新的评价体系尚未建立。因此，理论界亟待建立新的评价体系，而不能因网络文学的一些缺陷而排斥回避。

一、"浅阅读"演变为大众的文学接受方式

随着改革开放的深入，人民生活水平的提高，在商品经济的冲击下，大众的文学阅读日益成为一道靓丽的文化景观。大众阅读的崛起，是在物质生活得到了极大的满足后，大众对文化提出需求的必然结果，打破了国家的文化霸权及知识精英的文化垄断，普通人也有了欣赏和参与文化的权力，精英文化和大众文化走向融合。大众的文学阅读所具有的流行性、娱乐性、日常性是与传统精英阅读的严肃、高雅、精致相对的。新世纪以来，电脑、手机等大众媒介的应用，扩大了文化的生存空间，加快了文化的传播速度，推动了大众文学阅读的发展。与以往任何一个时代相比，新媒体时代都增加了文化参与的社会性，进而促进了文艺的民主化进程。网络上庞大的文学作品，给受众提供了丰富的选择可能，多数读者可以找到适合自己口味的作品。

在新媒体时代，文学消费与接受发生转变，不再是知识人的专属特权，由少数到大众，由接受到对话，由过去式到现在进行时。传统的文学阅读带有精英的意味，对接受者的文化水平、经济状况、审美能力等提出很高的要求，受诸多因素的限制，很多读者被拒绝在阅读的门外。新媒体时代的文学阅读真正地实现了"普及"，大批的隐形读者渐渐浮出水面。无论是在交通站点，还是在公交车上，总能见到"低头族"。相比之下，新媒体时代有更多的人进行阅读，只是阅读的品质有待考察。网络文学的整体思想品质较低，内容浅显，缺少严肃的思考，但也降低了文学阅读的门槛；与实体书籍昂贵的书价相比，网络文学的价格低廉吸引了不少读者。尽管随着商业化的文学生产，各个网站实行收费制阅读，也丝毫没有降低读者的阅读兴趣，通过付费阅读到的文学作品质量较高，保障了阅读者的审美效果。新媒体时代，读者越来越成为主动的参与者。文学的接受者在新媒体时代发生了颠覆性的改变，他们的文化需求受到了极大的关注，得到了极大的满足；对于写手们来说，只有紧紧地摸准读者的胃口，才能在激烈的竞争中赢得生存的地位。读者的趣味恰似一只看不见的手，调节着文学生产。

新媒体时代，海量的文学作品种类繁多、品种齐全，给阅读者的选择提供了巨大的空间。写手们为了满足读者的需求，还根据读者对题材、情节发展的要求，完成专门的写作。从各大文学网站的点击量、排行榜来看，玄幻、奇幻、仙侠、灵异等非现实主义题材的小说深受阅读者的喜欢，这些作品的奇崛、浪漫，满足了对未知探寻的渴望，填补了感情的空白，更实现了

阅读主体对"残酷现实"的逃离。伴随着眼球的飞速旋转，阅读者在鼠标的点击中，或是手指的触屏中，轻松地完成了阅读。因网络文学的未完成性特点，有时候阅读者耐不住等待的煎熬，甚至敲击键盘进行续写或仿写，参与到文学的创作中，一种读与写的快感被抒发得淋漓尽致。

伴随着电脑、手机、iPad 等媒体的出现，全新的阅读时代来临了。首先，读者的阅读方式改变了，可以随时进行在线阅读或下载阅读，还有利用"懒人听书"等软件来收听录制好的小说原文。阅读打破了传统的"看文字"的内涵，而融入"视听"等新意义。其次，接受者的接受目的变了。在传统的概念中，文学阅读具有认识作用、教育作用、美感作用，主体通过阅读获得知识、提升自我、陶冶情感，具有极强的"功利性"和"目的性"。现如今，文学阅读的目的多元化了，或是物质生活富足后的精神消费，或是闲暇时刻的娱乐休闲，整体上从严肃的文学欣赏走向了轻松的文学消费。多数情况下并非为了寻求精神上的陶冶和升华，而纯粹为了休闲、娱乐、打发时间，呈现出"消费"的阅读倾向。"既然是娱乐休闲，大家都愿意看一些通俗的、轻松的、幽默的、微微有点刺激性的东西，而不愿看那些板着面孔教训人的东西，不愿看那些太沉重的东西，也就是很自然的了。"

根据新世纪以来的十次全国国民阅读调查结果，阅读的整体状况是消遣性增强、知识性减弱。传统的深度阅读模式正在消失，越来越多的受众沉迷于那些粗糙、浅显的电子阅读当中，而不是那些曾经带给我们文化营养，具有极高文学性、审美性、深度性的传统报刊书籍。鲁、郭、茅、巴、老、曹在新媒体时代面临"生存"危机，哪怕在中文专业的学习者中间，其阅读的普遍性也面临下降。在网络平台上回归的传统名家名篇，或被装扮成绝口的心灵鸡汤——某某说人生的情状，某某说爱情的甘苦，或是干脆被戏说调侃。文学阅读简略了过去神圣的阅读"仪式"，适当的光线、舒适的桌椅，还有安静的"自己的房间"，都带有了更大的随意性，发生在等车、排队、乘车、吃饭的间隙，成为琐碎时光的排解。总之，一切可能的时间都被充分地利用了，文学阅读也在信息化时代被快餐化了。

二、精英批评的式微与大众批评的兴起

这既是一个全民写作、全民阅读的时代，也是一个全民批评的时代。当下的批评盛景是从未想象到的。当代文学前三十年，文学批评的作用被过分夸大，批评的权力被死死地控制在文学体制之内或者少数文化权力者手中，专栏评论中所见到的群众观感，不过是假托群众之口表达官方意识形态。

文学批评是通过对已有的文学活动、文学现象进行分析、研究、评价的科学活动，并要对未来的文学活动给予一定的指导，在这样的前提下批评主体的任务，即行家，就要"'跑到幕后'，去窥探文学创作的社会历史背景，设法理解创作意图，分析创作手法"。文学批评要在对本质规律的揭示后，对文学活动进行指导，以实现批评的公共性。鉴于此，文学批评对批评主体本身提出很高的要求，因此，历来文学批评都由受过专业训练的读者来进行。专业读者在进行文学欣赏时，除了同常人一样带着的审美动机、休闲娱乐的心理体验外，还总会有意无意

地用价值判断的眼光来看待作品，从深沉的情感中跳出来，试图把握作品的思想意义，判定其时代意义、文学史意义。批评者除了要具备良好的文学感受力，还要掌握丰厚的文学理论，并且要有良好的文字表达能力，能"从感性认识上升到理性认识，从经验直观上升到理论分析，从具体的文学现象抽象出普遍意义的规律"。从知识精英的批评文字来看，引经据典、铺陈婉转、滔滔不绝，还有统一的"八股"格式，而要想读懂他们的文字，必须具备一定的学理知识。大众媒体出现以前，文学批评始终是一个神话，不食人间烟火。

新媒体时代的文学批评不再是知识精英在象牙塔里的自说自话，普通网民从各个角落涌现，走上了十字街头，发出属于他们自己的文学声音，文学批评也进入了"平民时代"。在新媒体时代，无论是谁，只要拥有一台可以接入网络的计算机，有基本的文字应用和表达能力，他就拥有了整个网络媒体，也就拥有了写作权、发表权、交流权、批评权。新媒体时代批评门槛的降低，开启了文学批评的新时代。对于大多数没有受过专业批评训练的普通文学读者来说，尽管他们的理论素养不高、表达能力不强，但是也可以表达自己对文学的认识。通常情况下，普通的文学读者只是在阅读之后，根据自己的感悟，对人物、情节及故事的合理性做出判断，而不去深究文学作品背后的社会、文化动因或是创作者的写作动机。他们强调直觉性的体悟，并不追求对道理的演绎和罗列，而是"注重我的情感和物的姿态的交流"。

大众通过文学网站、个人主页、BBS 等平台发表个人观点，少有长篇大论的鞭辟入里，更多的是情绪化的点评，根据阅读后的直觉和体验，进行三两句、几个字的即兴留言。

从广大网民感性的、直觉的评价中，我们看到中国古代批评传统的复归，既有印象的、直觉的、感悟的，也有注重主客体的交融统一，注重气韵、境界、神韵。借此，我们需要正视现代以来基于西方理论所建立的学术规范，甚至是有些机械的操作：讲究逻辑思维的严密、讲究论述的有理有据、讲究批评的格式……但是，文学毕竟不同于科学研究，其更强调一种人文关怀，关注人的情感、人的价值、人的生命。网络文学批评由于不受程式化的批评制约，批评者可以随性地表达自己的看法。尽管留下的文字缺少精心的打磨和严谨的逻辑，却带有"原始"的情愫，那"印象式""评点式"的批评，让我们看到了发自内心、不计目的的文学意趣。

网络讨论专区的设置，还给读者和读者、读者和作者提供了充分的对话、交流空间，写作者可以及时得到反馈，这样传统的批评权威在自由的表达中被消解了。伏尔泰说：评判的责任是读者的；而读者的评判是正确的，只要他能公正地阅读，能摒弃学者的偏见和虚伪的虚弱心理，这种心理往往使我们瞧不起一切不符合我们习惯的东西。新媒体时代，文学批评得到了大众读者的广泛参与，他们抛开传统精英批评的偏见，更加包容地面对新的文学现象。网络文学批评匿名身份的参与、批评者主动的无功利参与，使得批评现场出现了"真实"的声音。进入新世纪以来，文学批评也开始遵循"利益交换原则"，专业的批评者出于各方面的考虑，在批评时往往避重就轻，只谈优点不谈缺点，或是说一些无关痛痒的话，而缺少对文学作品价值评判的穿透力。正是广大网络批评者可以不为所谓的情面所困扰，对文学的价值做出恰当评估，也算是对当下人情化批评的一种矫正。然而也会出现恶意的攻击，甚至由于不同读者所持观点不同而形成对骂之势，这时又往往脱离了文学文本，沦为了人身攻击。从目前的批评状况来看，网络文学批评整体水平不高，这是与批评主体的素养密切相关的，因此需要提升网民的整体素质，包括文化水平、道德水准等，使网络文学批评不仅仅停留在"口水"式的批评阶段，而真正地成为一种思想的生产。

三、文学批评原则与标准的建构

新媒体时代，网络文学有着很大的阅读群体。可是，注重消遣性和娱乐性的网络文学与强调思想性和艺术性的主流评价形成了价值上的冲突。面对这种冲突，我们需要重新思考当下的文学评价体系，建立适应符合文学时代发展的文学理论。

（一）主流评价与网络文学的价值冲突

从当下的评奖机制中，可以看到主流评价与网络文学的价值冲突，而这种冲突并非是不可调和的，因为他们都旨在以评奖的方式在文学大繁荣的当下激发写作者的创作热情，淘洗出属于这个时代的经典，以观后世。

网络文学在主流文学评奖中的失败，从侧面反映出无论是茅盾文学奖还是鲁迅文学奖，其评价标准还是基于传统文学的。主流文学评奖范围的拓宽，看似是对网络文学的承认，实则评审的话语权仍然掌握在"体制内"，那来源于民间的草根创作，并未以文学奖的形式得到肯定。不过，主流文学界已然认识到网络文学在民间的影响力。可是，要在现有的文学传统下真正实现传统文学和网络文学的平等对话，还有很长的路要走，不仅要在内容和形式上对网络文学进行全面的提升，还要发挥"网络"文学的特性。网络文学因其新的创作环境、新的接受特点、新的艺术特质，应当结合网络的特点，建构自己的评价体系，而非要在主流文学奖的他者眼光中确认自己，而这本身就带上了一种"殖民"色彩。不过，网络文学作为"文学"的基本特性，尽管与传统文学有所不同，但是其还是主要以"文字"为表现手段的审美意识形态，反映人的生存状况和精神状态，因此，"一个文学，两个标准"就不免显得不合适。

从另一侧面来看，新媒体时代的文学评奖是主流文学与民间文学的价值位移。纵观文化的发展历程，那些属于民间的文化形态，又在多种因素的作用下成为"宫廷"趣味。如宋词、元曲、明清小说最初都生长在民间，不入流，然而，在今天看来都成了"高雅"之作。对"雅"与"俗"的评判，要结合具体的社会历史下的社会风俗、文化取向、审美趣味来看，民间文化给主流文化不断提供新鲜的血液。不管主流文学出于何种意图，其将网络文学纳入参评范围，可见主流文学已经意识到网络文学作为当下文学发展中不可忽视的文学力量。在一些重要的文艺工作会议上，也可见主流评价和网络文学的冲突和解。例如，网络作家花千方、周小平出现在纪念《在延安文艺座谈会的讲话》发表72周年的会议上，已经表现出了官方对网络文学、网络文学作家的某种重视。当网络文学成为更多文学普通大众的接受形式，那么网络作家在作品中所表现出的文化思想内涵，将直接地影响广大读者的价值观念。

以下引入的是全球最大的中文网上书店当当网公布的2018—2021年年度小说畅销榜，通过这个榜单，我们可以从另一个视角观察到当下文学的接受情况。如表5-1～表5-4所示。

表5-1 2018年年度小说畅销榜

名次	书名	作者	出版社
1	活着	余华	作家出版社
2	我喜欢生命本来的样子	周国平	作家出版社
3	神奇校车·桥梁书版	乔安娜·柯尔	贵州人民出版社
4	我的第一本地理启蒙书	郑利强	新世界出版社
5	人间失格	太宰治	作家出版社
6	小熊和最好的爸爸	阿兰德·丹姆	贵州人民出版社
7	雪落香杉树	戴维·伽森特	作家出版社
8	少年读史记	张家骅	青岛出版社
9	神奇校车·图画书版	乔安娜·柯尔	贵州人民出版社
10	你坏	大冰	湖南文艺出版社

表5-2 2019年年度小说畅销榜

名词	书名	作者	出版社
1	人间失格	太宰治	作家出版社
2	神奇校车·图画书版	乔安娜·柯尔	贵州人民出版社
3	活着	余华	作家出版社
4	小熊和最好的爸爸	阿兰德·丹姆	贵州人民出版社
5	流浪的地球	刘慈欣	浙江教育出版社
6	神奇校车·桥梁书版	乔安娜·柯尔	贵州人民出版社
7	我喜欢生命本来的样子	周国平	作家出版社
8	正面管教	简·尼尔森	北京联合出版公司
9	万般滋味，都是生活	丰子恺	华中科技大学出版社
10	少年读史记	张家骅	青岛出版社

表5-3 2020年年度小说畅销榜

名词	书名	作者	出版社
1	你当像鸟飞往你的山	塔拉·韦斯特弗	南海出版公司
2	人间失格	太宰治	作家出版社
3	乌合之众·大众心理研究	古斯塔夫·勒庞	民主与建设出版社
4	神奇校车·图画书版	乔安娜·柯尔	贵州人民出版社
5	月亮与六便士	毛姆	浙江文艺出版社
6	人生海海	麦家	北京十月文艺出版社
7	正面管教	简·尼尔森	北京联合出版公司
8	云边有个小卖部	张嘉佳	湖南文艺出版社
9	小熊和最好的爸爸	阿兰德·丹姆	贵州人民出版社
10	啊2.0	大冰	北京联合出版有限公司

表5-4 2021年年度小说畅销榜

名词	书名	作者	出版社
1	蛤蟆先生去看心理医生	罗伯特·戴博德	天津人民出版社
2	少年读史记	张家骅	青岛出版社
3	你当像鸟飞往你的山	塔拉·韦斯特弗	南海出版公司
4	医路向前巍子给中国人的救护指南	医路向前巍子	北京联合出版有限公司
5	百年孤独	加西亚·马尔克斯	南海出版社
6	文城	余华	北京十月文艺出版社
7	乌合之众·大众心理研究	古斯塔夫·勒庞	民主与建设出版社
8	人生海海	麦家	北京十月文艺出版社
9	云边有个小卖部	张嘉佳	湖南文艺出版社
10	白夜行	东野圭吾	南海出版公司

文学的存在与大众传媒的关系愈加地密不可分，而文学奖项、影视改编会与实体书相互促进。经线下出版的网络文学与传统文学共驻榜单，甚至在当下中国文学的接受活动中，网络文学的接受要略胜一筹，这不得不引起思考，虽然主流评价对网络文学存在价值上的偏见，总是与消遣性、商业性相提并论，但是他们用实际的文学消费情况证明了自己的价值。在新媒体时代，当受众能更好地发出声音，在对文学的价值进行评判时，在坚持原有的思想标准、艺术标准的时候，是否也应该适当地去考虑实际的接受情况。毕竟，一部作品只有在读者的阅读中，才算实现了作品的生命。

（二）新媒体时代文学批评体系的建立

新媒体时代的文学生产、创作、传播、接受都打上了新媒体的烙印。新的批评体系的建立是与对网络文学的批评密不可分的。当代文学批评面临着理论的困境、尺度的模糊、批评的人格以及批评队伍分化等诸多问题，这也是网络文学批评的困境。新媒体时代的文学批评可谓是"众神狂欢"。批评场面红火，却"无中心""无权威""无标准"。新媒体文学批评现场面临着失序的潜在可能。网络文学阅读正在成为新的阅读焦点，网络上更是充斥着无法统计的文学作品，然而，相应的专业化的文学评价并没有及时地全面展开，严重滞后网络文学的发展。

基于传统的批评范式，一部优秀的文学作品不仅要在思想上表达对社会、人生、人性的思索，还要在行文用笔间展现出独特的韵味，有着特别的格式。网络文学仍然是以文字作为主要的形式载体，强调思想性、文学性，但是将传统文学批评的一套直接移植到网络文学的批评之中，显然是不合适的，在研究网络文学时其在线性是不可忽视的。

网络文学与传统文学最明显的差异就是载体的不同，正是网络载体的在线性、开放性、自由性、网络性，才随之带来了书写方式、发表平台、表现手段、表达方式、审美趣味的变异。文学之根本是一种带有审美特性的精神产物。一个时代有一个时代的文学，网络文学的评判应放置到它所存在的历史秩序当中，在历史、美学、技术三个维度上进行考察。在坚持文学本质的基础之上，对网络文学的评判应该充分考虑网络媒介、科学技术、市场、文化、创作者和受众等多重影响因素，实现科技与人文、市场与理想的统一，并通过文学批评，展现出这个时代的精神面貌。网络文学的参与程度之广、产生的效应之大，已经超出了单纯的文学意义。网络文学所特有的精神品质，无论是正面的还是负面的，都参与到国民精神的构建中，深深地影响着世界观、人生观、价值观、审美观的塑造。因此，新媒体时代的文学批评仍然要发挥它价值引导的功能，提高读者的审美趣味，提高读者的鉴赏水平，积极发挥文学的社会功能。

新媒体创造的文学活动环境使文学处于开放、自由的传播空间，形成了百花齐放、百家争鸣、百草共生的状态。这就需要研究者针对文学现实，提出理论主张，给予及时的阐述和批评。或是由于专业批评者的不屑与不愿意，或是由于批评者面对新的文学现象的力不从心，到目前为止，主流文学界尚未很好地参与到网络文学批评当中，有多少褒贬判断是零阅读下的判断。虽然目前已经出现相当的研究成果，但多为普遍的一般原理性讨论，缺少对当下现象的密切联系。涉及网络文学的相关研究，仍然只是对公共概念的界说，缺少辅助的支撑材料。作品的引用仍是最初的创作成果，对网络文学的批评远远跟不上网络文学的发展速度。中国新媒体文学在 10 余年中不断异变。当下的网络文学与最初的网络文学已经有着明显的差别。全国网络文学研究会已经于 2013 年 8 月在中南大学成立，一支理论专家队伍正在建立，但是其对网络文学秩序介入的有效性尚存质疑，很有可能再次成为"圈内"学者的游戏。有多少理论者可以降低姿态，真正地用心阅读网络之作，有多少理论者可以对网络文学摆脱先入为主的判断，与网络文学展开公正的对话。

借助新媒体科学技术发展起来的文学，其形态和样式与纸媒时代的文学相比，显现出巨大的不同，"新文学"不仅正突破着已有的评价体系，更打破了井然的文学秩序和关于文学的种种预设，有了多种发展的可能性。网络文学世界中，"批评家死了"，"理论家死了"，发声的只是"手无寸铁"的读者。他们在兴致所到之处，进行着情绪化的评价。"点赞""好看""看过"是多数的声音，既缺少批评的理性，也缺少批评的深度与力度。尽管有部分学者已经意识到网络文学是不可忽视的存在，进行了相关研究，但已有的网络文学批评理论，因缺少大量文学作品的阅读基础，仍然停留在现象的宏观描述以及针对新媒体文学与传统文学展开的比较特点的描述上。一些研究者在匆忙中所下的判断只是一厢情愿的先验假设。当下著名的文学评论者多数成长在非网络的文学环境，接受的是传统的文学教育，因此，在批评网络文学时仍用传统话语，一些批评者甚至会因殊异的文化心理、知识结构，在内心中先验地排斥，而拒绝接受。即使那些敏感地看到文学在当下时代的变革的批评者，而其已经形成的文学观念、审美观念等定势思维也会影响其瞬时做出判断。新媒体时代要多培养和扶持青年的评论家，他们不但成长在新媒体的环境当中，而且与当下的网络作家有着共同的情感经验，代际隔阂的减小，或许可以更多地引起情感上的共鸣。不管主客观条件是什么，都有必要对当下的文学状况做出总结。

既已成规的文学批评理论是理论家基于"纯文学"的研究建立起来的，遵从着"为人生而艺术"或"为艺术而艺术"的法则，而网络文学更多地作为"为自由的艺术""为消遣的艺术""为经济的艺术"，与"纯文学"的法则相去甚远。网络文学通常将自身的审美娱乐价值置换成经济价值。当代文学的前三十年我们倡导文学的政治功能，20 世纪 80 年代出于对政治的反拨，又倡导审美价值，而 20 世纪 90 年代开始，在市场经济下作家们又不约而同地追求经济价值。在文学获得了新自由的生存环境的当下，在社会意识形态标准、道德标准、审美标准、文化标准之外是否还存在其他标准，我们究竟应该以何种价值作为文学评判的尺度，是需要思考的，经济价值和休闲价值是否也应成为一种标准？当下的作家富豪榜提供了一种看起来有些"世俗"的经济标准来衡量文学艺术。高居榜单的作家、作品有很多的"消费"者，"消费"者愿意为他们所喜欢的作家、作品花费金钱。不得不思考那些作家、作品被喜欢的原因。直到 20 世纪 90 年代，无论是专业批评者还是普通读者，在评判一件文学作品时，首先强调的仍然是文学的严肃性和思想性，而艺术性在其次，至于文学能给人带来的阅读快感则被有意地忽略掉，那些消遣性、趣味性、娱乐性较强的作品，则被划入到通俗文学当中，当作市民大众的口味。一直以来，在现实生存面前，人类必须不断压抑生命的本能，而获得持久的发展，文学也因此拒绝娱乐，但是文学的起源是与游戏性质密不可分的。享受快乐本是人作为动物的天然欲求，因而，必须注意到文学的"悦目"作用，将"快感与美感"相结合作为网络文学的基本评判标准之一，这也是符合人类社会发展规律的。尽管文学在历史的进程中伴有极强的现实功利色彩，而人类实践活动的最终指向是要超越生理的束缚、现实的局限而向善、求美的。

当前中国缺乏与文学现实紧密联系的新媒体时代的文学研究理论，网络文学批评还没有形成一套完整的理论体系，因而未能对新媒体条件下出现的新文学现象做及时、科学的总结与批评。从现有的网络文学发展的迅猛之势来看，建立起符合新媒体时代的文学理论和批评标准，对网络文学批评做出规范，让网络文学在作为"文学"的"普及"中实现"提高""扬弃"，具有紧迫性和必要性。新的批评体系的建立，应当结合网络的特点展开，注意文学发生的大众文化、消费文化、流行文化语境，进行跨学科、跨领域的批评研究。建设新媒体时代的文学批评体系，应立足于当前的文学事实，并积极寻找一切可利用的理论资源，结合实际，发展创造，并在实践中接受检验。任何主观地将网络文学排斥在文学研究范畴之外的做法，只能给当代文学研究带来负面影响。

第六章 新媒体环境下汉语言文学教学研究

第一节 新媒体时代对古代文学经典作品的教学思考

经典是民族文化和知识的结晶,是人类认识世界、改变世界过程中积累起来的智慧沉淀,它承载着人类最基本的价值观念和文化取向。它不仅是哺育一个民族的精神源泉,也是个人安身立命的典册。然而,随着新媒体的迅速发展,功利化、娱乐化、视觉化时代的来临,当代大学生却越来越远离经典。在大学语文教学中如何根据大学生欣赏趣味、学习方式的新变化,调整教学思路,改变教学方法,激发当代大学生对经典作品的兴趣,通过经典作品及其背后所承载的价值重构当代大学生的精神世界,已成为通识课教育者亟须解决的一大难题。本书将就这一问题展开探讨并尝试性地提出应对策略,以供广大同行参考。

一、新媒体时代古代经典作品遭受冷遇的原因

新媒体(new media)主要是指在计算机信息处理技术基础上产生的媒体形态,是相对于传统媒体(报刊、广播、电视)而言的以互联网、手机为代表的传播媒体,是所有人向大众实时交互地传递个性化数字复合信息的传播媒介。能熟练使用新媒体并深受其影响是当代大学生的一大特征。新媒体的广泛应用及迅猛发展,也给当代大学生的学习生活带来巨大冲击。一方面,由于缺乏筛选机制,导致海量文学作品涌现,鱼龙混杂,泥沙俱下,让人无所适从;另一方面,由于信息量太大、太快,人们无法安静地沉浸在某个作品或文本之中,导致了阅读的碎片化、浅显化、娱乐化。消遣性、娱乐性、快餐化的大众文化作品成为当前大学生们阅读的主要对象,而"提出并思考的是人、人性、人生的大问题,试图给出解答或解决方案,并且永远对现实保持着理性批判态度"的异常深刻且充满理性的经典作品则被边缘化,尤其是中国古代经典。有研究者曾在全国范围内选取了北京大学、山东大学等14所高校对大学生的经典阅读进行调查,调查结果显示中国古代经典并没有受到足够重视,即使在中文专业学生当中也仅有不到三成的被调查者对其最感兴趣,部分理工科学生在留言中表示由于平时专业学习压力大,很少阅读文学书籍,即使阅读也首选娱乐消遣型的,不愿选择费时费力的中国古代文学。2013年,广西师范大学出版社调查统计后发布了"死活读不下去排行榜",在该榜的前10名中,中国古典四大名著尽数在列,《红楼梦》更是高居榜首,成为读者们吐槽最多的"读不下去"的书。

当代大学生为何如此冷落蕴含着丰富人文意蕴的古代经典作品？造成这种局面的原因可能有很多，但最主要的有两个，具体如下。

（1）从主观上看，学习的功利性使很多大学生认为大学语文中的古代经典作品"无用"，因而不愿意投入精力深入学习。

通常来说，人自觉主动地去学习某门知识，多是因为对其有兴趣爱好或认为其对今后的工作、学习、生活等有较强的实用价值，而对于认为无用或没有太大作用的知识，人们往往不容易产生学习的需要以及相应的行为方式。当前整个社会的浮躁、功利又加重了人们的这一学习动机，很多人的需求是了解能够马上解决眼前问题的信息，而学习经典名著不可能会获得如此快捷而实用的效果。在教学中笔者发现很多学生对古代经典作品缺乏兴趣甚至很厌恶，其中一个非常重要的因素就是，在学生看来，学习这些作品，无非是使他们多了解一些中国古代文史哲方面的内容，与当前的社会生活以及未来的生存发展没有多少关系，属于学而无用型的。这些古代经典作品真的"无用"吗？当然不是。能够选入大学语文教材的这些古代作品无不是经过岁月沉淀的经典之中的佼佼者，其中所蕴含的优秀人文思想、审美情趣、生活态度对塑造学生良好的精神品质等具有潜移默化的催生作用。不仅如此，作品中所涉及的表情达意的方式方法，以及语言运用的特色等对提高学生的语言交流、沟通能力也具有重要意义，而这又直接对他们今后的生活、学习、工作等产生重要影响。既然大学语文中的古代经典对当代大学生的成长与成才如此重要，那么为什么当代大学生却普遍认为这门课"无用"呢？其原因主要是古代经典的这些功能对大学生成长、成才、就业的影响往往是"润物细无声"的，不像专业课以及各类证书那么直接，所以学生们往往感觉不到它的功用。

（2）从客观上看，时代的"隔膜"以及教学效果的不如人意影响了大学生对大学语文中古代经典作品的"兴趣"。

针对广西师范大学出版社发布的"死活读不下去排行榜"，究竟是什么原因让名著死活都读不下去？调查中不少被采访者表示其中一个重要原因就是名著与当代读者的"隔膜"，"语言晦涩、叙事繁杂，再加上高深的哲学意识与不同的时代背景，客观上也构成了阅读障碍"。就拿古代经典作品中的语言来说，与今天的语言相比，不仅在语音、语法、词义等语言内部要素上发生了巨大改变，其所反映的外部事物也发生了极大变化。因此，后人在学习前人作品时往往会遇到不少语言文字方面的障碍，尤其是随着新媒体的迅速发展以及通俗文学、大话文学、流行歌曲和偶像剧等大众文化、消费文化的泛滥，当代大学生们更习惯于通俗化和娱乐化的话语表达方式，古代经典作品陌生而晦涩的语言，自然很难激发起他们的学习兴趣。另外，教学效果的不如人意也是造成当代大学生对古代经典作品兴趣索然的一个重要因素。长期以来，大学语文教学在授课思路上形成了一个固有的教学模式：作者生平简介、创作情况、课文的写作背景、内容分析、写作特点等，教学过程公式化、凝固化，课堂讲授信息量大而不深不精，语言严谨有余但是生动亲和不足，凡此种种，使得整个大学语文课堂沉闷而缺乏生气。

"无用"和"无趣"成为很多大学生对大学语文课的最直观印象，这种印象又从心理上影响了他们的学习兴趣及学习动机，加深了他们对大学语文课的疏离。

二、有用与有趣：新媒体视域下古代经典作品教学的新思路

葛兆光先生在《古代中国社会与文化十讲》中曾说："现在是急功近利、讲究实用的年代，那些看上去既不能增添技能又不能变成资本的古代社会与文化知识，只有通过一些'包装'和'烹调'才能使他们感兴趣。"实际上，这不仅是一个功利化、实用化的年代，还是一个媒介化、视觉化的年代，在这样的时代中，教师更应该大胆革新，善于包装，善于调味，使古代经典作品教学课变得"有用"及"有趣"。如何才能使这些古代经典作品变得有用、有趣起来？

（一）关注古代经典作品的当代性与应用性

经典之所以为经典，是因为它具有内在的"真理要求"，具有超时间、跨地域的永恒价值，其生命力在于"持续不断引起当下读者阅读的兴趣，持续不断地对当下情境中的读者发挥作用"。因此，在讲授这些经典作品时，除了要关注其所蕴含的优秀的人文思想、进步的审美观、表情达意的方式方法、语言运用的特色外，更要研究其当代性，包括文化的当代性、道德的当代性、情感的当代性、审美的当代性等，按照时代的已经变化化了的精神、心理、人情风俗来理解经典、认识经典，对经典进行继承和创新，只有这样经典的精神财富才能永恒与不朽，才能使当代人继续对经典充满信心，成为当代人生命的源泉。不仅如此，对于经典的解读，教师还需要贯彻古为今用的原则，关注其与当下现实生活之间的内在关联以及对当代大学生工作、学习、生活、处事等方面的启示意义，这样才更能引起学生的强烈共鸣，调动其学习兴趣。如通过对杜甫《又呈吴郎》中诗人"堂前扑枣任西邻""只缘恐惧转须亲"等行为的解读，不仅使学生学习到杜甫"仁者爱人"的伟大精神，同时还要学习其如何在维护弱势群体自尊的前提下对他们进行帮助的高尚行为。而"即防远客虽多事，便插疏篱却甚真"中所蕴含的委婉含蓄的劝说艺术，对学生今后在工作、学习、生活中的语言表达又具有重要的借鉴意义。教师还可以根据学生具体情况来因材施教，如对管理类专业的学生，在讲授《红楼梦》时，可以进一步将王熙凤的管理艺术、理财能力和薛宝钗的人际关系学等引入到教学中，让学生在学习古代名著的同时，开拓思维，增长职场实际生活经验；对艺术类专业的学生，在介绍诸如王维、苏轼等这些文学家兼艺术家时要侧重对其艺术观的分析，多选讲充满诗情画意的文章，鼓励学生从古典诗词中挖掘创意。

（二）依托现代教育技术，优化经典作品的教学效果

当前，大学的教学对象大多已为"90后"甚至"00后"，他们是随着新媒体成长起来的一代人，作为"屏幕人"或"网络人"，游戏化、图像化的世界，轻巧、有趣的表达，大话式的网络语言是他们熟悉和热衷的，冗长的文本、艰深枯燥的语言往往令其望而生畏、兴趣索然甚至拒之门外。面对这样的一群教学群体，传统的"一张嘴、一本书、一根粉笔、一块黑板"教学方式已无法引起学生的学习兴趣。这就要求教师要针对当代大学生学习、接受习惯，与时俱进，依

托现代教育技术，不断地优化教学效果。如现代教育技术中的多媒体课件，能将文本、图形、动画、音乐、声音、图像、视频有机融为一体，切合在新媒介环境中成长起来的大学生的接受习惯，如果精心制作的话，能够极大地激发学生的学习兴趣，达到事半功倍的教学效果。在讲解古典诗文时，诗情画意的画面配上合适的音乐，不仅能有效地展现诗歌所蕴含的意境氛围，而且还会对学生的视觉感官和听觉感官产生强烈的冲击，使学生在婉转美妙的音乐中体会作品的文字、意境之美。在讲解古代小说戏曲时，选取影视中重点片断，让学生与原著进行对照，不仅可以加深学生对作品的理解，还能够提高学生研读作品的兴趣。如《聊斋志异·婴宁》一文，尽管这是一篇文字优美、故事生动的小说，但由于语言文字方面的障碍，在阅读文本、感知人物形象时，依然有不少学生因为没有读懂课文而浑然不知。通过对电影《聊斋新编之婴宁》中王子服遇婴宁、寻婴宁以及婴宁严惩西邻子等片段的播放，学生很容易就把握了婴宁天真活泼、憨态可掬、聪慧狡黠的未经人世浸染的自然本性，也了解了这种天性随着婴宁走出山谷而投入到人类社会、由自然人变成社会人、为顺应社会礼法而逐渐失落的过程，感受到作者对人间真情的赞颂、向往及对封建礼教压抑摧残人性的痛心。

虽然多媒体教学比传统课堂教学更加丰富多彩，信息量更大，能有效激发学生的学习兴趣，提高课堂效果，但在古代经典作品的教学中，过多地使用多媒体，尤其是声音、画面等直观手段，也容易使学生的思考力、想象力受到限制，使教师的主导作用和学生的主体地位受到削弱。因此，在教学中，教师必须避免对多媒体的盲目依赖，适时、适度、适当地运用，将多媒体辅助教学、传统教学手段与教师个人特色有机结合，优势互补，充分发挥各种教学方法的综合效应。

（三）建立开放性的教学理念，充分发挥学生的学习主体性

开放性是新媒体的一个重要特征。在媒介环境下，大学语文的教学也需要建立一种开放的教学理念。传统的大学语文课堂教学以学习知识为导向，但现在，只要有一部智能手机，百度一下就能搜索到需要的知识，几乎所有的问题都能通过网络找到相应答案。而且当前大学生携带智能手机等移动设备上课的现象非常普遍，课堂上玩手机者也不乏其人，甚至屡禁不止。这种情况下，不如顺势而为，教师通过设置议题，采用教师讲授与学生自主学习相结合的学习模式，鼓励学生在课堂上使用自己的设备，引导其去关注网络中丰富的语文信息。另外，大学语文教学的场域也应当是开放的，不局限在传统的课堂之中。课堂之外，教师也要鼓励并创造条件，让学生可以通过不同终端、不同产品进行自主学习。近年来，随着信息与通信技术的迅猛发展，微课、慕课倍受瞩目，尤其是微课，其短小精练，符合当代大学生课余时间碎片化，难以进行长时间学习的情况。教师应该积极地推动大学语文微课的建设与应用，将学生在教学中不理解的问题及时记录下来，然后根据问题进行针对性的讲解和制作，供学生课后学习参考。师生之间也可以通过 QQ、博客、微博、个人日志、个人主页、飞信、微信等新媒体提供的各种新鲜、活泼的交流方式，交流资料、探讨问题，构建网络学习共同体，丰富延伸课堂内容。

（四）运用故事化、娱乐化的教学语言，迎合当代大学生的欣赏趣味

在教学中发现，随着新媒体技术的迅速发展，在媒介化、视觉化时代中成长起来的"90后"大学生，在接收信息时，大都会避开难懂、难接近的东西，选择很快、很轻松能搞懂的知识信息。浙江工商大学曾对杭州16所本科高校大学生的阅读状况进行调研，发现78%的学生认为阅读经典很重要和比较重要，但阅读率并不高，其中，语言晦涩难懂、内容与时代脱节是大学生拒绝阅读的主要原因。相反，大学生对于那些以经典为蓝本，运用改写、反讽、戏仿、戏谑、调侃等手段进行"去经典化"的节目或作品却十分热衷。近年来，以"易中天品三国""于丹讲论语""刘心武揭秘红楼梦"为代表的《百家讲坛》电视节目以及以"杜甫很忙"为代表的网络恶搞文化在"90后"大学生中迅速走红，也正说明当代大学生并非不喜欢中国古代经典，只是他们更愿意在轻松、娱乐的情境下接受经典。美国媒介环境学派的代表人物尼尔·波兹曼在《娱乐至死》一书中描述电视时代的大众文化时曾说："现实社会的一切公众话语日渐以娱乐的方式出现，并成为一种文化精神。"在当前这样一个"娱乐至上"甚至"娱乐至死"的社会语境下，一切都难逃被娱乐的命运，包括古代经典。教师若再以严谨、正经、刻板、晦涩的方式讲授这些古代经典作品，只会使学生对古代经典作品更加"敬而远之"。因此，在教学中教师要秉承兴趣原则与亲近原则，使教学语言故事化、戏谑化、娱乐化，化重为轻、化难为易、化艰深晦涩为网络流行，贴近学生的生活、趣味，使学生在好听、好玩、大笑的愉悦状态中完成对经典作品的解读。

中国古代经典作品是传承优秀传统文化，对当代大学生进行人格塑造、陶冶情操、净化心灵、审美教育的重要载体。学习经典不仅关乎当代大学生个体的成长，更关乎整个中华民族的未来，而拒绝经典，受害的不仅是每个大学生个体，更是我们的社会和民族。新媒体视域下，教师只有在对当代大学生的思维方式、欣赏趣味等深入研究的基础上，大胆改革教学形式和方法，主动适应大学生的接受习惯，才能使当代大学生们热爱中国古代经典，其传承文化、陶冶情操、提升人格、净化心灵等功能才能得以实现。

第二节　新媒体时代古代文学教学改革

古代文学课程是我国高校汉语言文学专业的核心课程，在人文学科领域中起着非常重要的作用。但目前我国古代文学的教学状况不容乐观，教学形式单一乏味，往往以延续文学史的基本框架为主，将秦朝、两汉、魏晋南北朝、唐朝、宋朝、元朝、清朝作为讲解的主要内容，教学内容以流派、作家作品分析为主。虽然部分古代文学教师在课堂中会融入学术性理论成果，但从总体角度而言，我国古代文学教学效果没有得到本质的改善。近年来，随着我国社会经济的发展，新媒体环境逐渐融入到人们的生活、学习与工作当中并产生了极其重要的影响。在新媒体环境下，古代文学实施教学改革是必然趋势。

一、现阶段我国古代文学教学模式

现阶段，我国古代文学教学沿袭传统教学观念，以教材作为课程核心，以教师作为教学主体，往往以一支粉笔、一本教材、一位教师完成古代文学的教学内容。这种教学模式中，学生接受知识过于被动，无论是自主能动性还是与他人进行沟通、交流都会受到限制，进而影响到整个课堂的教学效果。比如，学习唐朝诗人李白的文章时，需要学生跟随教师的思路，而古代文学教师往往会千篇一律地布置课前预习任务，包括作者的生平、作者的思想感情、作家作品的特点等。这样一来，对教师教给学生的东西，学生无法及时思考，只能被动接受。另外，由于课堂时间有限，学生无法将自己的思想反馈给教师，更无法在有限的时间内提出自己的见解，这种传统模式对培养学生的独立思考能力极为不利。此外，在古代文学课程中，教师与学生之间的交流极其重要，但在课堂时间的限制下，师生间不能充分交流与沟通，长此以往，学生的古代文学成绩肯定会有所下降。

可见，传统教学模式已经无法适应新媒体环境所提出的需求，不利于学生独立思考能力的培养。因此，古代文学教师要充分利用新媒体环境，加强对媒介的认识与掌握，将新媒体环境下的丰富资源充分运用到古代文学课堂之中，将知识的传输量扩大，将课堂时间延伸到课堂之外，进而加快对古代文学学术知识的更新。另外，在课堂上，教师可以将各种广播、电视媒介、网络媒介与传统课堂进行充分融合，改善古代文学教学课堂的乏味，促进教师与学生之间的交流，利用各种通信软件对文学作品进行分析与赏析，进而从根本上提高学生的古代文学成绩。

二、新媒体环境对古代文学教学改革带来的优势与不足

（一）新媒体环境对古代文学教学改革带来的优势

1. 新媒体环境下教学内容的改变

新媒体环境下各种媒介产品应运而生，计算机技术、网络技术逐渐成为当前社会中最为主要的组成部分。传统教学模式中教学内容往往以教材为主，教学内容受到限制，但在新媒体环境下，教学内容的范围得到扩大。以网络为例，教师可以利用各种链接、信息库、网络文件、文学网站对文学作品以及文学知识进行收集与整理，并将该类信息及时传递给学生，将文学知识的范围进行扩大，将学生的文学思维进行调动，使古代文学教学活动得到有效开展。

2. 新媒体环境下教学形式的改变

新媒体环境下古代文学教学形式受到影响。在改变传统、单一的教学形式下，高校在开展古代文学教学中，其教学形式发生了本质的改变。一是教师在课堂中充分利用计算机技术制作文学课件，以调节课堂氛围，从根本上调动学生的积极性；二是教师在课堂中通过播放相关视频、音频，能够提高学生对文学作品的理解，加深学生对文学作品的印象。此外，新媒体环境

下的古代文学教学模式打破了时间与空间的局限，教师与学生之间对文学知识的交流不再局限于课堂之上，他们可以利用各种网络媒介，比如 QQ、微信、微博等。借此，教师可以指导学生课后学习，并根据学生的基本情况对学生进行个别交流，让学生认识到自身的不足，及时调整自己的学习计划与方案，进而在改变传统教学模式的同时，提高学生的学习效率与学习质量。

3. 新媒体环境下教学目标的改变

新媒体环境对古代文学作品的教学发展带来本质的改变，其中，教师的教学目标不再是单纯地为学生讲解重点、难点，而是利用网络资源、媒介资源提高学生对文学作品的欣赏能力，增强学生的文学素养，使学生在充分把握文学作品基本情况的基础上，提高自身对文学作品的理解、对作者思想感情的把握与对社会现状的认识。另外，在对各种媒介产品的运用中，教师所设置的教学目标范围得到扩大，从两汉到魏晋，从初唐到明清，对文学作品进行统一教授，将其中的共同点与不同点进行把握，让学生对古代文学作品中的共性有所认识，进而提高学生对文学作品的理解能力和学生的独立思考能力。

（二）新媒体环境对古代文学教学改革带来的不足

1. 新媒体环境下的不良信息影响古代文学教学改革

众所周知，在新媒体环境下诸多信息资源出现在人们身边，各种网络资源以及媒介产品由于缺乏市场监督与管理，进而导致各种不良信息入侵到高校教学之中。比如，各种虚假信息的出现会在一定程度上影响古代文学的教学改革。再比如，在网络资源中，有关各种朝代的文学知识比比皆是，但是其中不乏虚假信息，其中包括作者信息的不真实、古代文学作品赏析的不正确、文学朝代的不完善等，都会影响古代文学教学改革，并且影响学生对文学作品的认识与理解，从而不利于学生对文学作品的掌握。

2. 新媒体环境下的不实信息影响古代文学教学改革

近年来，随着网络技术的发展，新媒体成为影响人们生活、学习、工作的主要产物，新媒体环境下所衍生出的网络产品为信息的发展奠定了基础。但是，纵观文学在网络中的发展过程，会发现诸多不实信息出现在各种网页、媒介之中，无论是 QQ 空间还是朋友圈，都会出现有关古代文学的不实信息，而网络人员的恶意篡改与传播，会导致错误信息出现在学生的思想之中，影响学生对文学作品的理解。比如网络上红极一时的恶搞杜甫，使其形象、作品都受到了一定程度的影响。这种情况不仅使学生对古代文学作品产生错误的认识，并且阻碍了古代文学作品的发展。

三、新媒体环境下古代文学教学改革的措施

(一) 创新教学理念，改善教学模式

要想使古代文学教学适应新媒体环境，则需要积极创新教学理念，改善教学模式，将教学活动从传统教学模式的束缚中解放出来，将新媒体环境下的网络资源、媒介资源、媒体资源充分运用到古代文学课堂教学之中。无论是课堂教学目标、教学形式还是教学内容，都要实现创新性发展，将网络媒介中的古代文学作品充分与教材内容相结合，丰富教学内容，改善教学形式与教学氛围，提高学生的学习积极性。比如，可以利用计算机技术进行网络备课，设置计算机课件，将网络中所存在的古代文学作品进行整理与下载，在课堂上与学生进行交流与沟通，进而提高课堂效率。

(二) 改善课堂教学方法，加强新媒体产品运用

传统的教学方式过于单一，无法从根本上促进学生的学习，在新媒体环境下，要加强对新媒体产品的运用，积极改善教学方法。教师作为课堂的主导人员，可以通过提问问题、设计问题的方式对课堂内容进行总结，另外，教师还要将课堂内容的重点放置在引导学生方面，而不是单纯以教材为主。此外，教师与学生要充分利用新媒体产品，比如时下流行的各种通信软件，加强两者之间的交流，打破课堂教学在时间与空间上的局限，加强课下文学知识的交流，提高学生对古代文学的理解能力与感知能力。

第三节　"新媒体＋传统"教学方式研究

新媒体教学，即从 20 世纪 80 年代末 90 年代初，伴随计算机技术和互联网技术不断完善，而以电子课件、教案为主要工具，以计算机网络为平台，通过实地和远程传输而对个体或群体进行的教学。它具有教学内容丰富多样、教学理念更新迅速、教学方法灵活多样等诸多优势。如果运用得当，可以有效激发学生学习的兴趣，使教学在数量和质量上获得突飞猛进的效果。但是，计算机、网络与传统的教师口语、板书、辅助卡片等都属于"工具"的范畴，不能代表时刻进行思维活动的、鲜活的生命体验。教师在将网络、书籍报刊上搜集来的教学资料进行罗列后，如果没有进行综合分析、去粗取精和心灵加工，而只是将之作为眼前的资料以遮掩耳目，就会出现不利于学生接受的诸多问题。如海量的教学内容无所统属，教学内容的演绎失去审美和哲理的思想统领；教学内容表面上数量极大，而教学质量无从谈起；教学中鉴赏的过程被大大缩水，抽象的结论充斥于课件。以上这些问题是新媒体教学条件下已然出现且必须解决的问题。本书结合一线教学体会和了解，对新媒体条件与传统教学方式结合问题进行探索分析，以期对古代文学教学有所裨益。

一、工具与思想的结合

自从人类产生那一刻起，能利用工具是人与动物相区别的必要条件之一。工具是人类眼、耳、肢体等自身生理条件的延伸，是他们生存智慧或思想的体现。原始人类为了生存而创造工具，而当人类文明发展到一定程度，于生存目的之外，在不断的物质和精神需求推动下，进而为了提高劳动生产率，而不断改进和创造新的工具。创造的思想始终是工具产生和被利用的前提。人类历史上，只有当工具异化为某种反文明的思想，即工具服务于某些人的自私目的，而被迫沦为"思想"本身时，工具才等同于思想。

就教学来说，传统上以教师的讲授为主，中国古代文学更以教师为主体，坐而论道，教师"逼迫"学生将经典篇章背诵下来，以高高在上的姿态将自己认为正确的思想传授给学生。这种教学方式虽也有启发式引导，但总体上缺少对知识实时的理解，需要在以后的求学和实践中不断体会和领悟。但是，今天看来，古代学生对文学经典的背诵，未尝没有对教学内容中某种思想的直觉体验。而进入现代教学进程后，教师以口语讲授，配合精美的板书、丰富多彩的卡片以及教师本人对内容的生命体验，以或高雅脱俗、或醇厚深刻、或潇洒不羁的仪态，以内容教学为中心，将其中个人或说某一类型的思想人格展现给学生，并与学生互动，这样，包括审美愉悦、人格熏陶在内的"思想"成为内容教学的后盾，这种教学未尝不是一种有益的人生体验。

然而，当下的古代文学教学，利用网络和计算机，以电子课件为中心，大量内容从网络上直接查找并进行粘贴；配以图片、网上诵读等音频资料，由于教学时间不足，课堂教学成为这些网上资料的罗列，而缺少对教学内容的深度综合、深刻分析、深入思考，以及教师本人和学生由诵读、体悟而来的切身生命体验，更遑论教师的"旁征博引"和"思想"感染。从学生方面说，课上或课下少了对纸质"课本文字"的"生硬"背诵，脑子里少了经典文本的积累，在进一步的学习和研究中，就不能像前人那样活学活用、得心应手，他们不得已，就会向老师要电子的课件、文档并复制下来；或者干脆上网直接找到相似内容粘贴了事。究其实质，他们真正掌握了多少，还是值得怀疑的。

在这种所谓"新媒体"模式的教学中，因为课件的资料量大，上课时有意无意地对之形成了依赖，很大程度上教师就成了电脑的奴隶，一旦离开它，不仅教学几近无法进行，甚至连正确的板书和最简单的组织语言也成了问题。笔者就有这种体会，常年用电脑写字，有时因为某种"空闲"的机缘，一定要自己手写，就会有想写但不知如何写的停顿；离开电脑授课亦是如此。因为形成了对新媒体工具的依赖，思想也懒惰了。因为没有过去非新媒体时代"背""备""思想"的功夫，或者说不屑于、无意识中没有那个意识了，我们的板书、语言的风采，我们独具个性的风度没有了。一句话，我们被这个"工具"给俘虏了。

从辩证的角度看问题，工具与思想是相对的。现代科学技术带来工具的超前发展，这是思想的极度繁荣。但是，传统教学方式中那些看来"原始"的、"过时"的甚至笨拙的工具，也许对我们锻炼"思想"的敏锐度极有好处。近年来，英国中学生的基础教育极为不理想，学生居然对乘法口诀和基本计算都不过关，不得不请外国教师进行支援。英国工业化、现代化实现的时间极早，中学生多使用计算器，以致出现以上问题。联系我们的古代文学教学对新媒体的依赖而出现的问题，我们不得不说，工具的超前发展也可能助长工具的异化，造成"思想"在某种程度和某些方面的萎缩。说到此，不禁让人想起古代关于"道"（性理之思想）与"器"（实现思想之事功）问题的操作，南宋事功学者们之所以一反大思想家朱熹之所强调的"道"，转而在"义理"基础上突出"事功"，即"器"，是因为南宋面临抗金复国的艰巨任务时，理学家空谈"义理"，过分强调了"道"，要求在人心性足以纯正之后再谈恢复"事功"。而当今社会，在一切都受制于"器""工具"，即网络新媒体的时候，我们的教学更应该思考如何使"思想"鲜活的问题。

鉴于此，古代文学教学应在某种程度上重视某些传统教学方式的回归，提倡新媒体条件与之结合。如教师课前对内容"备"与"背"，在繁多资料和作品的体悟中自然有所分析和综合。无论是否使用新媒体，教师"肚子里"学问的多少，在扔开课本和电脑后，顿见分晓。工具总是工具，不能代替教师思想的加工。所谓"批判的武器不能代替武器的批判"。古人在论述工具与思想的关系时曾说过"筌者所以在鱼，得鱼而忘筌。蹄者所以在兔，得兔而忘蹄。言者所以在意，得意而忘言"，筌、蹄、言对于鱼、兔、意来说，前者都是获得后者的工具，而不是后者本身。新媒体与网络只是我们传达教学内容的工具而已，并不是内容本身，教师应适当使用之，而不是被其使用。

二、教学数量与质量的结合

众所周知，教学内容既要有满足教学目的一定的量，更要有质的保证。如果说中学教学为了高考的功利目的，不得不为学生扩大知识面，尽量讲解全面的、足够数量的教学内容，那么，到了大学，因为我国古代文学知识的浩如烟海，教师是不可能在短短两年内把所有的知识都讲全、讲透的。大学的古代文学教学更应该在质量上下功夫。

传统教学模式主要以教师的口耳相传为主，辅以板书提示思路和要点。虽然存在教学信息量难以大量展示和学生主动性不易充分发挥的不足，但优秀的教师却能以简驭繁、以少总多，在课下将自己尽量掌握的较多信息在备课过程中高度概括，并在临堂教学中以临时发挥的方法加以升华，如果确是精华，反而会给学生更多灵魂的提点和方法的指点。在这种教学模式影响下的学习方法提示，如果学生确实领会，倒不失为一种处理教学数量与质量相统一的方式。

在多媒体教学条件下，当然有很多教师能利用这些新工具，提高教学质量。但还有一种可能，教师利用网络把足够多的教学资料搜罗进自己的课件中，网络只是我们搜集资料的"工具"而已，这一"工具"代替了人脑自身"活"的灵魂对内容的加工与把握。这些从网络搜罗来的资料、信息，如果缺少教师自己对这些资料去粗取精、去伪存真的增删取舍，不能将最终组织好的教学内容有详有略地、以自己主观审美化情感进行浸透，循循善诱地用心灵引导学生进入作品所塑造的艺术境界或富含哲理的情趣中，那么，再多的累积也不能打动学生，也不能起到以少总多、以一当十的效果。毕竟，多媒体所提供的大量信息，也必须以教师主观、积极的取舍和情感、心灵的关照为基础。不然，这些没有归属的资料和信息，就会如散落的尘土一样令人生厌，学生也只有向老师要课件，将那些他们搜罗不到的信息复制下来而已。

对于古代文学的教学来说，在利用多媒体尽量搜集更多的资料基础上，我们迫切需要一种"窥斑见豹""见微知著"的教学方式，将多媒体提供的教学便利与传统教学的精华思想加以结合。在知识量的教学上，我们缺乏的是一种引导——一种在教学中因为讲一半内容，甚至更少量内容的讲解而激发学生去学习另一半、更大量内容的效果。这其中的关键问题是，无论我们是否使用多媒体，我们的讲解是否能感动我们自己？在知识性、趣味性和人格伦理、思想情操上，我们到底有没有进行深刻的挖掘？求得教学的质量，当然要在一定数量的基础上展开。但是，如果没有了对每一经典作品的细部体悟和情感、灵魂与审美、思想的玩味，数量再多，也是干瘪无味的，也谈不上真正的数量。

做一件事情，俗语有"一招鲜，吃遍天"的说法，这当然谈的是掌握一门技艺的质量。那么，从为学来说，孟子曾言："博学而详说之，将以反说约也。"在获得广博知识的基础上，继而专务精深、细致的探究，最终还要进行总结、简约的工作。为学既要广收博取，注重数量，又要精择专一，务求精熟，最后才能达到简约精要。而这精择专一的功夫（"详说之"），就是通过对局部知识的深入学习，吃精吃透后，才能达到简约精要（"反说约"）。古人对文化典籍的理解和教学，向来注重"小学"方面的积累，如朱熹虽然讲义理，但是他对训诂和音韵也相当重视，作有《楚辞集注》《四书章句集注》等，其精深简洁的义理训诂，也是以这些细部的精深了解为基础的。从宋儒到清儒，虽有义理和考据的侧重分别，但对作品基本知识的精深理解是基础。因此，我们要获得真正的教学质量，应将新媒体教学中的求数量与传统教学方式中的求质量适当结合。

三、鉴赏与研究的结合

在古代文学教学中，向来存在传统教学模式重鉴赏和新媒体教学模式下重研究的两种趋向。在古代文学教学中，新媒体教学模式充分利用了多媒体提供的教学便利，搜集了诸多作品鉴赏示例来充实到我们的课件中。应该说，多媒体手段大大有利于资料的搜集和整理。但是，在新媒体教学模式下，对传统教学模式中重视的作品鉴赏过程，是有所忽略的。须知，极其迅速地把研究的结论搜集来，包括一些鉴赏性文字，但这并不等于就真正进行了鉴赏活动。

在古代文学本科教学中，传统教学以常识性的作家、作品知识鉴赏为重点，进而以感性的火花引领理性的探索，以鉴赏带研究，以质量换数量，这是其优点。这种教学模式最先可造就教学型教师，进而出现一部分教学、研究能力兼长的教师；新媒体教学模式欲以数量换质量，遵循从量变到质变的哲学规律，但对从量到质的飞跃过程重视不足，或者说是无能为力。从客观效果来说，新媒体教学模式更侧重于资料之全和创新性的研究结果，对作品的奖赏品味还有待提高。新媒体条件下的教学，客观上出现研究型的教师比例可能较大。

古代文学教学应探索传统重鉴赏和新媒体重研究的有机结合。引导学生进行创新性的研究，要在掌握基本的古代文学常识和学习、研究基本技巧基础上进行。如果这些基本知识、基本技能都不具备，其进行的研究很可能是肤浅的，甚至是蹩脚的；而要更好、更深入地鉴赏作品，也需要新媒体教学条件提供的大量知识信息，才能使鉴赏品味建立在较为科学的基础上。

为了更为具体地认识传统重鉴赏与新媒体重研究相结合的必要性，我们有必要对比在这两种教学模式下教师的教学情况。在学习中，遇到研究能力和教学能力兼备的全能型教师，这当然是学生之幸，也是教学之幸。然而，还有另一种情况，如果遇到的是偏重于研究型的教师，虽然他有深厚的知识功底，但是，因为他专注于他所研究领域的学术前沿，而对基础性知识、技能不够重视，或缺乏这些知识，那么，他所给予学生的可能会多一些"绝对正确"的学术判断和结论，而缺少因具体知识和相应的鉴赏过程，而给予学生从审美趣味出发的、鲜活的启发和诱导。大学本科的学生，其知识量还有待积累，最需要的应该还是从具体到一般、从感性到理性、从审美的到抽象的接受过程。

诚然，大学以学术研究立校，在高级别的层次上，要以那些高端层次、创新领域的研究取胜。因此，我们应该给研究者以理性、抽象的"绝对"空间。但是，我们更应该懂得，所谓高级、高端、创新的层次和领域，也是从众多具体、感性、审美的点点滴滴开始，积累逐渐多了，才会有那么全面、抽象、理性的判断。正如海德格尔曾说过的："在生存论上，解释植根于领会，而不是领会生出解释。解释并非要对被领会的东西有所认知，而是把领会中所筹划的可能性整理出来。"如果说抽象的研究结论是一种"解释"的话，那么，审美鉴赏则是一种"领会"，因为"领会中所筹划的可能性"多种多样，在某种程度上可能要比"解释"的向度要多很多，所以作为研究者，反而更应重视审美的鉴赏过程。

另一情种况，对于偏于教学型的教师，可能由于某种原因而忽视对教学内容的研究。对作品的鉴赏是他们的长项。鉴赏是从解释作品的字、词、句开始，到把握句群和段落，以至全篇，甚至整部作品的思想与艺术特色。不管是侧重其感情色彩，还是总结其思想倾向，以对作品感性的把握为主要的思维方式。一般来说，鉴赏不会超过目前已有的对这些作品的研究深度。当然，也有专门走"鉴赏－研究"这一路径的学者，如叶嘉莹和赵齐平，钱钟书先生的宋诗研究也有相当浓重的鉴赏色彩。

但在一般研究者从事的古代文学教学中，如果过于偏重鉴赏过程，而忽略对作品的理性抽象，其鉴赏性的教学就极易流于肤浅层面。如果教师不进行理论概括，我们的教学与一般大众，甚至与小学生的认识就没有多少区别了。如在古代诗歌的教学中，传统的作法，不过是思想内容与艺术手法的套路化，前者不过忧国忧民、同情劳动者之类的题材分类，后者不过豪迈、婉约、直抒胸臆、委婉含蓄之类的简单论述。古代文学教学需要方法、内容的创新，这就需要新媒体条件的资料积累和传统教学的以质带量二者相结合的综合提高。

总之，在新媒体教学条件下，我们在充分利用其便利，尽量搜集更多信息的同时，应该将重点放在对所拥有材料的分析、解读上，将新媒体教学条件与传统教学方式进行适当结合。只有将这些材料和作品放在我们心中，用生命进行加工，才能有所感悟，才不会沦为工具的奴隶；在作品内容的教学上，应该以尽量少的解读量达到感染、引导学生去进一步探索的冲动，从而达到以少御多的目的，而不是将新媒体信息量大的优势异化为缺少主体心灵体悟的电子死板。同时，要将对教学内容的鉴赏与研究结合起来，使教学既有感性的鲜活力量，又有进一步深入人心的教学后劲。

第四节　新媒体当代汉语言文学史教学

探讨新媒体与课程教学的关系，来源于实际教学中的"刺激"。在一次课堂教学中，一位大学讲师向学生布置课后思考题，因为已经到了下课时间，许多同学迅速拿出手机等工具，将思考题拍摄下来，一时之间，教室中"咔嚓"声此起彼伏，构成了一道令人惊叹的"视觉奇观"。香港浸会大学的黄子平教授在北京大学讲授中国当代文学史，习惯做内容丰富的PPT，其中有一些珍藏的图片资料，每到切换的时候，教室里的同学都会拿起手机拍摄，场面颇为"壮观"。黄老师十分感慨，说他要把这个画面反拍下来，作为一个记录，对比近年来大学课堂教学的变化。

的确，今天我们都已经习惯了采用多媒体课件，播放影像资料，用E-mail分发阅读资料、收取课程作业，展开课程讨论等。新媒介技术的应用无疑大大改变了传统的教学行为，给"教"和"学"都带来了巨大的冲击，使当下的大学课程教学呈现出新的面貌。

一、在课程教学应用中的"新媒体"

首先，我们必须明确本书所指"新媒体"的概念。新媒体的详细定义和认识前文已有阐述，不再赘述。学界上的"新媒体"，大致指的是以互联网为代表的电子、数字媒体产生之后所出现的一系列新兴的媒介及其衍生体，"是20世纪后期在世界科学技术发生巨大进步的背景下，在社会信息传播领域出现的建立在数字技术基础上的能使传播信息大大扩展、传播速度大大加快、传播方式大大丰富，与传统媒体迥然相异的新型媒体"。但不论新媒体具体的概念和内涵是什么，它都是提供信息的一种方式，甚至就是信息本身。著名的媒介研究专家麦克卢汉指出：

从长远的观点来看问题，媒介即是讯息。所以社会靠集体行动开发出一种新媒介（比如印刷术、电报、照片和广播）时，它就赢得了表达新信息的权利。……我们时代所得到的信息不是新旧媒介的前后相继的媒介和教育的程序，不是一连串的拳击比赛，而是新旧媒介的共存，共存的基础是了解每一种媒介独特的外形所固有的力量和讯息。

从这个意义上讲，本书中的"新媒体"，特指在现代课程教学中，与传统课程教学不同的教授、学习方式和内容。众所周知，传统的课程教学方式和内容是授课者围绕传统的媒介——主要是黑板和教材展开；在当下的课程教学中，新媒体的运用给课程教学带来的变化则主要包括两个方面。第一，教授方式和内容的变化。如PPT课件的使用；图片资料和影像资料的介入和使用等。第二，学习方式和内容的变化。如数字资源（中国知网、万方数据等）的使用；师生之间的电子邮件的交流；豆瓣、微博、校内网等公共学习空间的构建等。

新媒体的广泛使用与当下的实际生活方式有关，我们处在技术革命的时代，现代课程教学必然会受到现代技术的影响，尤其是中国现当代文学史，本身与我们当下的社会生活、文化发展密切相关，许多文学作品同时在以其他媒体方式传播。但另一方面，媒体从来就不仅仅只是"媒体"，一旦我们使用它，它会利用自己的"权力"做出反应。这就需要我们具体分析，合适掌控、使用新媒体，为课程教学服务。

二、"教"：影视资源的合理利用

新媒体给课程教学带来的最直接影响莫过于讲授方式和内容的改变，图片、影视资料的采用，从"听讲"到"看讲"，现代课程教学之"教"发生了巨大的变化。

当代文化从语言主因型向图像主因型转变，人们越来越倚重于通过图像来理解和解释世界，毫无疑问，图像、影像在史无前例地影响着我们思考、感觉和体验世界的方式。因而，在教学过程中，多媒体图片、影视资料的引入，如果能很好地与课程内容联系起来，将"视觉"文化和文学文本有效结合，能起到事半功倍的效果，促进学生对课程的学习。在中国现当代文学史的课程教学中，影视作品的合理使用至少可以起到两方面的作用。

（一）辅助、加深理解的作用

比起文学作品，改编的影视作品能够给学生带来更加直观的印象，因此，在文学史课程的教授中，如果适当引入一些相关的影视资料，能够对相关文学史教学起到辅助的作用。在讲述著名小说《桥》时，在多媒体课件上投放出《清明上河图》，以说明"诗化小说"所受中国传统美学的影响和对于意境的营构。这样一来，学生对于这类小说的艺术特征就能够有更直观的体会，加深对于著名创作的理解。讲授"革命样板戏"时，需要指出"样板戏"的"矛盾"：制造者要实践"三突出"原则，力图树立"英雄人物"形象，但在实际的文本和演出过程中，给读者和观众留下深刻印象的却是带有更多世俗生活气息的"次要人物"。这时，播放《沙家浜》阿庆嫂与刁德一、胡传魁"智斗"选段，说明比起英雄人物郭建光，春来茶馆的阿庆嫂形象更为丰满，也具有更大的艺术魅力，让学生体会样板戏这一"含混暧昧"的特征。

（二）补充、拓展知识的作用

许多的文学作品在改编为影视后，和原著产生了一定的差异，此时，两种不同的艺术形式就构成了复杂的关系，引入相关的影视材料，能对中国现当代文学史的学习起到补充拓展的作用。如中国现代著名女作家萧红的小说《生死场》，改编为同名话剧之后，与小说主题并不一致。在萧红的小说中，主要表现的是东北地区的农民尤其是农村妇女痛苦、愚昧的生活状态；而在改编的话剧中，导演田沁鑫则更多表现出《生死场》中的民族主义意识，突出东北普通民众对于日本帝国主义的反抗。话剧改编构成了《生死场》的另一种解读，而这种解读恰恰又是萧红作品研究史很重要的一个方面。于是，教师可以向同学提出问题：改编的话剧《生死场》与原作有何不同？并请同学们试着分析这一改编的原因。当代作家杨沫的小说《青春之歌》，于1959年被改编为同名电影，作为建国10周年的献礼影片，与小说原著相比，也做了比较大的改动。在课堂上要求同学们回答：电影做出了哪些改动？改动的原因是什么？在这一过程中，既让学生理解了文学作品和影视视觉艺术之间的差异，同时也能够促使他们对文化产品背后的生产机制、文学与社会、文学与政治的关系做出更深入的思考；既增强了同学的学习兴趣，又大大拓展课程教学内容，培养了学生多方面的人文艺术素养。

另一方面，图片、影视资料的引入也会给现代课程教学带来一些问题。法国学者居伊·德波在其名作《景观社会》中对消费时代由媒体所构成的"景观拜物教"进行了激烈的批判。美国学者尼尔·波兹曼在《娱乐至死》中则早就提醒我们以电视为代表的现代视觉媒介可能带来的弊端，它使教学变成了"一种娱乐活动……不能有任何需要记忆、学习、运用甚至忍受的东西"。过分引入视觉文化的资料，可能导致的后果是进一步使学生的阅读和认知"平面化""碎片化"，习惯于快餐式、娱乐式的图像，远离本应是他们学习基础的文学文本，从而背离了文学教育的出发点。有教授就表示，不愿意把课程教学变成一个老师展示图片文字，学生观看的"放映室"。的确，如今学生们阅读图像的能力很强，缺乏的恰恰是文字阅读和用文字组织语言的能力，而中国现当代文学，尤其是现当代作家所创作的经典小说、诗歌、散文等正好为其提供了培养文学素养的平台，正如有研究者所指出的：

作为人文学科的文学史现当代文学专业与其他专业有许多共同的精神内涵和价值功能，但是它又毕竟是中国文学史中的一个独立的断代，而且是与21世纪的今天社会生活最近链接的文学史。除了它自身有许多经典型的历史与文学外，更重要的是，在学习现当代文学史的过程中追寻现代人丰富而复杂的精神世界，现当代文学比起其他时段文学和异域文学更能引发今天读者的心灵共鸣。

因此，在教学中，我们必须坚守文学教育的基本要求，合理地采用和运用图片、影视等新媒体资源，让新媒体文化更好地为课程教学、人文素养的培育服务。相反，如果仅仅满足于为学生提供一种"视觉娱乐"的话，则很可能使得教学效果大打折扣。从这个意义上讲，影像资料的采用有赖于课程设计者的巧妙设计，本雅明在《摄影小史》中指出，摄影图片的使用及其意义的确立依靠文字说明，图片说明"将生命情景文字化，和摄影建立起联系，使照片易于理解。如果少了图片说明，任何摄影的建构肯定会受制于巧合"。因而，必须将影视图片资料的使用与文学史知识的讲授合理结合起来，使新媒体教学真正达到预期教学效果，而不是起反作用。如何合适地利用多媒体图片和影像资源，是中国现当代文学史课程教学中一个值得反复探索的问题。

三、"学"：专业意识的培养

新媒体给当下课程教学带来的深远影响则在于学习方式的变化，很大程度上这与"新媒体"

本身的特征有关，新媒体时代学习的互动性和自主性要远大于以往的任何一个时期。和传统的教学比较起来，现代课程教学中教授者与学习者之间、学习者与学习者之间交流、互动的途径和方式都要丰富得多。例如，通过电子邮件的方式，教师和学生能够及时沟通和交流；课程兴趣小组成员利用豆瓣小组和校内网等网络论坛，可以很方便地组建一个共同交流、发表自己意见和观点的空间，这比起传统纸媒发表论文交流的方式，无疑更为方便快捷。

另一方面，随着现代学术机制的建立和逐渐成熟，课程教学更加突出对学生自主学习能力和专业问题意识的培养。如何有效查找和使用已有的文献资料和学术成果，已经成为现代大学教育尤其是研究性大学教学的一个重要方面。因此，学术数据库的使用在课程教学方面的重要意义日益凸显出来。在中国现当代文学史教学中，由于现代文学的"经典化"，现代文学大家如鲁迅、郭沫若、茅盾、巴金、老舍、曹禺等，对于学生而言并不陌生，但由于复杂的社会政治原因，现代作家"经典化"过程又充斥着一些非文学的因素，学生往往会对这些作家的思想和创作的评价感到困惑，这就需要同学了解学科相关的研究史，而这显然又不可能在有限的课堂教学时间内完成。

例如，在学习中国现代文学史之前，一般同学对鲁迅的认知仍停留在毛泽东所做出的"鲁迅是一个伟大的文学家，民族解放的急先锋，是党外的布尔什维克"的评价。而实际上，各个时期，学界对于鲁迅研究的关注点并不一样。20世纪80年代中期，鲁迅小说研究取得了重要突破，《呐喊》《彷徨》被看作"反封建思想革命的一面镜子"；20世纪90年代以后，从"反抗绝望"和生命意识的角度，学界更加重视对鲁迅《野草》的研究，力图还原一个真实的"鲁迅"。因此，在讲授"鲁迅"之前，可以要求同学利用学术数据库，查阅期刊资料（与数据库相比，学校图书馆空间有限，查找起来费时费力，很难达到预期目标），完成"鲁迅研究简史"的作业。通过这样的自主学习，学生才能够比较好地把握和体会鲁迅的文学创作的意义及其在中国现代文学史上的地位。在这一自主学习的过程中，学生既加深了对文学史知识的理解，也初步窥视了专业研究的基本路径。

在专业课程学习中，有许多同学表示最大的困惑和难题是如何撰写课程研究论文：既不知道应该写些什么，也不知道该如何去查找资料，更不知道该如何去写。审阅学生交上来的课程论文作业，很大一部分是高中时代的"作文体"；或者是介绍作家生平、创作特点的"百度体"，甚至还有大量直接从网络"拷贝"的陈旧不堪的研究论述。众所周知，学科专业课程的培养要求不仅包括对于专业知识的理解掌握和思想的表达，同时也包括学术语言的训练，更有对研究方法的培养。因此，在课程教学中，也包括和学生的私下交流中，教师应该建议学生们尽快学会使用学校图书馆的各种数据库，并且建议他们阅读相关的研究论文。既培养了同学们的学术研究规范意识，在学术语言上能够得到一定的熏陶，同时也能培养一定的专业研究意识，为其后的学年论文、毕业论文选题、撰写打下初步基础，提供了相关的训练。

专业问题意识是当前人文社会科学领域引发热烈讨论的一个话题，一方面学术成果"爆炸式"增长，另一方面却较难看到有价值的研究成果，缺乏问题意识成为许多学者对当前学术困境的共同认知与普遍焦虑。正因为问题是知识学术创新的起点和突破口，所以许多学者强烈呼吁强化问题意识。然而，问题意识又并非天才的灵光一现，而是需要培养和训练的，"问题意识作为一种以质疑索解的态度去发现问题、提出问题的心理倾向，原本有一定的人类自身的好奇心理做基础，但因为这种好奇具有一定的散漫与随意性，因此，需要有计划、有步骤的专业训练去加以强化，最终使之成为深植于学生内心的一种思维方式乃至文化观念。"专业问题意识的培养，单纯依赖课堂教学是无法办到的，而必将依靠广泛的课外阅读和多层面的交流，而在这方面，新媒体起到了重要的作用。利用新媒体，学生可以接触专业最新的研究成果，理解专业研究发展的历史，既增强了对于学科研究的兴趣，也能够生发出相关的问题意识。也正是从这个意义上看，新媒体的合理使用是培养学生问题意识、促进其专业学习的开始。

第五节　中国现代汉语言文学在影像资源的效用

早在 20 世纪 30 年代，海德格尔就提醒人们，世界正在"被把握为图像"。随着信息和传媒技术的发展以及人类世俗化生存的加剧，今天的世界已全面进入图像时代。文学文本也开始大量向影像转化，文学与影像的关系变得复杂而密切。文学存在样态及传播渠道的变化，势必影响到文学的阅读与接受，给中国现当代文学教学提出了新要求。

一、文学作品的影像化

在 20 世纪 90 年代中期以前，学生普遍是受阅读文学作品的影响而走进电影院的，或是基于对文学作品的阅读而对作品改编的电视剧产生兴趣。那时，人们往往把影像作为文学的延伸阅读或印证式鉴赏，影视更多要借助文学经典来抬高自己。今天，这种情况已发生根本性逆转。学生普遍对阅读文学文本缺乏浓厚兴趣，往往通过影像了解作品概要，更喜欢影像的直观、时尚与"生动"，不再迷恋文字作为"冷媒介"的"深度"和对想象力的激发。面对影视文本，觉得津津有味；面对文字文本，却提不起阅读兴趣。即使是那些时尚化的配合影视作品播出的影视同期书，多数也是书店橱窗的摆设，随着影视作品热播的结束而寿终正寝，很少有人真正阅读。

今天，互联网的便利进一步助推人们读图倾向的同时，也为中国现当代文学教学提供了更多可供选择的影像资料。现代文学中经典作品大多有影视改编，鲁迅的《阿Q正传》《祝福》《伤逝》，茅盾的《子夜》《林家铺子》《腐蚀》《春蚕》，巴金的《家》《寒夜》，许地山的《春桃》，沈从文的《边城》《萧萧》，曹禺的《雷雨》《原野》《日出》《北京人》，老舍的《骆驼祥子》《我这一辈子》《月牙儿》《茶馆》，张爱玲的《金锁记》《半生缘》《红玫瑰与白玫瑰》《色·戒》等，都被搬上了银幕，部分作品还被多次改编；钱钟书的《围城》、张恨水的《金粉世家》、林语堂的《京华烟云》、张爱玲的《倾城之恋》等还被演绎成电视连续剧。当代作家杜鹏程、柳青、杨沫、王蒙、张贤亮、王安忆、余华、刘震云、刘恒、贾平凹、王朔、莫言、陈忠实、毕飞宇、赵本夫等的作品都有影视剧改编。当代文学中大量的作品是通过影视走进人们视野的。王朔被称为"触电"最频繁的作家，十余篇小说的影视改编为他赚得了知名度；莫言在获得诺贝尔文学奖之前，主要靠电影《红高粱》家喻户晓；对海岩文学作品的了解，多数读者也是从影视开始的。

另外，作家的人生故事也开始大量以影像的方式呈现。中央电视台和地方电视台，新浪网、凤凰网等制作了大量的访谈节目和传记片。中央电视台的"人物""艺术人生""见证""子午书简"等节目极具影响。如"那一场风花雪月的往事"系列节目就把鲁迅、郭沫若、沈从文、丁玲、徐志摩、萧红、郁达夫等的情爱故事搬上荧屏，对了解作家性情与创作观念，是难得的资料。互联网的便利使我们不必走进电影院，甚至无须耐心等待电视台的节目播出，这为我们带来了资料的丰富和读取时间上的便利。就中国现当代文学教学而言，借助新媒体和互联网，可以大量利用相关影像进行辅助教学。多媒体教学技术的广泛运用，可以把以前单纯的教师讲解的平面化教学变为视频、声音、图像的立体化课堂，大大增加了课堂教学中的信息量和直观性，使课堂教学变得更加生动有趣。在今天，通过影像来集约作家作品信息，不失为教学与时俱进的需要。

二、影像资料的负面影响

影像资料在给现当代文学教学带来内容的丰富与形式多样的同时，影像阅读也可能给大学文学教育带来一些负面的影响。

一是影像与文字在表意方式上存在差异。影像作品对文学作品的诠释可能存在大量意义贬损或者附赘情况，有可能干扰甚至扭曲受众对文学作品的认知。文学是语言的艺术，语言属于"冷"媒介，"冷媒介清晰度低，需要人深度卷入、积极参与、填补信息"，因此文学阅读需要想象力与语言难度的双重克服。而影视依靠的主要是表演、台词、音响、氛围烘托和蒙太奇等剪辑手段，是技术化和群体创意的产物，依托的是导演、明星的人气效应。影视作为综合性的艺术形式，其与文学表现在"语言"和方式上存在差异，这会带来二者在内涵诠释深度上的区别。文学的本体是语言以及对语言的创造，而影像主要依赖的是对技术的运用。文学的语言内部张力更丰富，读者二度创造的空间更大；影像的直观性在调动读者想象力方面比之文学来说有所欠缺。所以，文学作品常常在影视改编中造成意义的流失，甚至为了迎合观众而进行情节演绎和附庸。特别是今天的很多影视作品走明星路线，对文学作品意义的阐释往往迎合世俗和时尚趣味。如电视剧《京华烟云》《啼笑因缘》，与小说相比，都存在过分煽情的倾向。而对小说《白鹿原》的电影改编，导演所侧重的是小说中的情欲纠葛，白灵等重要人物都未出场，很难见出深刻的社会文化批判内涵。当然，也不乏《芙蓉镇》那样改编成功的案例，其丰富的人文和人性内涵，似乎比原作的意义更为丰富，但这样的作品需要高超的导演和出色的演员，类似的影视作品凤毛麟角。就整体而言，文学作品的影像改编，基于影视受众的大众化和表现方式的具象化，大多都很难企及文学文本意义和内涵的丰富性。王安忆就批评说："很多名著被拍成了电影，使我们对这些名著的印象被电影留下来的印象所替代，而电影告诉我们的通常是一个最通俗、最平庸的故事。"

二是影像的直观容易导致人们感觉的迟钝与心灵的粗化，这与文学教育的初衷背道而驰。文学是探讨人类可能性的艺术，是伟大心灵在不同时空中的幽思感叹，文学可以抵达镜头无法触及的地方，抵达人的精神高处和内心深处。读者通过和伟大心灵的交流，从而提升自己的精神境界。影像主要依赖于视觉印象的直观，故是人类童年期的最爱。读图较少有深度情感的掺和，尤其缺乏心灵的共振与摇荡，容易造成心灵的惰性和情感上的从众，使人沉迷于世俗趣味。人自由敏锐的心灵往往容易被影像的平面化、直观性所俘获。心理学研究证实，长期置身图像环境的人对世界的感受能力会有所下降，而且图像往往带着物的痕迹，容易造成人的诗性感悟力的衰退，从而影响到人的想象力和创造欲望。

"影视表现手法的逼真性、假定性、故事性和大众化要求，造成了文学文本想象空间被挤压，掏空了文学的诗性和美感，使文学本性中的崇高越发不能承受影视化接受之轻。"现代人喜欢影像直观带来的视觉快感，常常忽略了对思想和心灵的深度开掘，从而造成对世界诗意把握能力的退化，这是需要加倍警惕的。

三是影像的时尚追求与文学的精神性之间存在矛盾。影像以吸引人的注意力为第一要旨，往往追慕时尚，打着时代的烙印和追逐商业利润的痕迹。即使是改编于 20 世纪的影视作品，时代印痕也非常明显。当今的电视媒体被称为多数人的"生活必需品"，由于受众的宽泛，他们必须尽量调和满足多数人的口味，追求审美的社会平均数。影视的大众文化特征表现为其对世俗欲望的渲染、炒作，煽情就成为惯用的招数；媒体的行为往往带着明显的商业目的，那些用"文化"或者"艺术"精心包装的东西，其背后多为利益所限，往往与艺术无关。如 2004 年北京电视台播出的 28 集电视剧《林海雪原》，就给杨子荣、少剑波增加了许多三角感情戏，以至于被网络戏称为"林海情缘"。王安忆的小说《长恨歌》主要借王琦瑶与几个男性间的情感纠葛，重点是对城市与人生命运的思考，表现上海的市民化和对日常生活的偏爱。而被关锦鹏改编成电影，则变成了"一女四男"的情爱戏，小说被置换成了一个旧上海的情欲故事。文学追求的主要是精神价值，是尽量远离现实的理想高蹈。虽然受消费文化滥觞的影响，文坛也出现了大量的时尚化读物，但文学的世界主流还是其对高贵精神的捍卫和对人性丰富可能的透视，尤其是对人类诗性的坚持。作为文学教育者，我们不排斥影像在现代生活中的意义，但我们更应坚守文学的精神矿藏，尤其是不能通过影像读图来替代文学文本的阅读体验。

四是文学作品在影像改编中容易出现时代性的误读现象。影像比之文学而言，具有更强的社会文化特征，这也造成一些影像对文学作品意义的理解带着明显的时代局限性。《阿Q正传》经过 1958 年和 1981 年两次电影改编，前者明显是在附和政治革命，后者又过分夸大人物的喜剧元素，尤其是对二十世纪八十年代启蒙意识的迎合，体现为另一种形式的教化。而到 1999 年改编成《阿Q的故事》电视剧的时候，后现代的戏说背离了原著的精神，恶搞与戏谑一齐上阵，阿Q被打扮成一个后现代的"英雄"。一些当代文学作品的改编，更是被大众趣味或者社会潮流牵着鼻子走。电影《白鹿原》走的是感情戏的路线，而电影《高兴》把农民离乡进城的艰难与悲情打上时代的亮色，把悲剧演成了正剧。二十世纪八十年代的文学影视剧改编比较重视悲剧情愫与启蒙情怀，而当下则过于强调欲望叙事与迎合社会主旋律。如果仅仅通过影像资料来理解文学作品，或者把影像等同文学作品，势必导致对文学作品的误读。影像对文学作品的故事性诠释较为容易，但对文学的美感和更深层次的内涵，尤其是诗性韵味的表现，却有相当难度。面对影像质量的参差不齐，我们应披沙拣金，发现那些好的作品，但绝不可以把影像读图视为一条代替文字阅读的捷径。

三、影像资料的运用

如何利用新媒介时代影像资源获取的便利，同时克服其负面效应来指导学生进行文学阅读呢？我们不妨做以下一些尝试。

首先，把影像作为一种资料补充，重点在激发学生对文学文本的审美阅读兴趣。教师的课堂不能是枯燥的令人望而生畏的"阅读"殿堂，尤其是对那些出生在新媒体时代的学生，对青年学生而言更是如此，但也不能成为"看戏"的剧场，更不能把讲台变成资料剪辑和展示的操作台。好戏连台，看似热闹，其实并不能带来好的教学效果。教师应有主体的介入，以自己的方式引导学生对文学文本进行审美感知和阅读，尤其是强调把对文学作品的技术性阅读和感悟性阅读结合起来，激发学生对文学阅读的兴趣，将文学作品作为艺术交还到学生手中。文学的阅读既需要一定的知识，更需要生命和情感的参与和体会，借助影像的目的是把学生引入文学博大的殿堂，而绝不是把学生从文学丰富的文本世界引向一个直观的图像世界。

其次，教师对相关的影像资料要熟悉，能够引导学生对影像文本与文学文本进行比较性阅读，明确影像文本的成功和局限之处。教师要能够让学生在图像与文字的双重阅读中游刃有余而不致失之偏颇。我们强调文学文本阅读的同时，并非排斥对影像的阅读和借用。二者应互为补充、互为印证，互相激发艺术的想象与体验。因为当代很多文学创作与影视关系密切。王朔坦言在1988年以后的创作几乎无一不受影视的影响。他的小说《我是你爸爸》最初就是冯小刚一个电视剧的设想；小说《千万别把我当人》实际上是张艺谋、杨凤良、谢园、顾长卫等的一次集体创作的结果。文学与影视的互动催生在当下文学创作中并非特例，这也启发我们对文学的接受与观照方式有进行调整的必要，纯粹学院式的文学教育在新媒体时代的今天看来难免有些理想主义，也可能存在诸多盲点。

最后，教师要引导学生进行正确的文学和影像阅读。教师要对学生进行文学阅读和影像阅读的知识教育，让他们能够在各自的知识规范中进行阅读，明确彼此的界限和特点，做到不互相僭越、彼此替代。读不懂本身，一方面可能是作品的难度所致，另一方面也很可能是阅读方式的问题，尤其是相关背景知识的欠缺。影像本身切合了新媒体时代的特点，也契合这个时代人的存在本质，是人的审美欲求与技术的合谋。而文学本身，虽有希利斯·米勒等"终结论"的说辞，但在深刻性方面依然体现出难以替代的优势。相信随着影像技术的提高和美学观念的进步，影视对文学作品意义的诠释空间也会大大拓展，影视反刍文学不是没有可能。张艺谋曾说电影永远离不开文学这根拐杖，其实，反之亦然。在今天，如果文学对影像的力量视而不见，难免给人文学有自欺和自负的嫌疑。

第六节　新媒体在当代文学教学中的创新应用

进入 21 世纪以来，随着电子媒介和互联网科技的迅猛发展，视觉文化开始兴盛起来。新的大众传播媒介如互联网的出现，使文学消费呈现出新的特色。大多数高等院校开设的中国当代文学课程以学习文学史和研读主要的文学作品为主，教师教学以直接传授的方式为主。由于教学课程以及学生的阅读能力、阅读量有限，教师只能根据学生的具体情况制定教学任务，在有限的时间内学习很难达到预期目的，学生也容易产生疲劳期，被动地学习。这些在教学的过程中遇到的困境需要我们探究新的教学方法来打破。在新媒体时代，以影视改编作品为媒介进行教学成为一种新的教学方式，充分利用数字化媒体资源对弥补传统教学的不足大有裨益。

一、新媒体教学观念的改革

在现今的研究中，学者关注的是新媒体带给文学创作的高潮作用以及作为载体的新媒体带来的文学的内容和形式方面的变化。这些研究侧重的是新媒体和文学之间的相互作用。新媒体教学模式在高等院校虽然广泛运用，但只是作为工具，并没有与课程内容本身结合，新媒体文学在激发学生的课堂积极性、改善课堂氛围、进行实践教学方面的潜力没有得到充分发掘。许多文学作品被改编成电影、话剧，适于运用此种教学方式，在改编的过程中加入了改编者的理解，适用于跨学科的比较研究。

在参考有关资料的基础上，本书笔者自行设计了调查问卷，采取问卷调查的方法了解当前学生对多媒体教学（影视欣赏）的认识。调查数据显示 47.3% 的学生支持教师采取影视欣赏的方式学习当代文学作品。他们认为，通过影视欣赏可以更加方便、快捷地了解文学作品的概况，更加直观地感受人物形象的魅力。而 30.1% 的人则认为研读原著对学习文学作品来说更加准确，通过欣赏影视作品学习文学作品，在课堂上容易被画面吸引，不利于发挥想象力，容易产生惰性的心理。根据调查结果，教师可以根据学生的具体情况制定适合学生的教学计划，并根据实际教学的需要，有选择地播放与当代文学的教学内容相关的影视改编作品，分析影视作品与原著的差异，从文本与影像的相互关系中探讨怎样将影视改编作品向中国当代文学的课堂延伸，结合中国当代文学的特点进一步挖掘影视改编作品在教学中的功能。

二、教学方式的革新

（一）构建中国当代文学史的理念

中国当代文学课程中涉及的文学作品众多，在中国当代文学两个学期的课程安排中，"十七年文学"和"文革文学"中小说题材丰富，适合影视的改编和再创作；"新时期"以来的文学与西方理论的关系极为密切，这一时期的文学现象层出不穷，涌现出如伤痕文学、寻根文学、先锋文学等多种形式的文学作品，文学作品内容丰富、题材新颖、人物性格迥异，适合通过影视改编塑造出性格各异的人物形象。

（二）课程形式的革新

在了解时代背景、文学作品内容的基础上，适当进行多媒体教学，特别是改编的影视文学的赏析，通过视觉、听觉、感觉等多重方式以更好地明白理论的来源，帮助学生准确地理解中国当代文学发展史及文学作品的形态和内涵，从而更深刻地了解作家及其作品。

改进传统教学方式方法，要避免由于语言滞后造成学生的思维障碍，采用非语言行为，直观、形象地提示和帮助学生理解教学内容，并利用影视欣赏的媒介达到视觉教学的目的。从政治、经济等意识形态对中国当代文学发展变化的影响以及文学发展的自然规律中，勾勒中国当代文学发展的脉络，深入掌握各个时期的文学思潮、文学流派、文学现象，并学习解读分析重要作家的代表作品。结合本专业学生的实际情况，设立与当代文学作品息息相关的影视欣赏课程。

（三）打通中国当代文学与影视艺术之间的界限

文学与艺术是息息相关的，"艺术来源于生活，更高于生活"，文学作品同样取材于生活，作家将自己在生活中的所听、所闻、所思、所感联系当时的历史背景，并结合自己的创作理念，以文字的形式形成文学作品，这本身就是对"生活"、对"艺术"的再次创作。20世纪是中国当代文学作品成熟的时期，也是电影电视迅速发展的时代。作为第七艺术的影视与文学血脉相连，影视虽然因声像技术的发展有自己独特的表现方式，但在创作理念、对社会生活的叙事与表达、意识形态功能以及批评方式的建构上都与文学唇齿相依。

三、新媒体教学手段的应用

（一）拓展课堂教学的深度与广度

中国当代文学所处的时期决定了它的创作与社会的变革有着紧密的联系。在20世纪文学发展的特殊环境下，文学已成为社会变革中一种重要的表现内容融入到社会的大发展中。这就需要我们在课堂上与时俱进，延伸文学的广度，深入挖掘文学与社会发展千丝万缕的联系，使文学与实际连接，扩大文学发展的范畴。

（二）组织学生课外阅读并观看经典文学作品改编的影视作品

学生在阅读文学作品时可以开发想象，认真思考文学文本与影视改编作品的异同，探讨原著本身与影视改编作品呈现的灵魂是否相吻合，将课堂教学与课外阅读、教师讲授与自主学习相结合，提高自主学习能力。

一般情况下，中国现当代文学改编的影视作品大致有三种类型。

一是"忠实于原著"型。这一类型的作品大多形成于 20 世纪初期，这一时期形成的精英文学是以作家独特的艺术个性、艺术探求和审美性为原则进行创作的，坚持现实主义、冷静思考和批判精神，体现了中国文学的现代性。就改编影视作品而言难度较大。

二是在理解原著的基础上的再次创新型。张艺谋就曾经说过："中国电影离不开中国文学……我们研究中国当代电影，首先要研究中国当代文学，因为中国电影永远没有离开文学这根拐杖……"在由张艺谋执导的电影《活着》中我们可以感觉到电影与小说存在的差异，余华的叙述视角是相对客观的，而电影则是以主观介入表现方式叙述的，导演和编剧放弃了原作中的"双重叙事"，对整个故事进行了重新构建，体现了鲜明的艺术感染力。

三是失去原著精神和内涵的彻底改编型。电影是不同于文学作品的一种艺术类型，它的诞生带有明显的商业属性，创作过程摆脱不了商业化的干扰。如改编自陈忠实《白鹿原》的电影，失去了原著厚重的历史感，人物塑造也不如原著鲜活。电影只是截取了小说的中间部分，叙事过程无头无尾，电影的主题性模糊，叙事角度混乱，白鹿两家祖孙三代的对立没有很明确地表现出来。原著中的人物线索被切断，白孝文、鹿兆鹏和黑娃的命运不知所终，架构也被完全破坏。

影视改编作品与文学作品是两种艺术表现形式，二者的叙事方式和表现手段是不同的。文学作品是作家通过文字的形式讲述故事，而影视改编作品是通过人物的表演展现故事，相比而言，影视作品更加生动、立体、直观地讲述一个故事，这也使得在人物形象、情节发展等方面可以更加鲜明、更加饱满。

教师在教学过程中，要打破传统的以教授为主的教学方式，通过在教学过程中穿插播放影视改编作品达到基础理论研究和实践研究相结合的目的。在这一过程中，教师更要注意选择具有代表性的影视改编作品，要符合原著作者传达的精神，突出表现人物性格和形象的刻画。明确多媒体教学（影视欣赏）的使用比例和根本目的，做到有计划地进行教学改革，才能科学有效地进行中国当代文学的课程改革研究。

丹尼尔·贝尔指出："当代文化正在成为一种视觉文化。"在视觉文化逐渐发展的今天，中国当代文学作品已经越来越多地被改编为影视作品，随着时代的发展，教学观念的改变，影视作品被逐渐引入当代文学的教学中。但是，我们必须清醒地认识到，影视作品毕竟不能与文学文本作品画等号，二者之间也有着很大的区别。影视改编作品虽然来源于文学文本，但影视艺术更是一种集文学艺术与大众艺术享受于一身的影像文化。所以在教学的过程中，教师应当更加清醒地把握教学方向，以影视改编作品欣赏为切入口，利用多媒体教学的平台，引导学生有效率、有目的地学习当代文学课程。

第七节　新媒体环境下当代文学教学改革

新媒体环境中，当代文学教学面临巨大挑战。根据当代文学的学科特点，教师可以变单一的课前准备为师生双向互动的备课模式，将教学内容和方式与时代紧密联系，将考核模式多元化。在整个教学过程中，利用新媒体完善教学体系，达到理想的教学效果。新媒体环境下，传统的教学理念和教学模式已经无法满足当代大学生教育的需要。数字杂志、数字报纸、数字广播、数字电影、手机短信、微博、微信等新媒体的出现，使得学生获取知识的途径和交流思想的方式发生了根本性的转变。因此，教师如果固守之前"教—听"的单一模式，显然不合时宜。所谓"穷则变，变则通，通则久"，各类学科都应该探寻新环境中教学的新模式。就当代文学而言，它是大多数中文系学生的必修课，重要性自不必多言。从时间范围来看，当代文学延续到当下，在新媒体环境下面临更多的挑战。如何利用新媒体完善当代文学教学体系，达到更好的教学效果，是本书探讨的重点。

一、教学准备多变化

一般而言，当代文学是多理论、少实践的一门课程。传统意义上的教学准备仅仅是教师授课前在教学目标的指导下，在研究、吃透教材的基础上，针对学生的具体情况，确定教学内容和教学方法并书面写下教案的过程。这是一个单方面的准备，学生基本不参与其中。而"新媒体海量的、迅捷的信息极大地拓展了学生获得信息的渠道和容量"。这有助于提高学生的学习效率，激发学生的学习兴趣；但同时学生在浩如烟海的网络信息中难于甄别真伪好坏。

教师可以在课前准备阶段，变单向准备为双向互动，充分利用新媒体带给学生的便捷激发学生自主学习的能力，同时及时纠正学生查询的不准确信息。比如，在讲授当代文学作品选的时候，教师首先会简介作家生平及代表作品，这些内容学生完全可以做到自主学习和了解。拿当代作家汪曾祺为例，在不同的搜索引擎中搜到的内容有差别，"百度百科"与"好搜百科"在介绍人物生平、主要作品、文学特点、家世成员、人物评价等几个方面基本一致，但"百度百科"中多了人物关系这一点。这项下面，有汪曾祺的配偶施松卿和老师沈从文两人。沈从文对汪曾祺的影响非常重要，直接关系到新时期汪曾祺的代表作品《受戒》的抒情艺术风格。因此，材料搜集要全面翔实并且能抓住重点，这就需要同学之间相互合作共享，在有限的时间内达到事半功倍的学习效果。学生如果在课前做了这些文献资料的搜集整理，配合教师在课堂上的深入讲解，他们会更加透彻地了解作品。

此外，除了多种搜索引擎，学生还应该充分利用学校的数字资源，比如，中国知网、读秀学术搜索、超星电子图书，对与作家作品相关的学术评论文章多加了解。这对本科生教育而言是一种高层次的要求，但它能够培养学生的学术眼光，帮助学生拓展思维。所以，课堂上的作家简介这一环节就可以交由学生讲解，一般控制在 5~10 分钟。他们不仅要会找，还要会说。教师从旁辅助、补充，并梳理重点。这种双向互动的课前准备，充分利用网络媒体，不仅能激发学生自我探索的能力，还能培养他们的逻辑思维和表达能力。这种模式改变了传统被动接受的方式，让学生真正参与到学习中来。

二、教学内容与方式多样化

欧阳友权在《新媒体与当代文学现场》一文中指出："就当代文学现场来看，网络写作以其新媒体传播与市场化运作，实现了对文学版图的颠覆性重构，形成了'三分天下'的当代文学新格局：一是以出版营销为依托的图书市场文学，二是以文学期刊为主阵地的传统文学，三是以互联网为平台的网络文学或新媒体文学。"大学生对网络文学和新媒体文学的兴趣要远远大于对当代传统文学经典的兴趣。在学生接受的知识及接受渠道发生变革的新媒体环境下，如果不改变传统的讲授方式，学生的学习积极性得不到提高，教学效果必定不理想。

如果说"教学方式要解决的是'教师如何教，学生如何学'的问题"，那么教学内容就是解决"教师教什么，学生学什么"的问题。虽然每个学校的当代文学课程都有相对固定的教材和教学篇目，但也并不是绝对不变的。在新媒体环境下，学生不断接受新知，当代文学作为一门紧跟时代的课程，教学内容和方式理所应当要不断更新。具体可以从以下几方面促进教学内容和方式的多样化。

一是还原现场式教学。虽然学界对现当代文学时间段的划分一直存在争议，但一般而言，当代文学还是以 1949 年新中国的建立为起点，延续至今。说是"当代"，其实时间已经过去了七十多年，如今的大学生对"十七年文学""文革文学""新时期文学"都比较模糊，再加上政治环境的转变，想要讲好讲透并不容易。教师可以利用网络或者图书馆的各种数字资源搜集图片，特别是影音资料，将单纯的讲解变为"看图说话"，让学生切身体会当时的政治环境，正确理解特殊环境中的特殊文学。

二是现身说法式教学。新时期以来的文学作家，特别是一些后起新秀，比如刘心武、舒婷、北岛、莫言、韩少功、贾平凹、池莉、方方等，至今仍活跃在文坛。在新媒体环境中，作家也在紧跟潮流，通过各种新媒体全方位地与读者沟通，有点退却了作家"神秘"面纱的味道。教师应该充分利用各种访谈视频、语录谈话、学术讲座，让他们"现身说法"，消除学生与作家之间的距离感。甚至可以让学生通过关注这些作家的微博、加入论坛等方式，更加直观地与之交流。再者，如果学校周围有这些作家在任教，可以鼓励学生去面对面交流，比如莫言在北京师范大学任教、阎真在中南大学任教、王安忆在复旦大学任教、毕飞宇在南京大学任教等。俗话说"百闻不如一见"，与作家零距离接触，相信定能让学生对他们的作品，甚至是当代文学的学习有新的认识。

三是"反恶搞"教学。"恶搞"一词随着新媒体的发展悄然流行，不仅渗透到生活的方方面面，还延伸到了教学的课堂。学生从来不缺乏想象力，我们不能一味地回避，关键在于正确地引导。当代文学中的"红色经典"是"恶搞"的重灾区，给教学带来了很大的困难。比如有些网络"恶搞"把《白毛女》中的喜儿嫁给了黄世仁，把《沙家浜》中的阿庆嫂变成了风流寡妇，把《闪闪的红星》中的潘冬子变成了贪财好色之徒，如此种种不胜枚举。教师在教学过程中，可以将这些素材拿来用作反面教材，让学生找出其中改编的荒谬之处，还原经典。这里要紧扣两点：一是时代，二是环境。让学生在寻找中找到原来的主旨和作品的意义。

至于如何使新媒体融入教学过程，则可以从以下几个方面着手。

首先，充分利用新媒体，加强学生课前自主学习与课后巩固复习能力。教师在传统授课模式中占主体，但如今互联网改变了信息与知识的传播方式，学生比之前更容易搜集学习资料，时间缩短且效率提高，因此教师应该充分利用这种便利条件改变传统"满堂灌"的授课模式。在我们的教学实践中，一堂课开始之前，教师会指定某些学生重点预习，并要求其将所搜集的资料共享到网络平台，比如班级QQ群或者班级微信群，便于其他同学查阅。这样在课堂教学中，被要求重点预习的同学会代替教师讲解一些常识性内容，教师可以纠正和补充，而教师在课堂的主要任务是讲解重点、攻克难点，教学目标更加明确。针对中国当代文学教学中学生作品阅读量不够的问题，除了鼓励学生去图书馆借阅之外，还可以分享一些电子书，利用以 kindle 为代表的一系列电子书阅读设备进行阅读，这些设备容量大，也方便携带。此外，还可以利用一些听书软件，比如"喜马拉雅""酷我听书""懒人听书"等，让学生以"听"的方式了解那些借不到或特别不爱看的作品。多数学生表示，在"听书"之后，会更愿意再去阅读纸质版本，而且认真程度有所增加。在一堂课结束以后，教师可将相关音频、影视等资料分享给学生，比如超星视频中的名师课堂、国家级或省级中国当代文学精品课程等，让学生在"第二课堂"中加强理解，巩固所学的内容。另外，有条件的还可以设计学习软件，比如中南民族大学文学与新闻传播学院教授王兆鹏主持牵头与搜韵诗词共同打造了"唐宋文学编年地图"，"135位唐宋著名文学家一生的行迹、何时何地写下了哪些诗文，都一览无余"，王教授还想在平台中加入音频和视频，比如加入作者的画像、书法作品、诗词吟唱等，孩子们利用这个平台学习古典诗词，一定既方便又有趣。这些都是我们可资借鉴的教学改革方向。

其次，在课堂教学中，教师除了运用多媒体等视听、影音手段之外，还可以借助互动软件让学生参与其中。大学生在课堂上的自律性较差，因此，有些高校提倡"无手机课堂"，通过"手机入袋"等方式规避学生在课堂上玩手机的不良习惯，但效果实际并不好。只有疏堵结合、打防并举才能标本兼治，提高教学质量和学生积极性。目前，课堂中利用互动软件，让学生拿起手中的手机，与教师一起进行参与性学习的教学方式还比较少，这是我们教学改革中需要努力探索的方向。重庆邮电大学通讯学院教授就设计了一种"基于 Android 客户端和 Apacheweb 服务器的课堂互动应用系统，选择 JSON 和 HTTP 协议作为数据通信的方法。实验表明，利用该课堂互动应用系统，学生端可实现签到以及课堂答题；教师端可实现查看学生答题情况，统计并记录答案以及了解考勤情况等功能，方便了学生和教师之间的互动并提高了教学质量"。文学类专业由于专业限制，直接设计软件并不现实，但教师可以结合教学实践提出设想，联合其他软件开发专业的教师一起设计相应课堂互动软件，例如，上面提到的王兆鹏教授牵头打造的"唐宋文学编年地图"就非常受欢迎。在中国当代文学小说的教学中，学生比较喜欢听故事情节，但有时也只愿意听情节，并不求深入理解思想主题与艺术特色，因为教师在举例时，学生之前没有读过，理解就不深入，所以，设计一种整合并能迅速查找作品的演示软件对文学类课堂教学非常有帮助。

最后，可以借助新媒体布置作业，检验教学效果。中国当代文学的平时作业无非是要求学生写一些作品鉴赏、作品解析等，网上资料随处可见，对于自觉性差的学生来说，这种作业就能应付了事。所以我们可以凭借新媒体改变传统的作业布置方式。前面提到一些听书软件，大多是交互性软件，学生作为用户，不仅可以听，而且还可以读，因此，对于中国当代文学中的"诗歌"教学，完全可以布置学生在某个"听书"软件中上传自己的音频资料。作为共享资源，听众的点击率和好评是教师考核的重要指标。这种作业在一定程度上激发了学生的阅读兴趣。此外，在自媒体时代，"直播"成了许多年轻人的生活日常，"恶搞"是其中的一种形式。文学经典也被恶搞，"有人将徐志摩的《再别康桥》恶搞为《徐志摩家的月饼》：悄悄的我收了，正如你悄悄的送，我挥一挥衣袖，来年你还送不送！……近年来一些红色经典小说如《红岩》等作品也遭到恶搞，将受人尊敬的革命英烈江姐等人的形象重新改写，无中生有地加入了不少情感戏份。"文学经典之所以成为经典，就在于它经久不衰的现实意义和永恒的审美价值，这种"恶搞"现象直接冲击着中国当代文学的教学，教师应该引导学生正确认识与阅读文学经典，借鉴当下流行的传播形式，与"恶搞"抗衡。

"新媒体"是把双刃剑，应该正确地认识其利，并恰当地引入教学。孟子曰："耳目之官不思，而蔽于物。物交物，则引之而已矣。心之官则思，思则得之，不思则不得也。"新媒体环境中人们习惯于视、听，而忽略了思。王蒙说："仅仅靠视听感官，会丧失人的主体性，丧失精神的获得。因为一切的精神辨析与收获，离不开人的思考。"而文学教会我们如何思考，因此他进一步指出："文学的重要性是永远不会过时与淡化的，对文学的爱惜与珍重会延长记忆，扩展心胸。"文学教学借助新媒体是为了让学生更好地学习文学，因此，教师要把握一定的"度"，不能舍本求末。

三、教学评价多元化

当代文学传统的评价考核方式一般由平时成绩和期末考试成绩组成，期末考试成绩占的比重相对较多。这种由名词解释、填空、判断、简答、论述、赏析等题型排列组合形成的期末试卷，主要考查学生对当代文学知识点的识记程度。考前集中一个星期左右集中突击，通过考试完全没有问题，但教学效果可能会差强人意。所以，对于当代文学的教学评价考核体系，有必要调整。

首先，教师可以利用各种新媒体，比如QQ、微信、论坛、空间等方式将授课班级集结在一起，采用网上讨论、答疑等方式，将整体"一锤定音"式的考核方式"化整为零"，分散在平时的交流中。学生在课堂上的讨论，可能会因为紧张等因素不能充分展开。那么，我们可以把学习带到平时的交流中，这种更加灵活的讨论模式，学生应该都会乐在其中。

其次，当代文学的授课中少不了对经典作品的解读，这些作品包括多种文体，比如诗歌、小说、散文、戏剧等。教师可以将朗诵、表演、舞台剧等方式引入教学考核。这不仅能让学生理解作品，还能锻炼他们传达和应用的能力，因此这些都可以算在最终考核中。

最后，在以娱乐为目的的"恶搞"中，要让学生有正确的判断。有些"恶搞"的经典已经流于低俗，破坏了社会的道德底线，这是应该坚决制止的。所以，面对当代文学遭遇的"恶搞"，我们要勇于反击。教师可以布置学生对他们感兴趣的当代作品进行改编，这种改编要有原则性、道德性和原创性。这不仅能让他们理性对待经典，还能锻炼学生的写作能力。改编之后的作品可以上传班级交流群，大家集体评价讨论，变单一教师评价为多方互动评价，让学生在相互评判中学习，达到真正的教学目的和效果。

总而言之，新媒体环境中的当代文学教育面临许多挑战，但同时也有很多机会。教师要充分利用这把"双刃剑"，让学生在接受新知的同时，对当代文学产生兴趣，用日益多元化的学习方式，真正学好当代文学。

第八节　经典化与当代文学教学

经典化是文学研究的重中之重，当代文学学科的活跃性、延展性使得它一直处于变动的状态，不同于古典文学、现代文学研究领域的相对稳定，经典作家作品的争议较少，当代文学的经典化似乎没有得到很多的认同与重视。伴随着莫言获得诺贝尔文学奖，以及贾平凹、王安忆等一批作家创作地位的稳固，对于当代文学经典化的呼声越来越高，且伴随着前些年"十七年文学""文革文学"以再解读的方式被重新打开、从原有的意识形态框架中释放出来，当代文学后三十年的经典化成为需要急切解决的问题。对于当代文学教学来讲，经典化更是起着基础性、关键性作用。

一、教学规范性

多元化时代，众声喧哗，总会莫衷一是。如何来确立教学规范性，对于当代文学学科来讲，文艺思潮是主线，但作家作品的经典化显得更为重要。关于经典的概念，虽然话语杂多，但本质都围绕在"内容上更经得住时间的考验，艺术上有更长久的生命力，接受上要经得起一代又一代读者的阅读和阐释"。在这个意义层面上建构当代文学经典就显得较为客观和有依据。作家方方在2014年当代文学年会上有段讲话对笔者触动颇深，她讲到，希望大学中文系教师能告诉学生什么是好的文学。可见，作家亦忧此。

作为教师，使命就在课堂，如何在课堂上建立起教学的有效性成为重要工作。因此，笔者对中文系学生就当代文学经典作家作品的认知进行问卷调查，110人的调查结果中，学生们认同的经典作家作品差异很大，从贾平凹、余华、迟子建，到严歌苓、韩寒、笛安，更有很多学生坦言自己的阅读重心在网络文学，无法辨别经典。诚然，我们生活在信息时代，在新媒体日益取代传统阅读的同时，文学研究和创作不仅需要坚守，也需要创新。如《人民文学》《收获》《当代》等纯文学杂志开始推送微信账号，适应新媒体时代的发展。也有人认为娱乐时代、狂欢文化盛行，一浪压倒一浪，今天还是余秀华，明天又来纪念海子，很难达成共同的价值判断。

作为教师来讲，既然介绍好的文学、培养学生的审美能力是责无旁贷的使命，从艺术的角度进行推介就显得更为重要。如路遥的《平凡的世界》，不知是因电视剧热播的重新带火，还是作品本身的内部力量，即便在这些"90后"大学生心目中仍是认同度较高的经典作品。当然，也有研究者指出它的文学价值并未超出《人生》，但作品的反复可阐释性，及其对人前行的振奋和激荡使得作品历久弥新，它的经典意义就更为稳固。

再如莫言的《白狗秋千架》，虽然传播范围不如《红高粱》《蛙》，但它在莫言的文学王国中非常重要，第一次出现了"高密东北乡"、第一次发现了"狗也能写进文学"，而且语言优美、感情细腻，哀婉凄美，具有极强的打动人心的力量，也能彰显莫言的温情和力度，值得推介。以及贾平凹的长篇小说《废都》，虽然长期争议很大，一度被禁，但是对于它的解读和争议却持续进行，仍被发现有许多可以阐释的空间，如作品对时代转型期情绪的把握、对知识分子价值的再思考、对传统文化的记录和留恋等，甚至被认为是一篇长期被误读的伟大作品。由此来看，时间的检验很有必要，它可以荡涤作品之外的种种强加因素，而使得作品本身的力量得以彰显。推介这些好作品，自觉导入经典，才能在教学上建立规范性，才能帮助学生理解、辨析什么是好的文学，不是哗众取宠，也不是卖弄技巧，它有着自身的本质特征。而通过经典作家作品的传递，也能更好地提升学生的审美能力。

二、学科规范性

近年来，关于当代文学史的教材层出不穷，从早期的当代文学不宜写史，到对现有当代文学史写作的诸多杂音，甚至已有年轻学者不满现状，尝试编撰出符合"新人"口味的文学史。包括出现差异极大、带有个人色彩的"一个人的文学史"著述。各种不同版本的文学史著作也有不同侧重，如洪子诚的《中国当代文学史》，重视史料的梳理和把握；孟繁华、程光炜的《中国当代文学发展史》，侧重于思潮、社会框架内的呈现；陈思和的《中国当代文学史教程》更强调作品选读和民间写作，更注重作品本身的艺术特征；董健、丁帆、王彬彬的《中国文学史新稿》对于文学现象的关注；等等，都为我们的教学提供了很好的参考，更不用提近年来出版的其他有影响力的文学史著作。但是对读就会发现，不同版本的文学史对于文学经典的判断和叙述就非常不同。可以说，各位学者基于治学方式的不同，写出了不同的文学史著作，达成认知的同构性似乎有些困难。而且由于缺乏时间的积淀，也留下了很多未知的因素。作为教师，如何在本科课堂进行选择和参照就显得更为必要。甚至有教师自己来编教材、选作品，试图融入新元素，选出适合学生口味和需求的作品。笔者觉得，这样的方式并不适合所有人，因为基础性的工作并没有到位，选择和判断是否可靠也必定引发新的质疑。

因此，在既有的研究基础上，做好经典作家作品的建构似乎更有必要。作家作品的经典化研究，可以使我们的学科固定下来，避免流于批评的弊病，而将其真正作为学问。有学者指出，对于当代文学学科来讲，史料的收集和整理显得越发重要。"根据一般文学史研究的规律，作家经典化的首要依据是作品；但是，如果仅有作品，而没有丰富翔实的作家生平、经历、创作史、事件史、逸闻趣事和各种故事做陪衬、做铺垫，仍然没有完成最终经典化的任务。在中国古代文学和现代文学研究领域，已有许多成功经验可以借鉴。"

借鉴此类经验，可以开展经典作家作品研究，如关于诺贝尔获奖者莫言的研究，是否可以摆脱"寻根思潮""新历史主义""魔幻现实主义"的研究框架，将其作为独立个人，进行经典化的研究。如关于他的家世、他的创作脉络、他与当代文学三十年的关系等，这样既可以帮助学生了解作家作品，也可以在感知、视野基础上形成学生自己的判断，而非简单地接受我们以往的各种概念化定义。此外，在历史脉络中梳理文学与社会、与历史的关系，也包括与当代文学关系密切的莫言、王安忆、余华等作家，都可以采用此种方式。这样的功课做下来，就能避免见仁见智的情况，使得作家经典化围绕着个人的创作史以及文坛的事件史，就能显得更为立体、客观和有效。

三、进一步的可能

当代文学与古代文学、现代文学固定化的研究领域不同，它是不断变化、一直处于进行时态的。因之造成的困难就是，学科的不断延展，对各种作品如何进行辨别、筛选，文学史的不断创新性书写，似乎很难将其固定化。一方面，作为教师，应该严守课堂的庄严，推介公认的、争议较少的文学经典或文学史经典；另一方面，作为研究者自身，也要关注学科的变化、发展，使自身的知识面广、活，既能了解学生的兴趣，同时又能做出及时、正面的引导。

因此，在现有经典化的基础之上如何辨别、筛选新的文学形态成为重要方面。毕竟，"文学性"和"纯文学"观念的提出其实是当代文学的一种策略，"目的是摆脱当代文学曾有的极端化的意识形态，但如果忽略'文学性''纯文学'作为文学策略和手段的意图，而将其作为终极性或者说本质性的文学标准去评价文学，反而会压缩文学经典的意义空间，窄化当代文学历史的丰富性"。当代文学研究不能忽略社会历史背景，而文学作品本身也是社会化的产物。如作家的文学地理、作家与地方志等，都是可以成为研究和生发的对象。我们完全可以依据作家的口述以及作品的呈现，去发现贾平凹的"商州"系列与商州地方志的关系，《废都》与西安地方志的关系；莫言《红高粱》与高密县志的关系；方方《武昌城》与武汉地方志的关系；等等。因为作家的创作并非都是技巧型写作，他们本身的功课、储备，以及对于地域文化的吸收、呈现也使得作品本身展现出不同的面貌。以此来解读，也可以扩展文本的多重视野，从社会学、文化学等多重领域发现其意义，进而完成其经典化的定位。

　　这样的方式也使得学生接受起来更为容易。当代文学一向是"没有故事的文学史"，为之而备受诟病。以往的教学中，学生总是先入为主地被植入各种概念，包括会议的作用（如从第一次文代会开始）、作家的标签（如右派作家、知青作家等）、思潮的符号（如伤痕文学、寻根文学、新写实小说等），这样的分类确实能够起到脉络清晰的作用，但太过明晰就是遮蔽和漠视。如果在此基础上能够加入作家、作品的故事，既能丰富文学史的写作，又能使课堂教学更为生动有趣。如关于贾平凹，长达三十多年的写作如何界定，尝试加入其童年家世、长篇创作时的个人生活与元素的融入，对于作品的解析也更为全面。正如莫言所讲："一个作家一辈子可能写出几十本书，可能塑造出几百个人物，但几十本书只不过是一本书的种种翻版，几百个人物只不过是一个人物的种种化身。这几十本书合成的一本书就是作家的自传，这几百个人物合成的一个人物就是作家的自我。"所以，作者本身故事的意义也显得更为重要。我们已经习惯于鲁迅少年事期家道中落、替父抓药对其道路、文风、性格的影响，在此基础上，去发现莫言童年时期的饥饿、中农成分，余华的小镇生活，王安忆的知青经历，既能找寻这些经历和故事对于其创作风格形成的关键作用，也会使当代文学课堂更为丰富充盈。

　　此外，批评的介入和筛选也可以成为重要环节，我们也应当鼓励学生写作批评文章，毕竟对于本科学生来讲，知识的接受也需要转化，更好的目标是审美能力的提高。转化和提高更为直接的方式就是允许他们去尽情书写，使得他们真正成为当代文学的参与者，通过对经典作品的不同阐发，既可以扩充经典的意义，更能培养学生的文本感受力、辨析力和文学趣味，这样才能使课堂教学真正落到实处。

参考文献

[1] 孙永兰 . 文化视角下的汉语言文字研究 [M]. 长春：吉林人民出版社 , 2021.

[2] 傅惠钧，占梅英，陈青松 . 师范类汉语言文学专业教学改革与研究人文教坛选萃 [M]. 杭州：浙江大学出版社 , 2018.

[3] 张利群 . 汉语言文学论文写作 [M]. 南宁：广西人民出版社 , 2001.

[4] 黄德宽 . 安徽大学汉语言文字研究丛书：杨军卷 [M]. 合肥：安徽大学出版社 , 2013.

[5] 田喆，刘佩，石瑾 . 汉语言文学导论 [M]. 长春：吉林文史出版社 , 2019.

[6] 和勇 . 汉语言文学专业课程教学研究 [M]. 昆明：云南大学出版社 , 2021.

[7] 刘钦荣，刘安军 . 汉语言文字理论与应用研究 [M]. 北京：中国社会出版社 , 2019.

[8] 黎运汉 . 汉语言风格文化新视界 [M]. 广州：暨南大学出版社 , 2018.

[9] 党怀兴，程世和 . 汉语言文学书目与治学 [M]. 西安：陕西师范大学出版社 , 2013.

[10] 蔡凌燕 . 汉语言文学知识 [M]. 北京：高等教育出版社 , 2003.

[11] 骆小所 . 汉语言专题研究 [M]. 昆明：云南人民出版社 , 2001.

[12] 杜莲茹，何明，刘世剑，等 . 汉语言文学基础 [M]. 长春：东北师范大学出版社 , 1999.

[13] 韩荔华 . 汉语言文学知识 [M]. 北京：旅游教育出版社 , 2007.

[14] 胡明扬，金天相 . 汉语言文化研究 [M]. 桂林：广西师范大学出版社 , 1996.

[15] 赵婧 . 汉语言文学教学研究——评《汉语言文学导论》[J]. 语文建设 ,2021(17)：86.

[16] 徐铖 . 汉语言文学教育浅议 [J]. 文学少年 ,2021(19)：264.

[17] 王开银 . 汉语言文学中的艺术与审美 [J]. 喜剧世界 (上半月),2022(1)：55-57.

[18] 田宏丽 . 汉语言文学：提供丰厚的精神滋养 [J]. 考试与招生 ,2022(4)：42-44.

[19] 次旺扎西 . 汉语言文学中的散文赏析研究 [J]. 散文百家 (理论),2022(4)：154-156.

[20] 王仁芬 . 基于汉语言文学的古今诗歌鉴赏 [J]. 时代报告 (奔流),2022(1)：4-6.

[21] 马萧萧 . 高校汉语言文学教学策略研究 [J]. 才智 ,2022(9)：106-108.

[22] 邱海芳 . 汉语言文学中语言的应用和意境 [J]. 魅力中国 ,2021(14)：393-394.

[23] 陈孙朝阳 . 汉语言文学中的语言应用意境 [J]. 散文百家 (理论),2021(5)：136-137.

[24] 张舒畅 . 网络语言对汉语言文学的影响 [J]. 商业文化 ,2021(10)：130-131.

[25] 王一朱 . 汉语言文学教学方式的创新探究 [J]. 中文信息 ,2021(6)：143.

[26] 张舒畅 . 网络语言对汉语言文学的影响 [J]. 商业文化 ,2021(10)：130-131.

[27] 周卓琨，王宁，刘雅惠 . 浅议新媒体环境下汉语言文学发展的困境 [J]. 魅力中国 ,2021(18)：235-236.

[28] 周彦茹 . 新媒体环境下汉语言文学发展困境分析 [J]. 银幕内外 ,2020(2)：51.

[29] 王祈祥 . 新媒体环境下汉语言文学发展困境探究 [J]. 科学咨询 ,2019(10)：127.

[30] 刘诚儒 , 马钰聪 , 郭炫棋 , 等 . 新媒体环境下汉语言文学发展困境分析 [J]. 时代报告 (学术版),2018(9)：233.

[31] 郭柯君 . 新媒体环境下汉语言文学教学策略探讨 [J]. 速读 (中旬),2022(2)：105.

[32] 于海鑫 . 汉语言文学在新媒体环境下的局限与前景探究 [J]. 山西青年 ,2019(17)：194.

[33] 侯文宁 . 新媒体环境下汉语言文学教学优化策略 [J]. 时代教育 (中旬),2021(11)：46-47.